国家出版基金项目
NATIONAL PUBLICATION FOUNDATION

高校马克思主义理论教学与研究文库

分化与整合

社会转型期的思想政治教育研究

秦　宣◎著

FENHUA YU ZHENGHE

SHEHUI ZHUANXINGQI DE SIXIANG ZHENGZHI JIAOYU YANJIU

中国人民大学出版社
·北京·

总　序

高校承担着学习、研究、宣传马克思主义，培育和弘扬社会主义核心价值观，为实现中华民族伟大复兴的中国梦提供人才保障和智力支持的重要任务。为推动高校马克思主义理论教学研究人员围绕重大理论和现实问题以及学生关心的热点问题开展研究，提升马克思主义理论学科发展中基础性、导向性和战略性重要问题的研究水平，教育部社科司精心策划，组织相关领域知名专家编写出版“高校马克思主义理论教学与研究文库”，集中推出了一批高质量的研究成果。

本套丛书在已有相关研究成果的基础上，着眼于马克思主义理论的运用，着眼于对实际问题的理论思考，着眼于帮助大学生解决思想认识问题和理论困惑，着眼于新的实践和新的发展，从马克思主义经典著作研究、马克思主义理论学科基础理论研究、中国特色社会主义重大理论和现实问题研究、思想政治理论课理论和现实问题研究、大学生高度关注的热点难点研究等方面，开展了全面深入的研究，提出了具有较强创新性和重要学术价值的观点。

本套丛书从编委会到每卷作者，体现了国内相关学科领域老、中、青三代的结合，既有相关领域的权威作者，也有近几年成长起来的中青年学者；既有国内著名的马克思主义理论专家，也有具有丰富一线教学经验的名师。队伍齐整，阵容强大。

希望本套丛书的出版，可以从理论和实践两个方面更好地助力和推进高校马克思主义理论教学与研究工作，从而促进马克思主义理论学科建设与发展，扎实推进高校宣传思想工作，促进高校马克思主义理论教师素质提升，提高学生对思想政治理论课的认同度和满意度。希望本套丛书成为推动马克思主义中国化、大众化、时代化，坚定中国特色社会主义道路自信、理论自信和制度自信的重要的理论成果。

写在前面的话

人类是怀着十分喜悦的心情跨入21世纪的，在对“千年虫”的恐惧一夜之间消失之后，人们对未来的无数期盼油然而生。然而，随之而来的各种事件并没有给人类带来喜悦，先是2001年美国的“9·11”事件，接着是世界各地不同程度地出现的环境污染事件、恐怖事件，再接着是肇始于美国的国际金融危机引发的各种事件……一个又一个影响人类生存和发展的恶性事件的发生，一次又一次地粉碎了人们对未来的希望。于是，我们发现人类正进入一个不同寻常的时代，这个时代呈现出与以往不同的特征，并使人们产生了许多新的困惑。

人们突然发现：我们进入一个纠结的时代，进入一个焦虑的时代。就如习近平同志所说：“今天，我们也生活在一个矛盾的世界之中。一方面，物质财富不断积累，科技进步日新月异，人类文明发展到历史最高水平。另一方面，地区冲突频繁发生，恐怖主义、难民潮等全球性挑战此起彼伏，贫困、失业、收入差距拉大，世界面临的不确定性上升。”①

就人类社会来说，人们现在感到十分纠结，不知道将走向何方。2000年往前推9年，人类历史上第一个社会主义国家解体了，实践证明传统社会主义模式至少在苏联、东欧已经失败了，一个充满梦想的时代结束了。一时间，所谓“社会主义失败了”“马克思主义过时了”“人类历史将终结于资本主义”等观点甚嚣尘上，影响到马克思主义、社会主义，甚至人类

---

① 习近平. 共担时代责任 共促全球发展：在世界经济论坛2017年年会开幕式上的主旨演讲. 人民日报，2017-01-18.

的历史命运；2000年往后推8年，美国发生次贷危机进而引发国际性金融危机，进而演化为经济危机、政治危机和社会危机。实践已经证明，已经固化了的资本主义发展模式隐含自身难以克服的制度性危机，而且当今世界存在的诸多矛盾和问题都与资本主义制度有关，另一个神话也随着危机的扩散而破灭了。当社会主义和资本主义都不同程度地遭遇危机之后，当传统的社会主义模式和资本主义发展模式都被证明无法解决当今人类面临的各种问题时，人类将通向何处呢？有何种更好的替代方案呢？人类处于纠结和焦虑之中。

就当代西方国家来说，国际金融危机并没有结束。金融危机已经从发达国家扩散到全世界，已经从虚拟经济领域扩散到实体经济领域；金融危机正演变成经济危机、社会危机，进而演变成政治危机；曾经发生在英国的骚乱、发生在美国的“占领华尔街”行动已经表明发达资本主义国家失去了方向。美国人在纠结，他们何时能走出危机？他们是否还能继续统领世界？美国新当选总统特朗普到底会把美国带向何方？欧洲人在纠结，他们如何才能解决主权债务问题，维护欧元区的稳定？英国脱欧以后欧盟是否会解体？如果欧盟解体，欧洲将会怎样？世界将会怎样？这一切存在着诸多的不确定性。

就广大发展中国家来说，中东、北非局势还没有改变。一代枭雄卡扎菲，也就是那个一直喜欢住在帐篷中的卡扎菲，最后被永远地埋在了黄沙做成的帐篷之中。卡扎菲生命的终结标志着一个个人专制时代的结束，也标志着又一个家族政治、部落政治的结束。但卡扎菲的死亡并未给非洲带来一个全新的时代，更没有带来一个民主自由的时代。埃及、叙利亚、伊朗、伊拉克的局势始终充满着不确定性。虽然发达资本主义国家已经进入后工业社会，呈现出许多后现代的特点，但广大发展中国家仍然处于前工业社会，全球近十亿人的基本生存问题还没有解决，如此等等，发展中国家充满变数，呈现出诸多的不确定性，仍然面临着方向性的选择。

就中国来说，虽然新中国成立以来，尤其是改革开放以来，我们的经济社会发展取得了举世瞩目的伟大成就，但也存在不少的问题。贫富收入差距、地区发展差距在扩大，生态环境在遭受破坏，腐败现象有所蔓延，人们的思想道德文化素质没能显著提高，经济增长乏力。伴随着思想文化的多样多变，我们一时间甚至失去了自我：我们是谁？我又是谁？我们是那样的困惑和迷茫。

过去，我们常讲：十月革命一声炮响，给中国送来了马克思列宁主义，从此，中国的面貌焕然一新。这是几十年前的话。今天，马克思主义面临着十分严峻的挑战。最大的挑战，莫过于人们不信或者不真信马克思主义。对此，习近平同志有过这样的描述："社会上也存在一些模糊甚至错误的认识。有的认为马克思主义已经过时，中国现在搞的不是马克思主义；有的说马克思主义只是一种意识形态说教，没有学术上的学理性和系统性。实际工作中，在有的领域中马克思主义被边缘化、空泛化、标签化，在一些学科中'失语'、教材中'失踪'、论坛上'失声'。"①

马克思主义不是宗教，但马克思主义是科学，是科学就值得研究、值得信仰、值得遵循。马克思主义至少应该成为我们的政治信仰。但在现实生活中，人们发现：中国人集体无信仰或者说信仰缺失。长期以来，我们一直从工具理性的角度理解和运用马克思主义，而没有从价值理性的角度理解马克思主义。对许多人来说，有用，我就信仰，没用，就不信仰。地方官员认为马克思主义解决不了现实问题，青年学生认为马克思主义解决不了就业、买房等生活问题。

"五四"时期，中国打出了"打倒孔家店"的旗号，新文化运动对传统文化的清算扫清了马克思主义传入中国的障碍。"文化大革命"时期，我们开始大规模的批林批孔运动，中国传统文化再次遭到前所未有的冲击。可今天我们重新竖起了孔子像，国学在全球热了起来，孔子学院在世界范围内建立起来，中华优秀传统文化开始复兴。我们对传统文化的地位和作用也充满了疑惑。

国际金融危机爆发之后，我们对新自由主义进行了批判，认为拉丁美洲和俄罗斯的实践以及这次金融危机已经证明了新自由主义的破产，但在中国某些地区或领域，新自由主义却大行其道。西方有学者甚至认为，中

① 习近平. 在哲学社会科学工作座谈会上的讲话. 人民日报，2016-05-19.

国改革开放的成功正好证明了新自由主义在中国的成功。我们对新自由主义、对现代西方文明充满了疑惑。

马克思有一句名言："哲学家们只是用不同的方式**解释**世界，而问题在于**改变**世界。"① 这句名言同另一句名言"全世界无产者，联合起来"一起刻在了位于英国伦敦北郊的海格特公墓内的马克思的墓碑上。这两句话看似简单，却蕴含着马克思一生的学术精要和奋斗目标，前者反映了马克思毕生的学术追求，后者反映了马克思毕生的政治追求。然而到今天，我们深深地意识到，现在的哲学家似乎连"解释世界"都不太可能，更难谈"改变世界"。难道我们的理论研究就是这种状况?!

总起来看，当今世界正处在大变革大调整时期，"当代中国正经历着我国历史上最为广泛而深刻的社会变革，也正在进行着人类历史上最为宏大而独特的实践创新"②。世情国情的这种变化必然反映到人们的思想中来，必然反映到社会的意识形态中来，进而带来思想领域的新变化。如何适应时代发展要求进行理论创新和思想创新，如何维护国家的意识形态安全，如何培育和践行社会主义核心价值观以维护国家的思想稳定，如何建设中华民族共有的精神家园，成为各民族共同思考的问题。正因为如此，当代中国正在思考思想文化建设和价值观建设问题；也正因为如此，党中央对意识形态和思想政治教育给予了高度重视。

党的十八大以来，以习近平同志为核心的党中央对意识形态工作和思想政治工作给予了高度的重视。2013 年 8 月，习近平在全国宣传思想工作会议上提出"意识形态工作是党的一项极端重要的工作"；2016 年 5 月，在哲学社会科学工作座谈会上，习近平用"五个面对"概括了当下中国哲学社会科学的新形势、新任务："新形势下，我国哲学社会科学地位更加重要、任务更加繁重。面对社会思想观念和价值取向日趋活跃、主流和非主流同时并存、社会思潮纷纭激荡的新形势，如何巩固马克思主义在意识形态领域的指导地位，培育和践行社会主义核心价值观，巩固全党全国各族人民团结奋斗的共同思想基础，迫切需要哲学社会科学更好发挥作用。

---

① 马克思恩格斯选集：第 1 卷. 北京：人民出版社，2012：140.

② 习近平. 在哲学社会科学工作座谈会上的讲话. 人民日报，2016-05-19.

面对我国经济发展进入新常态、国际发展环境深刻变化的新形势，如何贯彻落实新发展理念、加快转变经济发展方式、提高发展质量和效益，如何更好保障和改善民生、促进社会公平正义，迫切需要哲学社会科学更好发挥作用。面对改革进入攻坚期和深水区、各种深层次矛盾和问题不断呈现、各类风险和挑战不断增多的新形势，如何提高改革决策水平、推进国家治理体系和治理能力现代化，迫切需要哲学社会科学更好发挥作用。面对世界范围内各种思想文化交流交融交锋的新形势，如何加快建设社会主义文化强国、增强文化软实力、提高我国在国际上的话语权，迫切需要哲学社会科学更好发挥作用。面对全面从严治党进入重要阶段、党面临的风险和考验集中显现的新形势，如何不断提高党的领导水平和执政水平、增强拒腐防变和抵御风险能力，使党始终成为中国特色社会主义事业的坚强领导核心，迫切需要哲学社会科学更好发挥作用。”① 2016 年 12 月，在全国高校思想政治工作会议上，习近平同志从全局和战略高度，深刻回答了事关高等教育事业发展和高校思想政治工作的一系列重大问题，他强调："高校思想政治工作关系高校培养什么样的人、如何培养人以及为谁培养人这个根本问题。要坚持把立德树人作为中心环节，把思想政治工作贯穿教育教学全过程，实现全程育人、全方位育人，努力开创我国高等教育事业发展新局面。”②

本书是本人多年研究意识形态和高校思想政治教育方面成果的一个汇集。全书共分为四个板块，一是社会转型期的意识形态工作，主要从理论上论述了社会转型期意识形态工作的重要性、中国共产党开展意识形态工作的经验、当前意识形态工作面临的机遇和挑战，并对新时期如何加强意识形态工作提出了自己的一些思考；二是马克思主义中国化、时代化、大众化研究，从理论上论述了我们为什么需要马克思主义、马克思主义中国化的先决条件、马克思主义时代化的主趋势和提高马克思主义大众化实效的举措；三是高校思想政治理论课教育教学研究，回顾了新中国成立以来

① 习近平. 在哲学社会科学工作座谈会上的讲话. 人民日报，2016-05-19.

② 习近平. 把思想政治工作贯穿教育教学全过程　开创我国高等教育事业发展新局面. 人民日报，2016-12-09.

高校思想政治理论课建设的历程，并在此基础上总结了高校思想政治理论课建设积累的主要经验，结合现实分析了新形势下高校思想政治理论课改革的目标和方向，分析了社会转型期高校思想政治教育遇到的挑战，并对新形势下提高思想政治理论课教学实效进行了思考；四是学科体系和话语体系建设，主要论述了马克思主义理论学科与思想政治理论课的关系，分析了马克思主义理论学科建设的保障机制和管理体制，并结合现实畅谈了对从整体上推进马克思主义研究和学科建设的思考，最后分析了构建中国特色、中国风格、中国气派的学术话语体系的形势，提出了创立中国特色哲学社会科学话语体系的思路。以上内容各自独立，但也有十分紧密的联系，是作者本人对相关问题的一个整体性思考，只是这些思考显得不是十分成熟，在此只能请读者多多谅解了。

特别需要说明的是，本书的主要内容大都以论文形式发表于相关学术刊物，此次只是做了必要的修改；还有部分内容曾作为其他课题的阶段性成果被收录于课题最终成果之中，此次也只是做了些许修改。在此书付梓之际，还要特别感谢中国人民大学出版社的牛晋芳副编审，是她促成了本书的出版并为此付出了辛苦的劳动。

秦 宣

2017 年春节于北京

目　录

第一篇　社会转型期的意识形态工作

第二篇　马克思主义中国化研究

第三篇　思想政治理论课教育教学研究

第一篇　社会转型期的意识形态工作

第一章　意识形态工作是党的一项极端重要的工作

意识形态是社会生活的重要领域。做好意识形态工作，是建设中国特色社会主义事业，特别是发展中国特色社会主义文化事业的重要内容。中国共产党十分重视意识形态工作，在革命、建设和改革的各个阶段都把意识形态工作放在十分重要的位置。党的十八大以来，以习近平同志为核心的党中央围绕着意识形态工作提出了一系列新思想新论断。2013 年 8 月，在全国宣传思想工作会议上，习近平总书记站在党和国家全局的高度，总结了我们党宣传思想工作的历史经验，深入分析了新时期宣传思想工作和意识形态工作长远发展面临的一系列重大理论和现实问题，强调意识形态工作是党的一项极端重要的工作，进一步明确了新形势下意识形态工作的方向、目标、重点任务和基本遵循。

一、充分认识意识形态工作的极端重要性

习近平总书记在全国宣传思想工作会议上的讲话中对宣传思想工作，尤其是意识形态工作的地位和作用做了精辟、深刻的阐述，强调“经济建设是党的中心工作，意识形态工作是党的一项极端重要的工作”①，从而明

① 习近平．习近平谈治国理政．北京：外文出版社，2014：153.

确了意识形态工作的定位。认真做好意识形态工作，要求我们充分认识意识形态工作的极端重要性和现实紧迫性。

第一，从历史经验看，能否做好意识形态工作，事关执政党的前途命运，事关国家长治久安，事关民族凝聚力和向心力。世界各国的发展经验表明，一个国家能否长治久安，一个社会能否和谐稳定，一个政党能否稳固自身的执政地位，既取决于国家的硬实力如经济实力、军事实力、技术实力的强弱，在很大程度上也取决于国家的文化软实力如民族精神感召力、民族凝聚力、意识形态的整合力、全民族的思想道德素质等。意识形态建设是整个国家建设的一个重要组成部分。一个国家如果失去了意识形态领域内统一的指导思想，出现了意识形态的安全危机，整个社会就会陷入一盘散沙，国家自身的安全也就无法保障，党的执政地位也无法巩固。在这方面，苏东剧变已经给我们提供了深刻的教训。苏联、东欧之所以发生剧变，这些国家的共产党之所以丧失了执政地位，原因虽然极为复杂，但其中一个非常重要的原因是这些国家的共产党主张意识形态的多元化，从而丧失了对意识形态的领导权，结果是马克思主义在意识形态领域内失去指导地位，全国不同民族团结奋斗的思想基础被破坏。苏东剧变的教训告诉我们一个深刻的道理：一个政权的瓦解往往是从思想文化领域开始的，政治动荡、政权更迭可以在一夜之间发生，但思想演化是一个长期过程。思想领域内的混乱是最难治理的混乱，思想防线被攻破了，其他防线就很难守住。正因为如此，我们看到，在苏东剧变之后，世界各国都十分重视意识形态建设和意识形态的安全问题。西方发达国家更是把意识形态作为实现其国家利益的重要手段，并把它渗透到经济社会生活和对外交往的方方面面。就连美国这样的世界超级大国，在冷战结束后也在担忧其国家的意识形态安全问题。美国著名政治学家塞缪尔·亨廷顿在其最后一部著作——《我们是谁？——美国国家特性面临的挑战》中，主要分析了美国这样一个多民族、多种族国家正在逐步丧失美国国家特性（American national identity）的危险，表示了对美国国家意识形态安全的担忧，强调了盎格鲁-新教文化对美国文化认同的重要性，提出了加强美国国家特性和意识形态安全的具体建议。①

第二，从当前国际形势看，国际范围内围绕意识形态的斗争越来越激烈。进入新世纪以来，尤其是国际金融危机爆发以来，世界范围内各种思想文化交流、交融、交锋更加频繁，思想文化领域里的斗争依然深刻复杂，意识形态安全问题变得越来越突出，经济领域内的竞争开始转向意识形态领域和文化上的竞争。金融危机爆发之后，在全球范围内讨论国际金融危机、深刻分析此次危机的根源时，意识形态问题尤其是价值观问题被纳入讨论之中。西方国家一方面在担心自身意识形态主导地位的丧失，开始采取各种措施维护本国占主导地位的意识形态；另一方面，面对中国的崛起，西方国家开始担心中国的价值观会替代欧美占主导地位的价值观，并由此产生了所谓“中国文化威胁论”，有的西方国家甚至制定了遏制中国文化发展的战略。尤其值得关注的是，近几年来，西方敌对势力对我国推行的意识形态渗透方式发生了新的变化，除了继续对我国实施“西化”和“分化”图谋外，还采取了一些新的手法：它们推行所谓民主化进程，极力宣扬“淡化意识形态”，企图让我们淡化意识形态，核心是淡化共产主义远大理想和中国特色社会主义共同理想，淡化马克思主义在意识形态领域的指导地位；它们利用我们执政党内少数党员和政府中少数公务员的工作失误、少数腐败分子的腐败行为以及我国经济社会发展中存在的问题，添枝加叶，对中国共产党的领导和中国的社会主义制度加以丑化，企图使人们对共产党失去信任、对社会主义失去信心；它们通过广播、电视、电影、报刊、信息网络等渠道输出文化产品，公开或隐蔽地兜售其社会政治理论、价值观念、意识形态和生活方式；它们散布所谓“中国崩溃论”“中国威胁论”等论调“妖魔化”中国，企图搞乱中国发展的外部环境，削弱中国在国际上的影响力。这一切表明，在新的历史时期，通过宣传思想工作加强意识形态建设，有效防范“西化”“分化”，维护我国政治安全和意识形态安全，任务十分艰巨。

第三，就国内情况来看，国内经济社会转轨转型，给意识形态工作带

① 塞缪尔·亨廷顿. 我们是谁?. 北京：新华出版社，2005.

来新挑战和新考验。进入新世纪以来，随着社会主义市场经济的发展和对外开放的扩大，受西方思潮的影响，马克思主义的指导地位受到严峻挑战，非马克思主义的意识形态影响也有所滋长，享乐主义、拜金主义、极端个人主义在一些地方还严重存在，部分社会成员信仰缺失、思想道德失范，有些人世界观、人生观、价值观发生扭曲，是非混淆、善恶颠倒、荣辱不分的现象还时有发生。微博、微信等新媒体对意识形态的影响越来越大。2016 年 1 月 22 日，中国互联网络信息中心发布的《第 37 次中国互联网络发展状况统计报告》显示：截至 2015 年 12 月，中国网民规模达 6.88 亿，中国手机网民规模达 6.2 亿，微博用户达到 3 亿多。中国互联网普及率达到 50.3%，超过全球平均水平 3.9 个百分点，超过亚洲平均水平 10.1 个百分点，中国有着全世界最大的网络群体。新媒体的出现，给中国思想文化领域带来了一些积极影响，但存在的风险也越来越大，网上舆论斗争越来越激烈。宗教对私人生活领域的影响逐步扩大，进而会影响社会，影响国家的文化和意识形态安全。目前，宗教在高校、在社区、在边疆地区发展速度较快，信教群众越来越多。这一切表明，我国意识形态领域内的问题越来越复杂、矛盾越来越尖锐。在我们这样一个有 13 亿人口的大国，如果思想处于混乱状态，则有可能演变成社会动荡甚至政治剧变，影响民族的团结和国家的统一，从而影响到改革开放和现代化建设的大局，就会给国家和民族带来巨大的灾难。一个 13 亿人口的大国一旦出现混乱，对整个世界也是一场灾难。对此，我们必须有十分清醒的认识，必须引起高度重视。意识形态安全属于国家安全系统的一个有机组成部分，它同国家安全、经济安全、文化安全一样，都是最大的国家利益之所在。因此，如何巩固马克思主义在意识形态领域的指导地位，如何加强对网络媒体的管理和引导，如何引导宗教与社会主义相适应，如何适应新形势实现思想政治工作方法和管理体制的创新，已经成为维护意识形态安全和国家安全的重大课题。

总的来看，冷战结束后，伴随着经济全球化的进一步发展和世界范围内思想文化发展的新态势，意识形态工作已经成为对党、对国家、对民族的前途命运带有根本性、战略性和全局性意义的重要工作。中国作为一个发展中的社会主义国家，在外部环境快速变化、国内经济社会迅速发展的情况下，重视国家意识形态建设尤为重要。我们只有从推动中国特色社会主义事业长远发展、巩固党的群众基础执政基础的高度，认清肩负的责任、面临的挑战，才能进一步增强做好意识形态和宣传思想工作的自觉性坚定性。

二、意识形态工作的根本任务和着力点

在我国社会深刻变革和对外开放不断扩大的条件下，宣传思想工作发生了很大变化，但其根本任务没有变，也不能变。习近平总书记在全国宣传思想工作会议讲话中强调，宣传思想工作就是要巩固马克思主义在意识形态领域的指导地位，巩固全党全国人民团结奋斗的共同思想基础。这一重要论断，深刻概括了宣传思想工作的根本任务，明确指出了宣传思想工作的努力方向，是做好新时期意识形态和宣传思想工作的基本原则与重要遵循。实现这“两个巩固”，关键是要解决好对马克思主义和共产主义的信仰、对中国特色社会主义的信念问题。做好新时期的宣传思想工作，一定要把实现“两个巩固”、坚定信仰信念作为全部工作的立足点、聚焦点和着力点。

旗帜指引方向，思想凝聚人心。共同的思想基础，是一个党、一个国家、一个民族赖以存在和发展的根本前提。没有共同的思想基础，党就要瓦解、国家就要解体、民族就要分裂。中国共产党历来重视共同思想基础建设。毛泽东同志强调党要有“共同语言”；邓小平同志强调一靠理想、二靠纪律才能团结起来；江泽民同志强调一个民族、一个国家要有自己的精神支柱；胡锦涛同志多次指出要增强“民族精神”，巩固“精神支柱”，加强社会主义核心价值体系建设，形成“共同理想信念”。党的十八大结束后，习近平总书记在第十八届中央政治局第一次集体学习时就明确强调：“坚定理想信念，坚守共产党人精神追求，始终是共产党人安身立命的根本。对马克思主义的信仰，对社会主义和共产主义的信念，是共产党人的政治灵魂，是共产党人经受住任何考验的精神支柱。形象地说，理想

信念就是共产党人精神上的‘钙’，没有理想信念，理想信念不坚定，精神上就会‘缺钙’，就会得‘软骨病’。”① 所有这些强调的都是共同思想基础建设。

用科学理论统一全党全国各族人民的思想和意志，是我们党的一条根本经验、一个优良传统。我们党从一诞生，就把马克思列宁主义写在了自己的旗帜上，把实现共产主义确立为最高理想；党的七大，又把毛泽东思想写在了自己的旗帜上，这为取得新民主主义革命和社会主义革命的胜利，成功地进行社会主义建设，提供了思想上的有力指导和理论上的坚实基础。改革开放以来，伴随着马克思主义中国化一个又一个理论成果的取得，我们党又先后把邓小平理论、“三个代表”重要思想和科学发展观写在自己的旗帜上，这为推进改革开放，开辟中国特色社会主义事业新局面，提供了共同的思想基础。历史经验表明，马克思主义是我们立党立国的根本指导思想，是全党全国各族人民团结奋斗的共同思想基础。对于宣传思想文化阵地，马克思主义的思想不去占领，各种非马克思主义的思想就会去占领。因此，无产阶级政党，在意识形态建设过程中，必须牢牢掌握领导权、管理权和话语权，不断巩固马克思主义在意识形态领域的指导地位。

当前，意识形态工作和宣传思想工作的环境、对象、范围、方式发生了很大变化。在多元、多变的思想冲击之下，在拜金、拜物等观念腐蚀之下，一些党员、干部出现这样那样的问题，说到底是信仰迷茫、精神迷失。面对全球化、信息化的开放执政环境，身处利益诉求、矛盾问题交织互联的转型发展时期，党员干部更要坚定马克思主义、共产主义信仰，脚踏实地为实现党在现阶段的基本纲领而不懈努力，扎扎实实做好每一项工作。这就决定了宣传思想工作的根本任务，仍然是坚持“两个巩固”、增强“四个自信”，牢固树立起实现中华民族伟大复兴的中国梦这一共同理想。

要巩固马克思主义在意识形态领域的指导地位，必须用科学理论武装

---

① 习近平．习近平谈治国理政．北京：外文出版社，2014：15.

头脑。科学理论入脑入心，共同理想才能虔诚而执着；党的理论创新成果广泛而普及，道路自信、理论自信、制度自信和文化自信才能至信而深厚。巩固马克思主义在意识形态领域的指导地位，党员干部是关键。因此，宣传思想工作要坚持不懈地用中国特色社会主义理论体系武装全党、教育人民、指导工作。领导干部特别是高级干部要把系统掌握马克思主义基本理论作为看家本领，老老实实、原原本本学习马克思列宁主义、毛泽东思想，特别是邓小平理论、“三个代表”重要思想、科学发展观，学习党史国史，深刻领会中国特色社会主义的科学内涵和精神实质。党校、干部学院、社会科学院、高校、理论学习中心组等都要把马克思主义作为必修课，成为马克思主义学习、研究、宣传的重要阵地。新干部、年轻干部尤其要抓好理论学习，通过坚持不懈的学习，学会运用马克思主义立场、观点、方法观察和解决问题，坚定理想信念。

要巩固全党全国人民团结奋斗的共同思想基础，必须加强理想信念教育。理想信念教育不仅要在党员干部中开展，而且要面向全社会开展。坚持和发展中国特色社会主义、实现中华民族的伟大复兴的中国梦，是全党全国各族人民的共同理想，是当代中国发展进步的鲜明主题。宣传思想文化工作必须牢牢把握这个主题、聚焦这个主题，深入开展中国特色社会主义宣传教育，更好地把全国各族人民团结和凝聚在中国特色社会主义伟大旗帜之下。要深入开展中国梦的宣传教育，深入宣传国家富强、民族振兴、人民幸福的基本内涵，讲清楚国家梦、民族梦与个人梦的关系，引导人们为实现中国梦而奋斗；要加强社会主义核心价值体系建设，积极培育和践行社会主义核心价值观，全面提高公民道德素质，培育知荣辱、讲正气、做奉献、促和谐的良好风尚。

总之，站在新的历史起点上，宣传思想文化工作必须紧紧围绕巩固马克思主义在意识形态领域的指导地位，巩固全党全国各族人民团结奋斗的共同思想基础这一根本任务，充分发挥宣传思想文化工作的思想引领作用、舆论推动作用、精神激励作用、文化支撑作用，增强干部群众对中国特色社会主义道路自信、理论自信、制度自信和文化自信，为实现“两个一百年”奋斗目标和中华民族伟大复兴中国梦而奋斗。

三、意识形态工作的基本要求和基本遵循

国际形势风云变幻，国内社会快速转型，现代传播技术迅猛发展，对意识形态工作和宣传思想工作提出了新的更高要求。正如习近平总书记指出的，宣传思想工作要把围绕中心、服务大局作为基本职责，胸怀大局、把握大势、着眼大事，找准工作切入点和着力点；坚持团结稳定鼓劲、正面宣传为主，巩固壮大主流思想舆论；坚持来之不易的宝贵经验，抓好理念创新、手段创新、基层工作创新；宣传阐释好中国特色，讲好中国故事，传播好中国声音。这些基本要求，既蕴含着对历史经验的深刻总结，又蕴含着对新形势新任务的科学判断，具有很强的战略指导性和现实针对性。当前，贯彻落实这些基本要求，必须正确处理好以下几对关系：

必须正确处理好经济建设和意识形态工作的关系，围绕中心工作搞好意识形态工作。经济建设是党的中心工作，意识形态工作是党的一项极为重要的工作，二者相辅相成。只有切实做好中心工作，才能为意识形态工作提供坚实的物质基础；只有切实做好意识形态工作，才能为中心工作提供有力保障。我们既不能因为中心工作而忽视意识形态工作，也不能使意识形态工作游离于中心工作。我们在集中精力进行经济建设的同时，一刻也不能放松和削弱意识形态工作。意识形态工作要把围绕中心、服务大局作为基本职责，找准工作切入点和着力点，做到因势而谋、应势而动、顺势而为。

必须正确处理好党性和人民性的关系，坚持党性和人民性相统一。党性和人民性的关系，是意识形态领域关乎舆论导向的重大问题，只有处理好二者的关系，宣传思想工作者才能明确方向、站稳立场。习近平总书记强调："党性和人民性从来都是一致的、统一的。"① 坚持党性，核心就是坚持正确政治方向，站稳政治立场，坚定宣传党的理论和路线方针政策，坚定宣传中央重大工作部署，坚定宣传中央关于形势的重大分析判断，坚

---

① 习近平．习近平谈治国理政．北京：外文出版社，2014：154.

决同党中央保持高度一致，坚决维护中央权威。坚持人民性，就是要把实现好、维护好、发展好最广大人民的根本利益作为出发点和落脚点，坚持以民为本、以人为本。只有坚持党性，宣传思想工作才能有明确的立场和指向；只有坚持人民性，宣传思想工作才能获得活力源泉和动力根基。把党性和人民性统筹好、实践好、统一好，宣传思想工作才能让党放心、让人民满意。

必须正确处理好正面宣传与舆论斗争的关系，弘扬主旋律，传播正能量。习近平总书记强调，“坚持团结稳定鼓劲、正面宣传为主”是宣传思想工作必须遵循的重要方针。坚持这一方针，一方面，我们要坚持“弘扬主旋律，传播正能量”，要不断改进正面宣传的方式和方法，提高正面宣传工作的质量和水平，夯实全国各族人民团结奋斗的思想基础，为不断推进中国特色社会主义事业提供精神力量；另一方面，要积极开展舆论斗争，坚持底线思维，强化阵地意识。在事关大是大非和政治原则问题上，必须旗帜鲜明，敢抓敢管，敢于亮剑。要增强主动性、掌握主动权、打好主动仗，找准思想认识的共同点、利益关系的交汇点、化解矛盾的切入点，帮助干部群众划清是非界限、澄清模糊认识，从而引导社会情绪、社会心理朝着积极健康的方向发展。

必须正确处理好总结经验和改革创新的关系，在继承中创新，在创新中赢得主动权。在长期实践中，我们党的宣传思想工作积累了十分丰富的经验。这些经验来之不易、弥足珍贵，是做好今后工作的重要遵循，一定要认真总结、长期坚持，并在实践中不断丰富和发展。另一方面，要大胆改革创新。宣传思想工作创新，重点要抓好理念创新、手段创新、基层工作创新，努力以思想认识新飞跃打开工作新局面，积极探索有利于破解工作难题的新举措新办法，把创新的重点放在基层一线。只有在创新中赢得主动权，宣传思想工作才能回答好时代考题，不断巩固全党全国人民团结奋斗的共同思想基础，为社会主义建设提供强大的精神动力和智力支持。

必须正确处理好认识当代中国与外部世界的关系，用中国话语讲好中国故事，传播好中国声音。当今世界是开放的世界，中国的发展离不开世界，世界的发展也离不开中国。习近平总书记指出：“在全面对外开放的条件下做宣传思想工作，一项重要任务是引导人们更加全面客观地认识当代中国、看待外部世界。”① 认识当代中国，重点是阐释中国特色，就是要讲清楚每个国家和民族的历史传统、文化积淀、基本国情不同，其发展道路必然有着自己的特色；讲清楚中国特色社会主义植根于中华文化沃土、反映中国人民意愿、适应中国和时代发展进步要求，有着深厚的历史渊源和广泛的现实基础，中华民族创造了源远流长的中华文化，也一定能够创造出中华文化的新辉煌。正确看待外部世界，必须及时准确把握世界形势的新变化，正确认识当今世界出现的新事物新情况，充分了解世界各国出现的新思想新观点新知识，积极借鉴人类文明创造的有益成果，更好地发展我们自己。

必须正确处理好全党动手和部分负责的关系，着力构建全党动手的大宣传格局。宣传思想工作是政治性强、涉及面广、影响力大的系统工程，需要统筹谋划、强化协作，需要多方联动、全员参与。习近平总书记强调："做好宣传思想工作必须全党动手"，"要树立大宣传的工作理念，动员各条战线各个部门一起来做"②。一方面，要构建全党动手的大宣传格局。中国共产党是中国特色社会主义事业的领导核心，必须高度重视意识形态工作，特别是思想政治工作。各级党委的主要负责人更要带头研究意识形态领域特别是思想政治工作中的新情况、新问题，对意识形态工作部门给予具体的指导与支持，真正使党对意识形态工作的领导落到实处。各级党委要负起政治责任和领导责任，加强对宣传思想领域重大问题的分析研判和重大战略性任务的统筹指导，不断提高领导宣传思想工作能力和水平。另一方面，宣传思想部门必须守土有责、守土负责、守土尽责。此外，各条战线、各个部门都应该积极参与到宣传思想工作中来，树立大宣传的工作理念和一盘棋的大局意识，自觉支持宣传思想战线的工作。

① 习近平．习近平谈治国理政．北京：外文出版社，2014：155.

② 同①156.

第二章　改革开放以来我们党意识形态建设的基本经验

改革开放30多年来，在推进中国特色社会主义伟大事业的同时，我们党继承过去优良传统，重新确立党的思想路线，深入研究新时期社会主义意识形态工作的新特点、新途径和新方法，实现了社会主义意识形态理论、机制、方法和管理等多方面的创新，积累了许多宝贵经验。认真总结新时期社会主义意识形态建设的基本经验，对于推进意识形态建设具有十分重要的理论意义和现实意义。

一、坚持意识形态发展与经济、政治发展的统一

社会意识形态作为政治形态（上层建筑），是社会经济形态（经济基础）的反映和体现，但意识形态又具有相对独立性。如果意识形态与经济、政治形态相适应，就可以促进经济、政治的巩固发展；反之，则会造成社会的停滞和倒退。所以，一切阶级、政党、国家无不重视社会意识形态问题。

中国共产党历来重视意识形态建设工作，党的几代中央领导集体都对意识形态建设给予了高度关注。新中国成立后，毛泽东曾告诫人们："无产阶级和资产阶级之间在意识形态方面的阶级斗争，还是长时期的，曲折的，有时甚

至是很激烈的。”① 但由于毛泽东对国际国内形势的判断出现了失误，围绕阶级斗争搞意识形态建设，因此在意识形态建设方面留下了极为深刻的教训。

改革开放以来，我们党把工作重心转移到经济建设和现代化建设上来，社会主义意识形态建设始终坚持以经济建设为中心，坚持为社会主义服务，坚持为人民服务，服从于现代化建设大局。改革开放初期，针对“文化大革命”时期经济建设被破坏、马克思主义被歪曲、人们思想被搞乱的情况，我们党经过思想理论战线上的拨乱反正，重新恢复和确立了马克思主义在当代中国的指导地位，做出了把党的工作重心转移到经济建设上来的重大决策。此后，我们党强调解放思想，围绕现代化建设大力推进马克思主义理论创新，马克思主义的发展呈现良好局面，意识形态工作为新时期、新道路的开辟提供了思想保障。

20世纪80年代中期，针对改革开放中出现的思想上的严重问题，邓小平及时提出了“两手抓、两手都要硬”的思想，我们党及时做出了加强社会主义精神文明建设的决定，开展了反对精神污染和反对资产阶级自由化的斗争。20世纪80年代末至90年代初期，国内发生政治风波，国际上出现苏东剧变，社会主义处于低潮，马克思主义遭遇挫折。针对国内外否定马克思主义指导地位、断言马克思主义已经“过时了”等情况，邓小平在南方谈话中高度评价了马克思主义的历史地位，并强调：要防止帝国主义的和平演变，就“要把我们的军队教育好，把我们的专政机构教育好，把共产党员教育好，把人民和青年教育好”②。

20世纪90年代中期，随着社会主义市场经济体制改革的深入和参与经济全球化进程的加快，针对苏东剧变之后国际国内淡化意识形态的错误倾向，江泽民同志强调：“任何一个社会的思想领域，总是由那个社会的统治阶级的思想占统治地位的。任何一个国家的统治阶级，为了巩固其政治统治，都要竭力维护和发展其占统治地位的意识形态。”③ 为此，党的十四届中央委员会通过了《中共中央关于加强社会主义精神文明建设若干重

① 毛泽东文集：第7卷．北京：人民出版社，1999：230.
② 邓小平文选：第3卷．北京：人民出版社，1993：380.
③ 江泽民文选：第3卷．北京：人民出版社，2006：86.

要问题的决议》，开展了反对在发展市场经济中滋长的拜金主义、享乐主义和极端个人主义等腐朽思想的斗争。

进入新世纪以来，我们党更加重视新形势下意识形态建设。2002 年召开的党的十六大指出："必须坚持马克思列宁主义、毛泽东思想和邓小平理论在意识形态领域的指导地位，用'三个代表'重要思想统领社会主义文化建设。"① 为了牢固确立马克思主义在意识形态领域的指导地位，党中央 2004 年 1 月出台了《中共中央关于进一步繁荣发展哲学社会科学的意见》，做出了实施马克思主义理论研究和建设工程的重大决策，并把此工程提高到党的建设的"生命工程"的高度来加以强调。同年 9 月，胡锦涛同志在党的十六届四中全会上的讲话中指出："意识形态领域历来是敌对势力同我们激烈争夺的重要阵地，如果这个阵地出了问题，就可能导致社会动乱甚至丧失政权。敌对势力要搞乱一个社会、颠覆一个政权，往往总是先从意识形态领域打开突破口，先从搞乱人们的思想下手。"② 2005 年，胡锦涛同志再次强调："要全面落实用邓小平理论和'三个代表'重要思想武装全党、教育人民的战略任务，加强马克思主义理论研究和建设，着力回答重大理论和实际问题，巩固马克思主义在我国意识形态领域的指导地位，引导全体人民坚定中国特色社会主义信念。"③ 2007 年，党的十七大明确指出："要巩固马克思主义指导地位，坚持不懈地用马克思主义中国化最新成果武装全党、教育人民，用中国特色社会主义共同理想凝聚力量，用以爱国主义为核心的民族精神和以改革创新为核心的时代精神鼓舞斗志，用社会主义荣辱观引领风尚，巩固全党全国各族人民团结奋斗的共同思想基础。"④ 时隔五年后，党的十八大再次强调："牢牢掌握意识形态工作领导权和主导权，坚持正确导向，提高引导能力，壮大主流思想舆论。"⑤ 党的十八大以来，以习近平同志为核心的党中央更是将意识形态工

---

① 十六大以来重要文献选编：上. 北京：中央文献出版社，2005：29.

② 十六大以来重要文献选编：中. 北京：中央文献出版社，2006：318.

③ 同②711.

④ 十七大以来重要文献选编：上. 北京：中央文献出版社，2009：26.

⑤ 胡锦涛. 坚定不移沿着中国特色社会主义道路前进 为全面建成小康社会而奋斗——在中国共产党第十八次全国代表大会上的报告. 北京：人民出版社，2012：32.

作放到了极端重要的位置。

改革开放以来，从重新确立党的思想路线到提出“两手抓、两手都要硬”，加强社会主义精神文明建设，从提出建设中国特色社会主义文化到发展先进文化，再到提出建设社会主义核心价值体系，培育和践行社会主义核心价值观，我们党对社会主义意识形态建设的地位和作用的认识越来越深入，建设思路越来越清晰，方法越来越科学。改革开放30多年取得的光辉成就是与意识形态建设分不开的，而这些成就的取得则进一步增强了社会主义意识形态的说服力、吸引力和战斗力。

二、把坚持马克思主义同推进马克思主义中国化结合起来

马克思主义是我们立党立国的根本指导思想，是全国各族人民团结奋斗的共同理论基础。与时俱进是马克思主义最重要的理论品格，不断进行理论创新是马克思主义永葆生机和活力的根据。马克思主义发展160多年的历史经验告诉我们：理论创新必须以坚持马克思主义基本原理为前提，“老祖宗”始终不能丢，否则就会迷失方向；坚持马克思主义又必须以实践基础上的理论创新为条件，必须说些“新话”，否则马克思主义就会丧失活力。

中国共产党自成立起就把马克思主义作为自己的指导思想，把推进马克思主义理论创新作为一项重要任务。改革开放30多年来，我们党一再强调，中国改革开放和现代化建设必须坚持马克思主义指导地位，必须始终“把坚持马克思主义基本原理同推进马克思主义中国化结合起来”，在研究新情况、解决新问题过程中发展马克思主义。“文化大革命”结束时，当有人趁否定“文化大革命”的错误之机企图否定毛泽东和毛泽东思想，进而否定马克思主义的时候，是以邓小平同志为核心的党的第二代中央领导集体强调马克思主义这个“老祖宗”不能丢，丢了就会丧失根本。在坚持马克思主义的同时，邓小平准确判断国际形势的新变化，立足于社会主义初级阶段的实际，集中全党全国人民的智慧，创立了邓小平理论，把马克思主义推向了一个新的发展阶段，从而也保证了社会主义意识形态建设的正确方向；苏东剧变之后，尤其是邓小平去世之后，当有人企图借苏东剧

变来否定马克思主义、借我国改革中出现的失误来否定改革开放的时候，是以江泽民同志为核心的党的第三代中央领导集体强调毫不动摇地坚持和发展马克思主义，并根据“世情”“国情”“党情”的新变化，创立了“三个代表”重要思想，丰富和发展了马克思主义；进入新世纪新阶段，面对国际范围内新一波否定马克思主义的思潮，以胡锦涛同志为总书记的党中央立足于新世纪新阶段的新实际，继续解放思想，大胆进行理论创新，提出并形成了科学发展观，形成了马克思主义中国化的最新理论成果。党的十八大以来，以习近平同志为核心的党中央继续坚持和发展马克思主义，围绕具有许多新的特点的伟大斗争，继续推进理论创新，形成了治国理政的新理念新思想新论断，开创了当代中国马克思主义发展的新境界。

党的十七大把改革开放新时期形成的邓小平理论、“三个代表”重要思想和科学发展观，统一概括为“中国特色社会主义理论体系”。中国特色社会主义理论体系始终贯穿了马克思主义的红线。这一理论体系坚持马克思主义基本原理，紧紧抓住“什么是社会主义、怎样建设社会主义；建设什么样的党、怎样建设党；实现什么样的发展、怎样发展”这一系列根本问题，深刻总结中国特色社会主义伟大实践创造的新鲜经验并上升到理论层面，在推动马克思主义的发展中卓有成效地坚持了马克思主义。这一理论体系在马克思主义发展史上比较系统地解决了像中国这样经济文化落后国家如何坚持、巩固、发展社会主义的重大课题，开辟了马克思主义发展的新境界；这一理论体系深深扎根于人民群众的实践，紧密结合中国实际，紧随时代前进步伐，体现了马克思主义鲜明的实践特色、民族特色和时代特色，因而是切合中国实际的马克思主义。这一理论体系的形成和发展，表明我们党对共产党执政规律、社会主义建设规律和人类社会发展规律的认识达到了新的理论高度，因而是马克思主义中国化的最新成果。这一理论体系是我国新时期意识形态建设取得的最重要成果，也是我国当代社会主义意识形态的主要理论，标志着我们党初步形成了社会主义意识形态理论新体系。

30 多年来，我们党加强意识形态创新的实践证明：坚持以反映时代特征和实践要求的科学理论指导实践，并根据实践的新鲜经验不断推进理论创新，是马克思主义政党坚持先进性、不断推进事业发展的根本保证。马克思主义的理论创新，是在科学回答时代所提出的课题中实现的，是在结合各国具体实际中完成从理论到实践的转变的，是在指导实践过程中随着时代的发展而不断实现自身突破的。加强社会主义意识形态建设，必须着力于马克思主义理论创新，努力开辟马克思主义意识形态理论发展的新境界。

三、把坚持指导思想的一元性和思想文化的多样性结合起来

任何国家、任何社会的主流意识形态都是一元的，它是统治阶级意志在上层建筑的集中反映。同时，任何社会的思想意识又是多样的。一元性和多样性的统一是互为前提的。失去“一元主导”统领，就失去主心骨，意识形态必然陷入一片混乱，进而导致社会动荡；没有兼容并存，意识形态清一色，就会封闭僵化，一潭死水，丧失思想活力和文化创造力。列宁曾明确指出：“**多样性**不但不会破坏在主要的、根本的、本质的问题上的统一，反而会保证这种统一。”① 改革开放以来，随着社会主义市场经济的建立和发展，多种经济形式的存在和发展，特别是多种利益主体的形成，客观现实反映到社会意识中，使人们的精神生活呈现出复杂性、多样性，即出现不同层次、不同形式的思想观念和生活方式，甚至出现性质不同的思想观念和生活方式。因此，在社会主义初级阶段，意识形态在客观上必然要反映着社会各个阶层、各个利益主体的愿望和要求，呈现出多样性的发展。在我国意识形态中，马克思主义居于核心地位，是社会主义意识形态的旗帜和灵魂。除了马克思主义这个核心思想体系外，还有其他的思想形态存在。这种多样性既符合人们对现实不同的生存感悟，又可以满足人们多层次的精神归宿。

改革开放以来，我们党始终坚持一元主导与多元并存，既强调马克思主义在意识形态领域的指导地位，绝不允许“消解主流意识形态”的思潮

---

① 列宁专题文集 论社会主义. 北京：人民出版社，2009：60.

与话语在理论界、思想界泛滥，又主张不同文明、不同文化形态之间的相互借鉴和吸收，允许和提倡哲学、宗教、艺术等以多样化的形式、个性反映和表现社会生活，并在正确的理论指导下允许其自由发展；既突出中国特色社会主义核心价值体系和核心价值观的主导地位，又不否认在合法的条件下其他具体理想存在的价值和合理性；既没有以主导性排斥多样性，也没有以多样性替代主导性。我们党始终坚持弘扬主旋律和提倡多样性的统一，在多元中立主导，在多样中谋共识，用主导性去影响和带动多样性，用多样性去培植和激励主导性。在这个方面，我们党积累了宝贵的经验。

第一，始终坚持党对意识形态工作的领导。一是不断强化阵地意识，始终保证意识形态各部门的领导权掌握在忠于马克思主义、忠于党、忠于人民的人手里。二是唱好主旋律，即坚持用党的基本理论、基本路线、基本纲领宣传教育干部和群众，用爱国主义、集体主义、社会主义和艰苦创业精神宣传教育干部和群众，大力弘扬社会正气和时代精神，以激励、调动和发挥人民群众建设中国特色社会主义的积极性，不断推进改革开放和现代化建设的各项事业。三是打好主动仗，即不断总结和运用好我们党领导意识形态工作的历史经验和新鲜经验，正确分析和认识社会主义初级阶段宣传思想领域的特点，遵循思想道德和文化建设的客观规律，坚持从实际出发，不断提高意识形态建设的能力。

第二，注重对意识形态队伍建设。改革开放以来，我们党特别强调，从中央到地方，都要努力培养一支能够用马克思列宁主义、毛泽东思想和当代中国马克思主义的立场、观点和方法解决中国建设和改革实际问题的理论队伍，要保证和不断提高理论队伍的素质，努力造就一批政治坚定、思想敏锐、学识渊博、联系实际的马克思主义理论家。在改革开放进程中，广大知识分子在马克思主义基础理论研究方面，在阐释、论述和宣传中国特色社会主义理论体系方面，取得了多方面的成果，为推动用当代中国的马克思主义武装全党、教育人民，巩固全党全国人民团结奋斗的共同思想基础，发挥了重要作用。广大理论工作者坚持理论联系实际，认真研究回答关系党和国家事业发展的全局性、前瞻性、战略性问题，推出了一批有价值、有影响的研究成果，为党和政府科学决策，为改革开放和社会主义现代化建设事业提供了有力的理论支持。

第三，始终坚持“百花齐放，百家争鸣”的方针。一是实行文化领域里的对外开放，不断扩大意识形态建设的空间。30 多年来，我们批判地吸收世界文明发展中被普遍认同的价值理念，如民主、自由、平等、法治、公正等，这对我们树立以人为本观念、可持续发展观念、民主观念、法制观念、人权观念、社会和谐观念等新文化观念产生了积极影响，成为意识形态建设的重要思想资源。二是继承发扬中国传统道德价值资源。我们继承和发扬中华民族文化的优秀传统，努力寻求意识形态创新的历史资源，在“取其精华，去其糟粕”“推陈出新”的基础上实现社会主义意识形态的综合创新。三是旗帜鲜明地批评意识形态领域出现的错误思潮，着力划清马克思主义与反马克思主义、非马克思主义的界限，坚持、维护、增强了马克思主义意识形态的合法权威性。

第四，充分发挥大众传播媒介在当代的意识形态建设中的重要作用。改革开放以来，我们党把大众传播媒介视为党的喉舌，把强化大众传媒的工作视为“党的生命的一部分”。各种课堂、讲台、论坛和期刊、报纸、广播电视、互联网等媒体的领导权和主导权要掌握在真正的马克思主义者手里。我们的新闻舆论工作者始终坚持党性原则，自觉地在思想上、政治上与党中央保持一致，在复杂多变的形势面前保持清醒的头脑，及时宣传党的主张，积极、完整、生动地宣传好党的纲领、路线和方针政策，并同一切违反党的纲领路线和方针政策的错误倾向进行坚决的斗争。新闻工作者始终坚持了正确的舆论导向，以正确的舆论引导人，为改革开放和现代化建设营造了良好的舆论环境。

四、坚持先进性和层次性的统一

在社会主义初级阶段，我们党认识到：意识形态建设必须尊重人民群众思想多层次性的客观事实，把先进思想教育作为主旋律，把分层次作为基本原则和方法，通过多种形式、多种层次的教育，提高全民的整体思想文化素质。

第一，用当代中国马克思主义教育全党，使党始终坚持实事求是的思想路线，始终代表先进生产力、先进文化、中国最广大人民群众的根本利益。在新时期，我们党始终强调，必须始终把思想建设放在党的建设的首位，坚持用马克思主义理论及其学风教育党员干部，把我们党建设成为有战斗力的马克思主义政党。用整党、整风、“集中学习”的方法推进党员干部马克思主义理论教育是党在各个时期进行社会主义意识形态教育的重要途径和成功经验。它的基本特点是，党中央针对全党在思想、组织、作风等方面存在的某些主要倾向，采用思想教育和学习的方法，通过开展批评与自我批评来提高党员干部的马克思主义理论水平和思想政治觉悟。在新时期，针对改革开放和现代化建设中党的队伍的实际状况，1982 年开展以清理和解决党内“文化大革命”遗留的严重问题、新形势下产生的消极现象和“三种人”为内容的整党；1989 年开展以加强思想政治工作、深入学习马克思列宁主义基本理论和始终保持同人民群众的血肉联系为内容的社会主义教育；1998 年底实施以“讲学习、讲政治、讲正气”为主要内容的党性党风教育；2005 年底开展以实践“三个代表”重要思想为主要内容的保持共产党员先进性教育活动；2012 年十八大以来，我们党又先后开展党的群众路线教育实践活动、“三严三实”专题教育、“两学一做”学习教育，广大党员受到了深刻的马克思主义教育，进一步坚定了理想信念，提高了素质能力，增强了献身于中国特色社会主义事业的自觉性。

第二，始终将加强青少年思想政治教育工作作为社会主义意识形态建设的重大战略工程。青少年在全国人口中占有相当比例，全体青少年思想道德素质和文化素质如何直接关系到 21 世纪中国的面貌。在改革开放新时期，邓小平同志指出：“十一届三中全会确立的这条中国的发展路线，是否能够坚持得住，要靠大家努力，特别是要教育后代。”① 他希望从事教育工作的同志，乃至整个社会都来关心青少年思想政治的进步。江泽民同志从中国特色社会主义事业的战略的高度反复强调思想政治教育在年轻一代

① 邓小平文选：第 3 卷. 北京：人民出版社，1993：381.

成长过程中的重要性。“青年兴则国家兴，青年强则国家强，青年有希望，未来的发展就有希望。”① “抓好教育和青少年学生的思想工作，直接关系到我们实施科教兴国战略能否取得成功，关系到我国社会主义现代化建设能否取得成功。”② 对于如何加强对青少年的思想政治教育，我们党重点抓了以下几项工作：一是对青少年进行理想信念、纪律法制教育；二是坚持不懈地向青少年进行爱国主义、集体主义、社会主义和自力更生、艰苦奋斗的思想教育；三是加强马克思主义理论教育，即加强邓小平理论、“三个代表”重要思想以及科学发展观等重大战略思想的教育。

第三，不断加强对人民群众的思想政治教育，用邓小平理论、“三个代表”重要思想和科学发展观教育人民。改革开放30多年来，我们党始终坚持在全社会树立科学的世界观、人生观和价值观。我们党通过中国特色社会主义理论体系的教育，不断使人们正确地处理主观与客观、精神与物质、思维与存在等关系问题，自觉运用马克思主义的立场、观点、方法去对待和处理人生与社会中的各种矛盾，正确地理解和全面贯彻党的基本路线；我们党注重广泛深入地进行辩证唯物主义和历史唯物主义教育，广泛宣传党的基本理论和基本观点，帮助和引导人们划清唯物论与唯心论、无神论与有神论、科学与迷信、文明与愚昧的界限，增强识别和抵制唯心主义、封建主义及各种伪科学的能力；我们党始终立足于社会主义初级阶段实际，从全体社会成员的现实道德水平出发，在提倡社会主义、共产主义思想道德的同时，也要普遍实行适用于全体劳动者、爱国者的思想道德。

五、意识形态工作的几点启示

从改革开放以来我国意识形态建设的经验中，我们可以得到这样几点启示：

第一，强化“主流意识”，始终坚持和维护马克思主义在社会意识领

① 毛泽东邓小平江泽民论青少年和青少年工作. 北京：中央文献出版社，2000：324.

② 江泽民文选：第2卷. 北京：人民出版社，2006：590-591.

域的指导地位。意识形态作为社会意识的一种特殊形式，既是人们特定的经济关系和物质关系的观念表现，又直接构成人们特定的思想关系和精神生活本身，其实质在于它是统治人的观念的力量。马克思主义是我国主流意识形态的理论基础，是旗帜和灵魂。如果动摇了它的指导地位，就会因失去思想灵魂而迷失方向。因此，在当今世界各种思想文化相互激荡的形势下，在改革与发展的关键时期，面对现阶段社会经济关系的新变化和思想文化方面的新挑战，必须坚持和巩固马克思主义在社会意识领域的指导地位，必须用发展的马克思主义指导新的实践。这是意识形态建设的首要问题，是事关共产党人的根本信仰、全国人民团结奋斗的思想基础和社会主义前途命运的重大问题，必须予以高度重视。

第二，强化“创新意识”，坚持解放思想，大胆进行理论创新。马克思主义的生机来自理论创新，它的发展最基本的依据就在于实践。实践的发展是无止境的，马克思主义理论的创新也应是无止境的。当今世界发展日新月异，需要在改革开放和全面建设小康社会的实践中汲取新的营养，研究新情况、形成新认识、开辟新境界，不断地创新马克思主义理论，为意识形态注入新的活力。要认真研究国际形势的变化和社会主义市场经济的发展给社会主义意识形态建设带来的有利条件和不利因素，研究不同层次人们的精神需求和价值取向，研究社会主义意识形态建设的新机制、新方式、新载体、新内容，推动社会主义意识形态建设。

第三，强化“阵地意识”，加强新闻和传媒建设，发挥正确舆论的主导作用。新闻传媒是关系党和国家盛衰兴亡的至关重要的舆论阵地。面对新闻与传媒的新变化，当前必须进一步加强党对传媒的领导和管理，一方面要坚持价值导向一元性，仍要以宣传爱国主义、集体主义和社会主义为主旋律，抵制一切封建迷信和剥削阶级没落庸俗的思想文化，促进整个社会道德水准的提高；另一方面也应吸取苏东剧变的教训，既要加强管理又不能管得过死，走向另一极端。要加强对媒体规律的研究，创新机制，创新方法、方式，不断增强正确舆论的感染力、主流文化的吸引力，做好非主流文化的引导工作。

第四，强化“稳定意识”，加强意识形态社会功能建设，保证和维护社会和谐、稳定发展。在现实社会中，意识形态具有鲜明的政治特性和倾向性，具有非同一般的稳定和发展社会的作用。当前，尤其要加强社会主义核心价值体系建设，要按党的十七大提出的要求，坚持不懈地用马克思主义中国化最新成果武装全党，教育人民，用中国特色社会主义共同理想凝聚力量，用以爱国主义为核心的民族精神和以改革创新为核心的时代精神鼓舞斗志，用社会主义荣辱观引领风尚，巩固全党全国各族人民团结奋斗的共同思想基础。

第五，强化“全球意识”，在中国与全球化的互动中，提高我国意识形态建设能力。经济全球化带来了多元文化的交流与碰撞，各国间文化的互相影响、交流大趋势对我国文化的开放性和融合性提出挑战和新的要求。我们应抓住这一机遇，在全球化进程中吸收借鉴国外意识形态建设的宝贵经验，不断提高我国文化软实力。同时，要加强对外宣传，不断提高我国文化软实力的国际影响力。

第六，强化“包容意识”，重视开放条件下社会主义意识形态的包容性。主流意识形态在确保自己的主导地位的同时，应该能够最大限度地包容、整合其他有益的或无害的意识形态的内容。要坚持继承与创新的统一，坚持古为今用的原则，充分吸收我国优秀传统文化中的精华；要坚持借鉴与自主的统一，坚持洋为中用的原则，大胆吸收和借鉴国外意识形态建设的成功经验，但绝不照搬；要坚持百花齐放、百家争鸣的方针，从社会现实出发，允许和提倡多样性文化的自由发展，从而促进社会主义文化的大发展大繁荣，促进社会主义意识形态的健康发展。

第三章　增强中华文化认同的几点思考

党的十七大报告明确提出了“弘扬中华文化，建设中华民族共有精神家园”① 的艰巨任务。党的十八大报告再次强调：“文化是民族的血脉，是人民的精神家园。全面建成小康社会，实现中华民族伟大复兴，必须推动社会主义文化大发展大繁荣，兴起社会主义文化建设新高潮，提高国家文化软实力，发挥文化引领风尚、教育人民、服务社会、推动发展的作用。”② 中华文化是中华民族的灵魂，是中华民族生生不息、走向繁荣的精神支柱和智慧源泉。在全面推进中国现代化事业的进程中，我们要着力推进中华文化的创新，不断增强中华文化的生命力和认同感，扩大中华文化的影响力，努力建设中华民族共有精神家园。

一、增强中华文化认同的重要性

所谓文化认同（cultural identity），是人们在一个民族共同体中长期共同

① 胡锦涛. 高举中国特色社会主义伟大旗帜　为夺取全面建设小康社会新胜利而奋斗：在中国共产党第十七次全国代表大会上的报告. 北京：人民出版社，2007：35.

② 胡锦涛. 坚定不移沿着中国特色社会主义道路前进　为全面建成小康社会而奋斗：在中国共产党第十八次全国代表大会上的报告. 北京：人民出版社，2012：30.

生活所形成的对本民族文化的肯定性体认，其核心是对一个民族的基本价值的认同；文化认同是增强民族凝聚力的精神纽带，是民族共同体生命延续的精神基因。因而，文化认同是民族认同、国家认同最重要、最深层的基础。

第一，文化认同是国家软实力的重要组成部分。从国际经验来看，一个社会是否和谐稳定，一个国家是否安全，既取决于国家的硬实力（如经济实力、军事实力、技术实力等），也在很大程度上取决于国家的文化"软实力"（如民族精神感召力、民族凝聚力、意识形态的整合力、全民族的思想道德素质等）。在文化软实力中，文化认同最基础、最关键，它直接关系到一个国家的文化安全乃至国家安全。文化认同，尤其是对外来文化的认同，足以瓦解一个国家的政治认同进而瓦解其政治制度，也足以瓦解一个民族的社会认同进而冲淡民族的凝聚力。所谓"欲灭其国，先灭其文化"讲的就是这个深刻道理。反之，本国人民对自身文化的强烈认同，既是该国自立于世界民族之林的伟大精神力量，又是使民族在激烈的国际竞争中立于不败之地的精神基础。从历史上看，一个国家如果失去了文化认同，也就失去了共同的精神家园，社会就会陷入一盘散沙，就会出现"人心散了，队伍不好带了"的情况，国家自身的安全也就无法保障。在这方面，苏东剧变已经给我们提供了深刻的教训。苏东剧变后，日本学者堺屋太一在《历史的波澜》一书中分析其原因时指出："任何政权，只有两种情况会使它发生毁灭性的大变革。那就是丧失维持治安的能力和人们不再信任支撑它的文化。""使苏联的社会主义体制走向崩溃的其实是社会主义的文化，也就是人们不再相信社会主义的观念、理想和领导层的决策与人品。"① 由此他还警告中国：今天的中国也由于冷战的终结和经济差距的扩大面临着社会主义文化的崩溃。虽然这一警告有一些夸张，但也提醒我们，繁荣和发展中国特色社会主义文化尤其重要。特别值得注意的是，中国是一个多民族国家，加强中华民族大团结，长远和根本的是增强文化认同，建设各民族共有精神家园，积极培养中华民族共同体意识。

第二，增强文化认同是抵御外来文化侵蚀的重要手段。冷战结束后，

---

① 张江华. 政治认同与党的长期执政. 江苏省社会主义学院学报，2006 (2).

伴随着经济全球化的进一步发展，世界文化日益走向多元化。世界范围内各种思想文化交流越来越频繁，文化交融越来越深入，但文化的差异也越来越明显，文化之间的交锋、冲突越来越尖锐，文化领域里的斗争越来越复杂，文化安全问题也变得越来越突出，文化软实力越来越成为综合国力竞争的重要因素。西方发达国家在推行军事霸权、政治霸权和经济霸权的同时，也在推行其话语霸权和文化霸权，把推行资本主义文化和西方价值观作为实现其国家利益的重要手段，并将其渗透到对外交往的方方面面。面对西方的强势文化霸权，处于守势的发展中国家有的放弃了自身固有的文化传统，转向全盘西化，结果丧失了民族自身的文化代码，沦为文化殖民地。有的则在恶劣的环境中苦苦挣扎，以期实现文化重建，但步履维艰。面对世界范围内各种思想文化的相互激荡，增强本民族的文化认同，建设本民族共有的精神家园，其意义比以往任何时候都更加重要。正如江泽民同志指出的："一个民族只有在努力发展经济的同时，保持和发扬自己的民族文化特色，才能真正自立于世界民族之林。我们能不能继承和发扬中华民族的优秀文化传统，吸收世界各国的优秀文化成果，建设有中国特色社会主义的文化，这是事关中华民族振兴的大问题。"①

第三，增强文化认同是一种时代潮流。在全球化进程快速推进的过程中，已有越来越多的国家注意到民族文化认同的重要性，开始采取各种措施维护本国的文化安全，保持本民族的文化特性。1995 年，联合国教科文组织世界文化与发展委员会发布了第一份世界文化发展报告《文化多样化与人类全面发展》，提出了"把文化置于发展的中心位置"的意见。1998 年，联合国教科文组织在瑞典斯德哥尔摩召开"文化促进发展政府间会议"，提出："社会发展的终极目标是文化的繁荣"。这些都说明，文化对于人类社会的发展是何等重要。2008 年国际金融危机爆发后，人们在深刻分析此次危机的根源时，文化问题尤其是价值观问题也被纳入讨论之中。西方国家在担心长期居于主导地位的西方文化特性的丧失，担心日益崛起的中国所代表的东方文化和亚洲价值观形成对西方文化和西方价值观的替代。

---

① 江泽民文选：第 1 卷．北京：人民出版社，2006：507.

第四，增强文化认同是建设中华民族共有精神家园的根本举措。中国有 56 个民族、13 亿人口，必须有共同的精神家园。只有建立共同的精神家园，才能为我们找到心灵慰藉、精神归属和终极关怀。中华民族共有精神家园是中华民族认同和尊崇的安身立命和精神归根的家园，是民族不畏艰险、团结奋进、科学创新的精神动力，是民族生命力、创造力、凝聚力、亲和力的活水源头。一个国家、一个民族，如果没有文化认同，共有精神家园就失去了文化根基和文化底蕴。中国是一个文明古国，几千年来，中华民族历经磨难而绵延不绝，一个重要原因就是因为我们的祖先共同创造了光辉灿烂的中华文化。中国是一个多民族国家，多民族为什么能够紧紧联系在一起“荣辱与共”，就是因为我们有着强烈的文化认同，拥有中华文化这样一个超越各少数民族文化的共有的精神家园。我们都是中华儿女，我们都是中国人，就是这种文化认同的反映。20 世纪三四十年代的全民族的抗日战争，2008 年的抗震救灾，就是这种“文化认同”的集中体现。改革开放以来，我国经济总量已跃居世界第二，人民生活水平总体达到小康。在人们物质生活比较富裕的条件下，高品质的文化生活愈来愈为人们所需要。如何代表先进文化，发展中国特色社会主义文化，满足人们日益增长的文化生活需要，成为继生产力一定程度发展之后迫切需要解决的另一个重要问题，也是建设中国特色社会主义文化必须加以解决的课题。

第五，增强文化认同是坚定中国特色社会主义文化自信的根本前提。党的十八大以来，习近平同志反复强调繁荣发展中国特色社会主义文化，树立文化自信的重要性。他明确指出：“我们说要坚定中国特色社会主义道路自信、理论自信、制度自信，说到底是要坚定文化自信。文化自信是更基本、更深沉、更持久的力量。历史和现实都表明，一个抛弃了或者背叛了自己历史文化的民族，不仅不可能发展起来，而且很可能上演一场历史悲剧。”① 而要树立文化自信，首先必须增强文化认同，从“认知”到“认同”再到“自信”是文化发展的正常序列。习近平同志强调：“中华民

① 习近平．在哲学社会科学工作座谈会上的讲话．人民日报，2016-05-19.

族有着深厚文化传统，形成了富有特色的思想体系，体现了中国人几千年来积累的知识智慧和理性思辨。这是我国的独特优势。”① 我们认为，要增强文化认同，首先应该对中华民族文化的“独特优势”形成认同。

总之，“当今时代，文化越来越成为民族凝聚力和创造力的重要源泉、越来越成为综合国力竞争的重要因素”②。我们要弘扬中华文化，建设中华民族共有精神家园，就必须在创新中传承中华文化，在变革中增强中华文化认同。

二、当代中华文化认同面临的主要挑战

进入新世纪新阶段，中华民族的文化认同正面临着新的挑战，建设中华民族共有精神家园的任务越来越艰巨。

从增强中华文化认同的外部环境看，国际社会发生的一系列新变化对增强中华文化认同提出了诸多挑战。具体表现为：

一是轻视甚至蔑视中国文化，根本不承认中国文化在世界文化百花园中的地位。西方国家长期秉持“西方中心主义”的态度，认为人类文明虽然源于东方，但止于西方，西方文化是先进文化，而其他民族文化则是落后文化甚至是野蛮文化。对中华文化，西方媒体极力加以攻击或否认。网上曾流行过一条短信——中国人不解地问蒙古国海军：“你们蒙古国又没有大海，为什么还成立海军?”蒙古人说：“你们中国不也有文化部吗?”言外之意，是说中国没有文化。同时，国内外媒体上还流行过英国前首相撒切尔夫人的一句话：“中国还不可怕，因为他们只输出电视机，还没有输出思想和创新。”言外之意，仍然是说中国没有可以影响世界的文化。虽然这只是个案，却在一定程度上影响中国的文化软实力发挥，削弱了中华文化的国际影响力。

二是捧杀中国文化。进入新世纪以来，在国际社会讨论“中国模式”

---

① 习近平．在哲学社会科学工作座谈会上的讲话．人民日报，2016-05-19．

② 胡锦涛．高举中国特色社会主义伟大旗帜 为夺取全面建设小康社会新胜利而奋斗：在中国共产党第十七次全国代表大会上的报告．北京：人民出版社，2007：33．

“中国道路”或“中国经验”时，国外学者政要更多关注的是中国的价值观是否会替代欧美的价值观，并由此产生了所谓的“中国文化威胁论”。有的学者认为，21世纪是中国的世纪；如果说19世纪英国统治世界靠的是经济、20世纪美国统治世界靠的是军事，那么21世纪中国统治世界靠的就是文化。还有一些著名学者认为，解决当今世界面临的全球问题或全球冲突，需要求教于2 500前的中国孔子。虽然国外学者中不乏对中国友好的人士，虽然有许多学者十分赞赏中华优秀文化，但他们对中国文化的吹捧客观上为“中国文化威胁论”提供了依据。正因为如此，现在有的西方国家正在制定遏制中国文化发展的新战略。

三是对中国文化进行攻击。西方国家利用多种手段，攻击我国正在强调的社会主义核心价值体系。比如说，马克思主义是我国立党立国的根本指导思想，是社会主义核心价值体系的灵魂，但西方学者在全球范围内借苏东剧变、冷战结束这一事实，鼓吹马克思主义“过时了”“无用了”“失败了”，企图淡化马克思主义在意识形态领域的指导地位。再比如说，中国特色社会主义是中华民族的共同理想，是社会主义核心价值体系的主题，但国外学者借社会主义处于低潮，鼓吹“社会主义失败了”“社会主义的历史终结了”，攻击中国特色社会主义根本不是社会主义，而是“中国特色的资本主义”；有部分学者即使承认中国是社会主义，但也认为中国是“集权社会主义”，企图淡化共产主义远大理想和中国特色社会主义共同理想。再比如说，以爱国主义为核心的民族精神和以改革创新为核心的时代精神，是社会主义核心价值体系的精髓，但西方学者攻击中国的爱国主义为“狭隘民族主义”；社会主义荣辱观是社会主义核心价值体系的基础，但国外媒体经常利用我们执政党内少数党员和政府中少数腐败分子的腐败行为，对中国的思想道德进行丑化。

四是利用西方文化对中国文化进行渗透。改革开放以来，西方国家通过与社会主义国家的经济交往中挟带意识形态“私货”，把“人权”“人道主义”同经济活动挂钩，利用一切手段大力宣扬西方资产阶级的一套世界观、人生观、价值观，以近似强制的方式加强文化渗透和文化输出，以达到“以接触促演变”的目的。以美国为代表的西方国家企图利用西方的

“精神和文化价值观”影响和动摇社会主义国家人民的信念，从而逐渐侵蚀社会主义的基础。此外，西方国家还通过广播、电视、电影、报刊、信息网络等文化产品的输出，公开或隐蔽地推销其社会政治理论、价值观念、意识形成和生活方式。

西方敌对势力对我国进行文化渗透的目的，要害是破坏我们的共同理想和精神支柱，针对的恰恰是我国的社会主义核心价值观和文化认同。

从国内看，意识形态建设出现了一系列新情况：

一是先进文化和主流价值受到挑战。随着社会主义市场经济的发展和对外开放的扩大，社会经济成分、组织形式、就业方式、利益关系和分配方式日益多样化，人们的思想活动的独立性、选择性、多变性和差异性进一步增强。这种变化趋势虽然总体上是积极的，但在这个过程中，中华优秀传统文化面临生存危机，出现了被淡化、被破坏的情况；封建主义腐朽文化沉渣泛起，资本主义腐朽文化乘虚而入。受西方思潮的影响，一些人极力散布“淡化意识形态”，鼓吹“意识形态多元化”和“指导思想多元化”等论调，以马克思主义为指导的先进文化和社会主义主流价值正遭遇严峻挑战。

二是社会快速转型给部分人群带来了一定程度的精神“错乱”。30 多年的改革开放，中华民族正经历着一场空前的社会转型。这个快速的社会变迁，一方面给社会注入了巨大的活力，我们的文化道德观念如人伦道德方面、婚姻家庭道德方面、人格尊严方面等出现了重大的变化，都在不断吸收新的时代内容而逐渐向现代化跃进；另一方面又带来了许多问题，包括社会心理和精神生活方面的问题。在各种价值观和多元文化的冲击下，在中西文化的冲撞和各种“新潮”生活方式的渗透中，有些人的世界观、人生观、价值观发生扭曲，是非混淆、善恶颠倒、荣辱不分，出现了心灵的“困惑”与“不安”，出现了不知所措的“浮躁”情绪乃至精神的“错乱”，甚至精神危机。这种情况必须引起我们的高度重视，否则会扰乱人们的思想，造成社会思想的混乱，从而影响到改革开放和现代化建设的大局。

三是统一的中华文明正在遭受挑战。2008 年发生在西藏的“3・14”事件，2009 年发生在新疆的“7・5”事件，已充分暴露出我国文化和国家意识形态安全方面存在的问题。中华文明有 5 000 年历史，但长期以来我们形成的这种独特的中华文化并没有得到各个民族的完全认同。中国的少数民族大多居住在边疆地区，许多少数民族又属于跨界民族，因此，边疆地区历来是各种文化思潮交融、碰撞的敏感地区，是境外文化渗透的前沿地带。由于少数民族受社会转型的影响相对剧烈，同时各少数民族对中华文化认同程度参差不齐，因此少数民族文化往往最容易受到外来文化尤其是相邻国家文化的冲击，也往往最容易造成对中华文化的疏远。在我国的一些民族地区，西方的文化、宗教乃至价值观念已经产生了相当的影响，而这无疑会对中华文化的认同形成一定的威胁。因此，大力弘扬少数民族优秀传统文化，有效抵御境外不良文化和腐朽文化的渗透，增强中华文化认同，成为愈来愈紧迫的重大任务。

所有这些都表明，改革开放带来的一个负面结果就是中华优秀传统文化正受到来自国内外的各种挑战。所有这些也表明，加强社会主义核心价值观建设，增强中华文化的认同，维护我国的文化安全，确保马克思主义在意识形态领域的指导地位面临着新的挑战。

三、增强中华文化认同的对策建议

在当今经济全球化时代，作为民族认同和国家认同的重要基础的文化认同显得越来越重要。为了进一步增强中华文化认同，必须做到以下几点：

第一，正确处理“一元主导”与“多元并存”的关系，用社会主义核心价值体系教育全党、教育人民。

当今世界已经进入了一个多元文化的时代。伴随着改革开放和现代化的进一步发展，我国文化价值观念领域产生了深刻的变化，突出的特点是单一的文化价值观念被打破，各种各样的文化价值观念交织在一起，逐渐形成了多元并存的文化格局。而要最大限度地增强中华文化认同，就必须用“一元化”的社会主义核心价值体系引领、整合多样化的文化和价值观。失去“一元主导”，思想文化领域必然陷入一片混乱。但“一元主导”并不是“一元独断”、不加区别地排斥和消除其他利益主体的文化价值观念。没有多元并存，思想文化领域就会封闭僵化，就会丧失思想活力和文化创造力。我们既不能因为强调一元主导而简单地排斥社会文化价值观念的多元、多样，也不能因为存在社会文化价值观念的多元、多样而怀疑和否定社会主义核心价值观的主导作用。要贯彻党的十八大报告精神，“要深入开展社会主义核心价值体系学习教育，用社会主义核心价值体系引领社会思潮、凝聚社会共识。推进马克思主义中国化时代化大众化，坚持不懈用中国特色社会主义理论体系武装全党、教育人民”①。

第二，正确处理中华文化与少数民族文化的关系，在尊重民族文化差异中实现中华文化认同。

中国地域辽阔、民族众多、文化多样。中华文化是多元一体、多民族一体的。“多元”是指56个民族在历史发展过程中创造了具有本民族特色的独特文化；“一体”是指这些文化同属于中华民族共有的中华文化。因此，如何处理“多元”与“一体”的关系，是增强中华文化认同必须解决的问题。中华文化是我国各民族文化的统一体，少数民族传统文化是中华民族文化不可分割的重要组成部分。中华文化是共性，各民族文化是个性，共性使中华文化成为不可分割的统一整体，个性使这一整体多姿多彩。

要增强中华文化认同，一方面，我们要充分认识少数民族文化是祖国传统文化的重要组成部分，大力加强对各民族文化的研究、挖掘和保护，充分吸纳和弘扬少数民族文化中的优秀传统，注重保护和尊重少数民族的文化习俗和生活方式，防止少数民族优秀传统文化的衰退，使其在建设中华民族共有精神家园中发挥重要作用；另一方面，要增强中华民族整体意识，反对狭隘民族主义，要在社会主义核心价值体系的指引下，确保少数民族文化在内容上符合中国特色社会主义先进文化的要求、符合马克思关于人类社会发展的客观规律。要超越民族文化的差异，增强各民族的归属感，增强中华民族的凝聚力，在尊重差异中扩大共识，于包容多样中增进认同，促进各民族的团结、和谐、稳定。弘扬少数民族文化，必须有利于中华民族民族意识的提高，有利于全国人民对中华民族和中华文化的认

① 胡锦涛. 坚定不移沿着中国特色社会主义道路前进　为全面建成小康社会而奋斗：在中国共产党第十八次全国代表大会上的报告. 北京：人民出版社，2012：31.

同，有利于多民族国家的统一和稳定。

第三，正确处理中华传统文化与现代文化的关系，在摒弃传统文化的过程中实现文化创新，达到新的文化认同。

胡锦涛同志在党的十七大报告中指出："中华文化是中华民族生生不息、团结奋进的不竭动力。要全面认识祖国传统文化，取其精华，去其糟粕，使之与当代社会相适应、与现代文明相协调，保持民族性，体现时代性。"① 党的十八大再次提出了"建设优秀传统文化传承体系，弘扬中华优秀传统文化"的任务。党的十八大以来，习近平同志也强调："要加强对中华优秀传统文化的挖掘和阐发，使中华民族最基本的文化基因与当代文化相适应、与现代社会相协调，把跨越时空、超越国界、富有永恒魅力、具有当代价值的文化精神弘扬起来。要推动中华文明创造性转化、创新性发展，激活其生命力，让中华文明同各国人民创造的多彩文明一道，为人类提供正确精神指引。"② 弘扬中华文化的优秀传统，增强中华文化认同，需要我们以科学的态度正确对待传统文化。

一是要高度重视传统文化的现代价值。任何一种文化都具有历史传承性。任何一种民族文化的持续发展，都是在既有的文化传统基础上进行的。否定传统，割断历史，民族的精神家园也无从安置。建设中华民族共有精神家园，必须充分认识我国优秀传统文化，继承和弘扬中华文化的优良传统。

二是准确把握中国传统文化的内涵。中国的文化传统有双重内涵。一种是在长期封建社会中形成和发展的文化传统。另一种是五四运动之后在民主革命和社会主义改造过程中形成和发展起来的革命文化传统。我们不能只讲一种文化传统，更不能将两种文化传统割裂开来、对立起来，而应该把两种文化传统统一起来。

三是以辩证唯物主义的态度对待传统文化。中国封建社会的文化传统，虽然蕴含着很多深刻的、与现代文明有很多相通之处的哲学道理，但

① 胡锦涛. 高举中国特色社会主义伟大旗帜 为夺取全面建设小康社会新胜利而奋斗：在中国共产党第十七次全国代表大会上的报告. 北京：人民出版社，2007：35.

② 习近平. 在哲学社会科学工作座谈会上的讲话. 人民日报，2016-05-19.

它毕竟是与自然经济、农耕文明、封闭社会、封建制度相适应的，有些糟粕是必须加以抛弃的。对于传统文化，我们一方面要接受和传承，另一方面要辨析、择取与创新，切不可以复兴传统文化来重建文化认同。

第四，正确处理中华文化与外国文化的关系，在兼容并蓄中创新中华文化。

增强中华文化认同，始终面临着一个多元的文明带来的文化差异问题。无论在人类历史上还是在当今世界，人类的文明都是多元并存的格局，不同地区、不同民族、不同宗教信仰的文化，既存在相互交融的一面，又存在因较大差异而导致的文化冲突问题。我们强调弘扬中华文化，并不意味着在文化建设上闭关自守、排斥外来文化，而是应在与外来文化的交流中吸收各种健康有益因素，促进民族文化体系更加丰富和完善。因此，在建构文化认同的过程中，我们还要正确处理中华文化与外国文化的关系。要按照党的十八大提出的要求，扩大文化领域对外开放，积极吸收借鉴国外优秀文化成果。为此，我们要注意：

一是正确对待外国文化，既不能崇洋媚外，全盘照搬外国文化尤其是西方文化，又不能妄自尊大，盲目排斥外国文化。

二是必须海纳百川，博采众长，兼容并蓄，以更加开阔的视野汲取世界文化发展的有益成果，更好地推动我国文化事业繁荣发展，以造就中华文化的新辉煌。

三是要积极配合国家外交大局，扩大和深化人文交流与合作。要坚持“走出去”与“请进来”相结合，加强与世界各种文化的交流合作，扩大对外文化交流，向世界人民展示我国悠久而灿烂的中华文化，增进世界各国人民对中华文化的了解。

第五，正确处理文化现代性与全球化的关系，以建设现代中华文化为重点，体现现代性。

体现文化的现代性，是任何民族文化在当代社会延续传承、繁荣发展的必然要求。如果一种文化不能与时俱进，失去了现代性，就只能遭受冷落和抛弃甚至消亡。一些曾灿烂于世的古代文明，之所以最终走向衰落，其根本原因就是僵化保守，没有求变求新。中华文化只有在继承传统、保持民族性的基础上，积极参与全球化进程，不断拓展其时代内涵，开辟出中华文化新的生长点，才能形成富有时代气息的现代中华文化。

当前，建设体现时代性、符合全球化发展要求的现代中华文化，必须做到：

一是理性地、批判地对待现代性与全球化，不能把现代性与全球化对立起来，而是应该面向现代化、面向世界、面向未来，着力建设体现时代性、符合全球化发展要求的现代中华文化。

二是要立足中国特色社会主义的伟大事业，以自立于世界先进民族之林为目标，顺应当今世界文化发展的时代潮流，从改革开放和社会主义现代化建设实践中汲取新鲜养分，同时努力学习和吸收外域文化中我们缺乏的精华内容，不断丰富自身内涵，不断增强民族文化的自觉、自立、自信、自强意识，丰富中华文化的内容。

三是要适应社会主义市场经济的发展要求，适应全面建设小康社会的新要求，始终代表先进文化的前进方向，努力建设以社会主义核心价值体系为内核，与社会主义和谐文化相衔接的现代中华文化。正如胡锦涛同志所强调指出的，“我们要发扬与时俱进的时代精神，坚持古为今用、推陈出新，大力发扬中华文化的优秀传统，大力弘扬中华民族的伟大精神，使中华民族的优秀文化成为新的历史条件下鼓舞我国各族人民不断前进的精神力量。”①

此外，我们还应运用多种方式宣传和弘扬中华文化，推进中华文化的大众化。要把中华文化教育渗透到群众性文化活动、精神文明创建活动中去，让更多的人喜爱中国文化，成为中国文化的承载者、传播者。要拓展对外文化交流渠道，扩大我国文化产品在国际文化市场的影响，最大限度地提升中华文化的传播力和影响力，同时在国际范围内增强所有中华儿女对中华文化的认同。

---

① 胡锦涛．坚持先进文化前进方向　发展文化事业和文化产业．人民日报，2003-08-12．

第四章　多样与统一

——谈当代中国人的思想稳定

当代世界正处在大发展大变革大调整时期，世界范围内各种思想文化交流交融交锋更加频繁，思想文化领域内的斗争依然深刻而复杂，文化已经成为国家核心竞争力的重要因素，越来越多的国家把提高国家文化软实力作为重要发展战略。当代中国正处于全面建成小康社会的关键时期，国内思想文化领域内多元多变多样的趋势越来越明显，统一人们思想，凝聚人们力量，牢牢掌握思想文化领域国际斗争主动权，切实维护国家文化安全，难度越来越大。党的十七届六中全会明确提出了繁荣发展中国特色社会主义文化，推进社会主义核心价值体系建设，巩固全党全国各族人民团结奋斗的共同思想道德基础的艰巨任务。党的十八大以来，以习近平同志为核心的党中央反复强调繁荣发展中国特色社会主义文化，提高文化软实力的重要性，并对如何发展中国特色社会主义文化、树立文化自信做出了部署。我们认为，当前中国思想文化领域内面临的最大挑战，是社会的裂变导致的思想混乱，而我们唯一的出路就在于用社会主义核心价值体系引领社会思潮，提高主流意识形态的整合力，着力维护思想文化领域的稳定。

一、当代中国必须高度重视思想文化的统一和思想领域的稳定

现代化与社会和谐，是发展中国家在经济社会发展中面临的一对矛

盾。现代化往往促使利益分化，激化社会矛盾，导致社会不和谐，社会不和谐又往往延缓甚至中断现代化的进程。因此，对于发展中国家来说，如何解决这一矛盾，是摆在执政党面前的一个重要任务。而解决这一矛盾，最根本的前提是要维护社会的稳定，正如邓小平所说："中国要实现自己的发展目标，必不可少的条件是安定的国内环境与和平的国际环境。"① 就国内来说，"压倒一切的是需要稳定"②。而要维护社会的稳定和谐，思想文化领域的稳定是极为重要的。

首先，社会和谐关键在于人的内心世界的和谐。我们今天讲社会和谐，虽然包含着人与自然的和谐、人与社会的和谐、人自身的和谐、社会内部结构的和谐和外部环境的和谐等多种含义，但人自身的和谐最为重要，因为人是万物之灵，是社会发展的主体，是和谐社会的开拓者、创造者。和谐始于内心，科学的信仰、良好的心态、健全的人格、崇高的品德，是人的身心健康的重要标志，也是社会和谐的基本条件。人自身的和谐，要求作为个体的人有健全的人格、健康的情感，有正确的世界观、人生观和价值观，能正确地处理个人与自然、个人与社会的关系，真正融入自然、融入社会、融入集体。我们这里所指的人，既指作为单数的人即个人，又指作为复数的人即集体的人。所以，这里的思想稳定，既包括个人自身心灵的安宁，也包括群体的思想稳定。

其次，社会的稳定包含着人们思想的稳定，思想稳定是社会稳定最坚实的基础。从国际经验来看，一个社会是否和谐稳定，一个国家是否安全，既取决于国家的硬实力如经济实力、军事实力、科技创新实力等，也在很大程度上取决于国家的文化软实力如文化感召力、民族精神凝聚力、价值观影响力、意识形态整合力等。在文化软实力中，文化认同是前提，文化自信是基础，思想统一是关键。正因为如此，在经济全球化进程快速推进的过程中，已有越来越多的国家注意到民族文化认同和价值认同的重要性，着力采取各种措施保持本民族的价值观。2008 年国际金融危机爆发后，人们在深刻分析此次危机的根源时，文化问题尤其是价值观问题也被

---

① 邓小平文选：第 3 卷. 北京：人民出版社，1993：360.

② 同①284.

纳入讨论之中，西方国家一直在担心西方价值观丧失其主导地位。就连美国这样的超级大国，在冷战结束后也在担忧其主流价值观的丧失，也正在寻找增强其国民价值认同的途径。其目的恰恰是维护美国的国家特性，应对文化认同和价值认同的危机。2016 年，特朗普当选美国总统之后也明确表示，中美之间最大的差异不在经济、军事和科技领域，而在文化和价值观方面。

再次，我们强调思想稳定，还在于要抵制西方国家的意识形态渗透。冷战结束后，国内外各种敌对势力总是企图让我们党改旗易帜、改名换姓，其要害就是企图让我们丢掉对马克思主义的信仰，丢掉对社会主义、共产主义的信念。在西方价值观念鼓捣下，一些国家被折腾得不成样子了，有的四分五裂，有的战火纷飞，有的整天乱哄哄的。伊拉克、叙利亚、利比亚这些国家就是典型！习近平同志曾明确指出："如果我们用西方资本主义价值体系来剪裁我们的实践，用西方资本主义评价体系来衡量我国发展，符合西方标准就行，不符合西方标准就是落后的陈旧的，就要批判、攻击，那后果不堪设想！最后要么就是跟在人家后面亦步亦趋，要么就是只有挨骂的份。"① 我们强调要加强思想政治工作，加强意识形态工作，就是为了应对西方国家在文化和意识形态领域提出的新挑战，抵御国内外敌对势力思想渗透，维护国家的文化主权。

最后，我们在新时期一直强调加强社会主义文化建设，加强思想政治工作和意识形态工作，根本目的在于提高人们的科学文化素质和思想道德素质，维护人们思想的稳定，打牢各民族团结奋斗的共同思想基础。从历史上看，一个国家如果失去了思想文化的统一，即文化上的认同，也就失去了共同的精神家园，思想就会出现混乱，决策和行动也难统一，社会就会陷入一盘散沙，发展也因此失去了正确方向。在这方面，苏东剧变曾经给我们留下深刻的教训。今天，我们强调要坚持马克思主义在意识形态领域的指导地位，要用当代中国的马克思主义武装全党、教育人民，要弘扬中华优秀文化，建设中华民族共有的精神家园，加强社会主义核心价值体

① 习近平. 在全国党校工作会议上的讲话. 求是，2016 (9).

系建设，培育和弘扬中华民族的核心价值观，目的都在于打牢中华民族团结奋斗的共同思想基础，创设维护社会稳定和社会和谐的思想基础。

二、当代中国正面临着严重的思想文化裂变带来的精神问题

“人心散了，队伍不好带了。”这虽然只是一句电影台词，却反映了当今中国的社会现实。当代中国，正处于一系列重大转型过程中，如从传统社会向现代社会的转型、从计划经济向市场经济的转型、从农业社会向工业社会的转型、从乡村社会向城市社会的转型、从封闭半封闭社会向开放社会的转型、从集权社会向民主社会的转型、从伦理社会向法理社会的转型。这一系列的转型必然带来人们思想上的分化、冲突和裂变。这种分化、冲突和裂变表现在以下几个方面：

第一，家庭的裂变导致家庭伦理道德的裂变。这里的家庭裂变不是指婚姻关系的变化，而是指家庭成员身份的裂变。过去，我们常讲，自己家祖宗三代均是农民，或者说自己家祖宗三代牧民、商人。但今天，这种情况已经发生了很大变化。也许在一个家庭里，祖父辈是农民，但父母辈有可能就不都是农民，而到了儿孙辈，情况就更复杂了，有的当工人，有的当农民，有的当知识分子，有的当公务员。就收入而言，有的可能下岗待业，无收入来源，靠领取救济金或最低生活保障金度日；有的可能做私企老板，收入可观；有的可能当公务员，收入相当稳定。就文化水平而言，有的可能是文盲，有的可能具有博士学位。就宗教信仰而言，有的地方的家庭已经出现同一家庭内不同成员信奉多种宗教的情况①。过去单一的家庭结构发生分化，过去相对稳定的生产方式、完全相同的生活方式被打破，过去维系家庭稳定的伦理道德现在已经难以维系了。结果是：家庭矛盾激化、婚姻关系破裂、兄弟之间反目的情况时有发生。这方面，我们可以找到很多的案例。这一切说明，传统的家庭和睦关系因为家庭成员身份的分化而遭到冲击。

---

① 2011年暑期，我曾到云南边界地区调研，发现有的乡镇信仰十分复杂。在有的家庭里，家庭成员职业、文化素质等不同，宗教信仰也不同。

第二，阶级阶层的分化导致阶级阶层文化认同的下降。过去，我国主要存在工人、农民两大阶级和知识分子、管理者两个阶层。现在，随着改革开放的不断深入和市场经济的不断发展，我国的经济、政治、文化等领域都发生了深刻变革，伴随着经济成分和经济利益格局多样化、社会生活多样化、社会组织形式多样化、就业岗位和就业形式多样化，阶级阶层结构也发生了相应的分化。就工人阶级而言，随着所有制结构的调整，工人已经广泛分布于私营企业、集体企业、国有企业、三资企业、股份制企业、个体工商户等多种所有制企业形式中。因此，工人阶级已经发生了分化。对于人口众多的农民阶级来说，改革开放以来，分化更为严重。改革开放 30 多年来，中国社会阶层结构呈现多元化发展的趋势。在原有的一些阶层分化的同时，出现了一些新的社会阶层。在分化过程中，有些阶层的经济社会地位提高了，有些阶层的经济社会地位下降了，出现了不同的利益主体和利益集团。阶层的分化带来了阶层文化认同的下降。多种经济成分的共同发展和多种利益群体的出现，导致多种思想观念相互碰撞。不同阶层的人们开始出现思想困惑或混乱："我们是谁?""我们到底属于哪个阶层?""我们应该有什么样的政治诉求?""我们应该具有什么样的品位?"这种阶级或阶层的分化对整个社会形成共同的理想和价值观造成极大困难，导致不同群体产生不同程度心理上的危机。

第三，快速的社会流动，人们的思想活动的独立性、选择性、多变性和差异性进一步增强，导致个人身份的快速变化，从而导致个人心灵人格的裂变。改革开放以来，伴随着中国社会流动的明显加快，个人身份也发生了较大变化。过去是农村子弟，通过多年的奋斗，现在成了国家公务员、企业家或者是大学教师；过去是国有企业的工人，现在有可能成了个体工商户、企业老板；过去是国企领导，现在有可能成了私营企业主或股份公司的董事长；过去是国家干部，现在可能变成了国企老板或外资企业的首席执行官（CEO)。即使在这种快速的社会流动中，相当一部分人的身份并没有发生变化，但由于外部环境的变化，个人心理也发生了很大变化——在计划经济条件下与在市场经济条件下不一样，在封闭环境下与在开放环境下不一样，在发达地区和欠发达地区也不一样。社会流动的加快，个人身份的快速转换，导致个人身份的认同危机："我到底是谁?""我是传统的还是现代的?""我是开放的还是保守的?""我是农民工，但我到底是农民还是工人?"在这种情况下，人们常常感到："我们的身体已经走在了灵魂的前面，因而身体很累、灵魂也很累。"在这种情况下，思想道德领域内出现了许多错位，许多人把"底线"当成了"上线"，把"反常"当成了"正常"，有的人甚至把"无耻"当成了"无畏"。这种情况直接导致了人们思想上的纠结和精神上的危机。据统计，截至2011年9月，中国平均每年有28.7万人死于自杀，200万人自杀未遂，相当于每两分钟就有一人自杀身亡。自杀已成为15～34岁青少年人群的首位死因。据中国疾控中心数据，在过去50年里，自杀率上升了60%①。而在自杀原因中，心理疾病又居首位。2011年10月24日，在十一届全国人大常委会第二十三次会议首次审议精神卫生法草案过程时，卫生部部长陈竺表示，精神卫生问题的严重性在我国十分突出。精神疾病在我国疾病总负担中排名居首位，约占疾病总负担的20%，有严重精神障碍患者约1 600万人②。

第四，多元文化格局的形成正导致统一的中华文明的裂变。2008年发生在西藏的"3·14"事件，2009年发生在新疆的"7·5"事件，在一定程度上撕裂了汉族与少数民族的关系，也充分暴露出我国文化认同和国家意识形态安全方面存在的问题。中华文明具有5 000年历史，几千年来，中华民族历经磨难而绵延不绝，一个重要原因就是因为我们的祖先共同创造了光辉灿烂的中华文化，就是因为我们有着强烈的文化认同。我们都是中华儿女，我们都是中国人，就是这种文化认同的反映。但冷战结束后，尤其是进入新世纪以来，受境外民族主义思潮的影响，各少数民族对中华民族长期以来形成的独特中华文化的认同度正在下降。由于多数民族受社会转型的影响相对剧烈，同时各少数民族对中华文化认同程度参差不齐，加上中国的少数民族大多居住在边疆地区，许多少数民族又属于跨界民族，因此少数民族文化往往最容易受到外来文化、宗教和价值观的冲击，也往往最容易造成对中华文化的疏远。

① 谢绮珊. 农村自杀率三倍于城市. 广州日报，2011-09-08.

② 孙乾. 精神卫生法 追究"被精神病"人刑责. 京华时报，2011-10-25.

第五，快速的社会转型、剧烈的思想变革，正导致执政党内部思想的分化。在快速的社会转型过程中，在市场经济的冲击之下，现实社会生活中的积极与消极、美好与丑恶、文明与愚昧、传统与现代、东方与西方、先进与落后等矛盾冲突，已使人们的思想、思维结构以及价值体系产生裂痕，催生困惑，使人们的心理和行为失去平衡，出现了不知所措的“浮躁”情绪乃至精神的“错乱”。这种情况反映到我们执政党内，党内思想也出现了一定程度的混乱。我们党的宗旨要求广大党员特别是广大公务人员在为人民服务的过程中应不讲条件、不讲价钱、不图回报、无私奉献。但在市场经济发展过程中，拜金主义、享乐主义、唯利是图、见利忘义等腐朽没落的价值观在党内开始滋长蔓延，助长了党内追名逐利的功利主义思想的泛滥。权钱交易、行贿索贿、贪污腐败、奢侈享乐的现象比较严重，开始成为人们忧虑的焦点。有的党员不信马列信鬼神，毫无政治信仰，更无共产主义远大理想；有的党员道德败坏，精神堕落。这些现象的存在，一方面导致党员价值观的扭曲，另一方面导致党群关系的恶化，进而引起人们思想上的混乱。我们为什么要开展各种学习实践活动，为何要搞清楚“六个为什么”，为何“要划清四个重大界限”，其中一个重要原因就是我们党内思想不够统一。

总之，人们思想领域出现的变化与和谐社会是极不相容的，与全面建成小康社会的要求是不相适应的，必须引起我们的高度重视。

三、通过对多元思想文化的整合维护思想稳定

在实现中华民族伟大复兴的进程中，培育和践行社会主义核心价值观，巩固马克思主义在意识形态领域的指导地位，巩固全党全国各族人民团结奋斗的共同思想道德基础，需要我们做好以下工作：

第一，不断提高认识，要从维护社会稳定、社会和谐的高度充分认识加强思想文化建设，促进文化认同，统一人们思想的重要性。我们始终认为，一个社会，最可怕的混乱是思想上的混乱。中国一旦出现思想上的混乱，会导致社会的动荡。一个 13 亿人口的大国，一旦出现社会混乱，会成

为一盘散沙，这不仅对中华民族是一种灾难，而且对整个世界也是一种灾难。因此，在当前，对党和国家来说，应该着力加强“文化软实力”建设，不断改进思想政治教育，努力增强中华民族的文化认同和价值认同。对于执政党来说，应该着力加强马克思主义学习型政党建设，树立正确的理想信念和坚定的政治信仰，不断提高执政能力和执政水平。对于普通群众来说，应该通过不断的理论学习，树立正确的世界观、人生观和价值观。

第二，加强对社会主义核心价值观的研究。我国的经济社会发展正处在一个新的起点上，我国的文化建设正处于关键时刻。要维护13亿人的思想稳定，最大限度地增强中华文化认同，巩固中华民族共同的思想基础，就必须由社会主义核心价值观引领、整合多样化的文化和价值观。如何把国外文化中的合理成分、中国儒家文化传统中的精华、中国共产党在领导全国各族人民进行革命和建设过程中形成的优秀道德以及在改革开放中形成的创新精神整合起来，概括提炼出符合中国国情的社会主义核心价值观，这是我们当前必须高度重视并加强解决的问题。经过60多年发展、30多年改革开放，中国经济改革已经取得了巨大的成就，中国以一个经济大国的面貌崛起以后，必须重视思想文化和价值观建设。没有被人们普遍认可的核心价值观，中国不可能成为一个真正的强国。因此，在当前，一方面，我们要继续贯彻党的十八大报告精神，坚持不懈地用中国化马克思主义武装全党、教育人民。另一方面，要“倡导富强、民主、文明、和谐，倡导自由、平等、公正、法治，倡导爱国、敬业、诚信、友善，积极培育和践行社会主义核心价值观。牢牢掌握意识形态工作领导权和主导权，坚持正确导向，提高引导能力，壮大主流思想舆论”①。此外，还要积极探索用社会主义核心价值观引领社会思潮的有效途径，密切关注社会思潮，把握不同阶层、不同群体的思想状况和价值取向，使全体人民正确认识社会发展规律和国家、民族的前途命运，始终保持昂扬向上、开拓进取的精神状态。

---

① 胡锦涛. 坚定不移沿着中国特色社会主义道路前进 为全面建成小康社会而奋斗：在中国共产党第十八次全国代表大会上的报告. 北京：人民出版社，2012：31-32.

第三，始终坚持指导思想的一元化，反对指导思想的多元化，巩固马克思主义在我国意识形态领域的指导地位。马克思主义是我们立党立国的根本指导思想，是全党全国各族人民团结奋斗的共同思想基础。当今世界已经进入了一个多元文化并存的时代，但“多元并存”并不是无序和放任的并存，而是“一元主导”下的并存。没有“一元主导”，文化思想领域必然陷入一片混乱。如果放弃马克思主义的指导地位，在指导思想上搞多元化，势必导致人心大乱、天下大乱，给党和国家带来灾难。因此，在当前，最主要的是贯彻党的十七届六中全会提出的要求：“坚持以马克思主义为指导，推进马克思主义中国化时代化大众化，用中国特色社会主义理论体系武装头脑、指导实践、推动工作，确保文化改革发展沿着正确道路前进。”① 同时，要引导全体人民坚定共产主义信念，树立中国特色社会主义共同理想，为改革开放和社会主义现代化建设提供精神动力和思想保证。

第四，继续加强对马克思主义理论研究和建设，不断推进马克思主义的中国化、时代化和大众化。要深入研究马克思主义 160 多年的发展史，探索马克思主义发展规律，总结马克思主义中国化的历史经验，引导人们用科学的态度对待马克思主义，从对马克思主义的错误的和教条式的理解中解放出来，用发展着的马克思主义指导新的实践。我们应当继续深入研究马克思主义与时俱进的理论品质，大胆进行理论创新，在实践中丰富和发展马克思主义。我们应当深入研究马克思主义基本原理，深入研究马克思主义的立场、观点和方法，在实践中发挥马克思主义认识世界、改造世界的威力。我们应当继续解放思想，实事求是，与时俱进，大胆进行理论创新，深入回答干部群众关心的重大理论和实际问题，不断拓展马克思主义发展的新境界。

第五，在继续坚持马克思主义指导地位的基础上，坚定地实行文化领域的“双百”方针，以更加开阔的视野，大胆地学习与借鉴包括西方文化在内的一切人类文明成果，大力发展繁荣哲学社会科学，切实加强社会主义先进文化建设，不断增强人们的精神力量，不断丰富人们的精神世界，

---

① 中共中央关于深化文化体制改革推动社会主义文化大发展大繁荣若干重大问题的决定．人民日报，2011-10-26.

建设中华民族共有的精神家园。同时，以马克思主义为指导，运用马克思主义立场、观点和方法去研究各种社会思潮，对于来自不同发展程度和不同意识形态国家的社会思潮进行客观的、辩证的分析与鉴别，克服和抵制错误思潮的影响与侵蚀。我们必须牢记："如果面对错误的思想政治观点，不闻不问，不批评，不斗争，听任它们去搞乱人们的思想、搞乱我们的意识形态，那是极其危险的，势必危害整个国家和社会的安定团结。"①

第六，加强对中华文明的宣传和研究。中国有 5 000 年文明史，是当今世界上唯一没有发生断裂的文明。但在今天的全球化世界中，中华文明正在丧失其影响力，许多国家把中华文明当作了一种落后的文明甚至是野蛮的文明。而在国内，在我们尊重和保护少数民族文化遗产、发展少数民族文化的过程中，少数民族自身的文化认同感正在逐步强化，中华文明的凝聚力正在逐步下降。长期下去，没有断裂的中华文明很有可能在全球化、市场化的冲击下被分裂。统一的中华文明不存在，国家意识形态就难以存在，思想稳定就难以保证。这是让人十分忧虑的问题，也是现在需要加强研究的问题。因此，我们要正确处理中华文化与少数民族文化的关系，在尊重民族文化差异中实现中华文化认同和思想统一，促进各民族的团结、和谐、稳定。

第七，改进思想政治工作的方式与方法，加强马克思主义宣传理论阵地建设，为保持全民族的思想稳定营造良好的宏观环境。我们需要从国家安全和民族存亡的高度增强人们的文化安全意识。一方面，在继承与弘扬中国传统文化的同时，要大力加强马克思主义理论教育，坚持正确的舆论导向，大力弘扬时代主旋律；另一方面，要利用各种渠道向世界展示我国人民在马克思主义指导下取得的主要成就，展示中国共产党在马克思主义中国化方面产生的理论成果，争取在文化的国际交流中让世界人民更多地了解中华民族的文化和核心价值观，为我国争取良好的文化发展环境，同时也提高中华民族的文化自信。

第八，高度重视网络媒体上思想政治工作。当前，互联网已经成为各

---

① 江泽民文选：第 3 卷. 北京：人民出版社，2006：88.

种社会思潮、各种利益诉求的集散地，成为意识形态较量的一个重要战场。针对网络传播无国界、隐匿性和交互性强、传播速度快、传播面广等特点，我们必须从维护全民族思想稳定的高度，抓住信息化的历史机遇，善于运用先进技术传播先进文化，积极发展中国特色网络文化，使互联网成为维护思想稳定和意识形态安全的前沿阵地。

第九，继续加强思想政治工作的队伍建设，按照政治强、业务精、作风正派的要求，造就一批用马克思主义武装起来，立足中国、面向世界、学贯中西的思想家和理论家，造就一批敢于坚持追求真理、反对谬误，歌颂美善、反对丑恶，崇尚科学、反对愚昧，坚持创新、反对守旧的从事思想政治工作的骨干力量，造就一批理论功底扎实、勇于开拓创新的思想政治工作者。

第十，加强党和国家对思想政治工作的领导，建立政治思想稳定机制。“在中国这样的大国，要把几亿人口的思想和力量统一起来建设社会主义，没有一个由具有高度觉悟性、纪律性和自我牺牲精神的党员组成的能够真正代表和团结人民群众的党，没有这样一个党的统一领导，是不可能设想的，那就只会四分五裂，一事无成。”① 因此，在建设中国特色社会主义事业的进程中，一方面，我们党要不断加强自身建设，保持党的思想稳定和团结统一；另一方面，全党要明确：“党的思想政治工作，是经济工作和其他一切工作的生命线，是团结全党全国各族人民实现党和国家各项任务的中心环节，是我们党和社会主义国家的重要政治优势。”② 各级党委的主要负责人更要带头研究意识形态领域特别是思想政治工作中的新情况、新问题，对思想政治工作部门给予具体的指导与支持，真正使党对思想政治工作的领导落到实处。

总之，在社会快速转型带来的人们思想文化裂变的情况下，在多元文化并存竞争的文化发展格局下，增强中华民族文化的认同，维护人们的思想稳定，是比发展经济、转变经济发展方式、应对国际金融危机更为艰巨的任务。在这方面，我们既需要理论创新，也需要制度创新和体制创新。

---

① 邓小平文选：第2卷. 北京：人民出版社，1994：341-342.

② 江泽民文选：第3卷. 北京：人民出版社，2006：74.

第五章 巩固马克思主义在高校意识形态工作中的指导地位

2015年1月，中共中央办公厅、国务院办公厅印发《关于进一步加强和改进新形势下高校宣传思想工作的意见》，强调指出，意识形态工作是党和国家一项极端重要的工作，高校作为意识形态工作前沿阵地，肩负着学习研究宣传马克思主义，培育和弘扬社会主义核心价值观，为实现中华民族伟大复兴的中国梦提供人才保障和智力支持的重要任务。做好高校宣传思想工作，加强高校意识形态阵地建设，是一项战略工程、固本工程、铸魂工程，事关党对高校的领导，事关全面贯彻党的教育方针，事关中国特色社会主义事业后继有人，对于巩固马克思主义在意识形态领域的指导地位，巩固全党全国人民团结奋斗的共同思想基础，具有十分重要而深远的意义。该意见还就如何加强马克思主义理论研究、学科建设、人才培养做了具体部署，为下一阶段马克思主义的研究和宣传指明了方向。2016年12月，中共中央、国务院又颁发了《关于加强和改进新形势下高校思想政治工作的意见》，强调：高校肩负着人才培养、科学研究、社会服务、文化传承创新、国际交流合作的重要使命，是巩固马克思主义指导地位、发展社会主义意识形态的重要阵地。加强和改进高校思想政治工作，事关办什么样的大学、怎样办大学的根本问题，事关党对高校的领导，事关中国特色社会主义事业后继有人，是一项重大的政治任务和战略工程。

一、巩固马克思主义在高校意识形态工作中指导地位的重要性

第一，从宏观方面讲，马克思主义是立党立国的根本指导思想，是全党全国各族人民团结奋斗的共同思想基础。这是中国共产党成立 90 多年来、新中国成立 60 多年来，已经被实践证明了的一个基本结论。正因为如此，我们党一直强调，无论革命、建设和改革，都必须始终坚持以马克思主义为指导。任何时候、任何情况下，马克思主义这个“老祖宗不能丢，丢了就会丧失根本”。在这方面，苏东剧变已经为我们提供了深刻的教训。正因为如此，习近平同志强调：“马克思主义是我们立党立国的根本指导思想。背离或放弃马克思主义，我们党就会失去灵魂、迷失方向。在坚持马克思主义指导地位这一根本问题上，我们必须坚定不移，任何时候任何情况下都不能有丝毫动摇。”①

第二，从当前国际形势看，国际范围内围绕意识形态的斗争越来越激烈，西方敌对势力与我们争夺青年人的斗争也越来越激烈。随着世界多极化、经济全球化的深入发展，文化与经济、政治的联系日益紧密，经济的文化含量日益提高，文化已经成为国家核心竞争力的重要因素，越来越多的国家把提高国家文化软实力作为重要发展战略。胡锦涛同志曾明确指出：“当今时代，文化在综合国力竞争中的地位日益重要。谁占据了文化发展的制高点，谁就能够更好地在激烈的国际竞争中掌握主动权。”② 在经济全球化和信息网络化的条件下，世界各国优秀文明成果不断传播，各种思想文化相互激荡，不同意识形态的斗争长期存在，有时会相当复杂、尖锐。世界范围内各种思想文化交流交融交锋更加频繁，国际思想文化领域斗争依然深刻而复杂，由西方发达国家主导国际舆论的格局没有根本改变。2008 年爆发的国际金融危机充分暴露了资本主义制度、资本主义发展模式存在的问题，也对长期主导资本主义社会的西方价值观念提出了严峻

---

① 习近平．在庆祝中国共产党成立 95 周年大会上的讲话．人民日报，2016-07-02.

② 胡锦涛．在中国文联第八次全国代表大会、中国作协第七次全国代表大会上的讲话．北京：人民出版社，2006：3.

挑战。西方国家统治者为了维护自身利益，捍卫资本主义价值观，正凭借经济、科技优势，不断改变文化传播方式和途径，加紧对外进行意识形态渗透，企图把他们的政治理念和价值观念推销、扩张到世界各个角落。特别需要注意的是，在当今世界，随着科学技术的发展，信息化为文化传播提供了新的工具和载体。现代数字技术和网络极大地压缩了文化传播的物理时空，借助互联网等现代信息传播工具，文化信息可以在瞬间抵达遍布世界各个角落的用户，实现文化的“零距离”“零时差”传播。这种文化传播速度和效率，是以往任何文化传播媒体都无法比拟的。信息化也进一步促进了文化表现形态的变迁。现代信息技术在不断更新文化传播工具与载体的同时，也推动文化表现形态发生变迁，出现了电子书、电子报、网络电视、博客、微博客、微信等一系列全新的文化表现形态，这些新的文化表现形态又反过来推动当代文化的进一步变迁。与此同时，信息化对文化发展的负面影响也不容忽视：互联网的无障碍性、开放性、信息海量性，使得网络世界不仅存在大量高雅健康、积极向上的文化信息，也存在大量低俗、不健康甚至封建、有害的文化信息，对后者的甄别和监管难度不断加大。同时，由于信息化水平的不同步性，各国对文化信息的占有和传播是不平等的，一些西方发达国家利用信息技术优势在全球进行着一场悄无声息的“软”征服和全面的文化扩张，而广大发展中国家则处于被动的不利局面之中。面对世界范围内各种思想文化交流交融交锋的新形势，如何通过思想政治教育和意识形态工作，不断提高大学生的思想道德素质，培养中国特色社会主义事业建设者和接班人，是一个亟待解决的问题。

第三，就国内情况来看，国内经济社会转轨转型，给意识形态工作带来新挑战和新考验，给高校思想宣传工作带来新的巨大的挑战。对此，我们党已经有十分清醒的认识。2016 年 5 月，习近平同志在哲学社会科学工作座谈会上明确指出：“在对待坚持以马克思主义为指导问题上，绝大部分同志认识是清醒的、态度是坚定的。同时，也有一些同志对马克思主义理解不深、理解不透，在运用马克思主义立场、观点、方法上功力不足、高水平成果不多，在建设以马克思主义为指导的学科体系、学术体系、话语体系上功力不足、高水平成果不多。社会上也存在一些模糊甚至错误的认识。有的认为马克思主义已经过时，中国现在搞的不是马克思主义；有的说马克思主义只是一种意识形态说教，没有学术上的学理性和系统性。实际工作中，在有的领域中马克思主义被边缘化、空泛化、标签化，在一些学科中'失语'、教材中'失踪'、论坛上'失声'。这种状况必须引起我们高度重视。"① 高校不是真空地带，社会上的这些现象必然反映到大学生中来，对大学生产生不利影响。随着信息技术的发展，微博、微信等新媒体对意识形态尤其是高校意识形态工作的影响越来越大。中国的网民已经超过 7 亿人，是全世界最大的网络群体，其中青年是主体。新兴媒体的出现，给中国意识形态领域带来了一些积极影响，但存在的风险也越来越大，网上舆论斗争越来越激烈，对马克思主义形成的挑战越来越大。因此，如何巩固马克思主义在高校意识形态工作中的指导地位，用科学的理论武装人，如何适应新形势，实现高校思想政治工作方法和管理体制的创新，已经成为培养中国特色社会主义建设者和接班人的重大课题。

第四，从高校培养人才的要求看，青年是祖国的未来、民族的希望。要把广大青年培养成为建设中国特色社会主义的建设者和接班人，必须让青年人树立正确的世界观、人生观和价值观，为此，必须加强马克思主义理论教育，巩固马克思主义在高校意识形态工作中的指导地位。只有不断对大学生加强马克思主义理论教育，才能让青年学生真正搞清楚什么是马克思主义，如何用科学的态度去对待马克思主义；才能让青年学生树立起对马克思主义的政治信仰，坚定马克思主义理论自信，自觉抵制西方价值观在意识形态领域的渗透。只有不断加强马克思主义理论教育，才能让青年学生真正掌握马克思主义理论的精髓，自觉用马克思主义的立场、观点和方法去认识世界、解释世界，进而用马克思主义去指导改造世界。只有不断加强马克思主义理论教育，让青年学生真正把握马克思主义与时俱进的理论品质，才能回击各种反马克思主义对马克思主义的诘难，回应当今

---

① 习近平．在哲学社会科学工作座谈会上的讲话．人民日报，2016-05-19.

时代对马克思主义提出的各种挑战，回答实践发展中出现的许多新问题，持续推动马克思主义的理论创新，充分展示马克思主义强大的生命力。

二、当前高校马克思主义理论教育方面存在的主要问题

应该承认，我们党长期以来一直高度重视高校马克思主义理论教育。进入新世纪以来，为了巩固马克思主义在意识形态领域的指导地位，我们党着手建立了马克思主义理论学科，改进了大学生思想政治理论课。在党中央采取的一系列措施的支持下，当代大学生思想政治教育成效显著，教师思想政治素质明显提高，各类思想文化阵地建设和管理不断加强，中国特色社会主义理论体系进教材、进课堂、进头脑工作扎实有效，社会主义核心价值观建设持续推进，高校意识形态领域主流积极健康向上。总体看，高校思想政治教育和意识形态工作持续加强和改进，呈现出良好发展态势，为保证高等教育改革发展、服务党和国家工作大局做出了重要贡献。但必须承认，与巩固马克思主义在意识形态领域的指导地位、培养中国特色社会主义事业的建设者和接班人的要求相比，马克思主义理论教育还存在一些问题，主要表现在：

第一，马克思主义被边缘化现象仍然存在。有许多高校并不重视马克思主义理论教育，比如中宣部、教育部一直强调，要高校建立与其他学院并列的独立的二级学院，专门从事马克思主义学科建设和思想政治课教育，但至今仍然有相当多的学校始终没有成立。中宣部和教育部的文件精神就是贯彻不下去。有的地方和高校对思想政治工作重视不够，存在重智育轻德育、重学术轻思想政治工作、重科研轻课堂教学等现象。许多高校一直在抱怨思想政治理论课课时太少，思想政治理论课没有得到相应的重视，一般是大班上课，课程都不安排在黄金时间，这势必影响到马克思主义理论课的教学效果。

第二，马克思主义在高校遭受一定程度的挤压。许多学校取消了马克思主义哲学、马克思主义政治经济学、科学社会主义等课程，马克思主义理论研究和建设工程组织编写的教材也进入不了课堂。哲学社会科学方面

的教材，有相当一部分充斥着西方价值观和意识形态的内容。有许多学校干脆直接用西方国家的原版教材。思想政治理论课之外的其他许多课程，都没有很好地坚持以马克思主义为指导，有的甚至是反马克思主义的。

第三，青年学生对学习马克思主义热情不高。受国际范围内社会主义处于低潮的影响，也受西方思潮的影响，青年学生学习马克思主义的热情不高。非常值得注意的是，在马克思主义理论一级学科建立之后，普通高校招收了许多马克思主义专业的学生，有很多学生不愿承认自己是马克思主义学院的学生，也不愿承认自己是学习马克思主义相关专业的。有一些学生在毕业找工作时，甚至遭遇到用人单位的嘲笑，这在一定程度上又反过来影响学生学习的热情。

第四，教学队伍中存在一些问题。主要表现在：有的教师仅仅把思想政治教育当作职业甚至副业，没有当作事业，教学和科研方面的投入不够；有的教师不是真学真信马克思主义，不能以科学的态度对待马克思主义；有的教师在课堂上热衷于介绍西方社会思潮，甚至用西方思潮来对抗马克思主义；有的教师业务素质不精，对马克思主义的基本原理一知半解，对学生学习过程中的疑点难点问题无法解疑释惑；有的教师仅注重对学生进行马克思主义知识体系的传播，而没有对学生进行信仰体系的教育。这些问题的存在，在一定程度上也影响到了高校思想政治教育的实效。

第五，高校思想政治工作的管理存在一些问题。有的高校没有形成全员育人的格局，仅思想政治理论课教师在进行马克思主义理论教育和思想政治教育，甚至出现思想政治理论课与专业课观点相左的情况；有的高校阵地建设管理不到位，错误思想观点仍有传播空间；有的高校基层党组织软弱涣散，存在工作弱化、效应递减现象。这一切也影响到用马克思主义占领高校意识形态阵地。

三、加强高校马克思主义理论教育的几点思考

要巩固马克思主义在高校意识形态领域的指导地位，把高校建设成为

学习研究宣传马克思主义的坚强阵地，当务之急是做好如下事情：

第一，必须搞好当代中国马克思主义的“三进”工作，用科学理论武装头脑。人民群众的实践创新每前进一步，党的理论创新每前进一步，党的理论武装工作就跟进一步，高校思想政治工作就应跟进一步。用马克思主义占领高校意识形态阵地，必须着力加强马克思主义理论教育。因此，中央一直强调，各级各类高校要坚持不懈地用马克思主义，特别是中国化的马克思主义教育青年学生。高校要把马克思主义方面的课程列为必修课，作为马克思主义学习、研究、宣传的重要阵地。要着力推进当代中国的马克思主义进教材、进课堂、进头脑，帮助广大青年学生牢固树立马克思主义世界观、人生观、价值观。

第二，要鼓励青年学生读马克思主义经典。马克思主义经典著作是马克思主义理论的本源。学习马克思主义经典著作，有利于从源头上完整准确地理解马克思主义，系统掌握马克思主义科学真理，也有利于深化对中国特色社会主义理论体系的理解和运用。要让学生“精读马克思”，通过认真研读马克思主义经典著作，掌握马克思主义的基本原理，理解其中包含的马克思主义立场、观点、方法；要通过课堂教学让青年学生“走近马克思”，深入马克思恩格斯所处的那个时代，潜心研究马克思主义的基本观点；要通过教学让青年学生“走进马克思”，挖掘马克思主义理论的精神实质，掌握马克思主义的精髓。

第三，要加强马克思主义基础理论的研究。理论不彻底，思想宣传必然出问题。加强马克思主义基础理论研究，正确认识和准确把握马克思主义基本原理，了解马克思主义的精髓和实质，是巩固马克思主义在意识形态领域的指导地位，用马克思主义特别是中国化马克思主义武装青年学生的根本前提。要通过马克思主义基础理论的研究，使理论更加彻底、更加能说服人，从而不断增强高校思想宣传工作的科学性，提高高校思想宣传工作的实效。

第四，要加强对马克思主义发展史的教育。要通过课堂教学让青年学生了解马克思主义发展的历史进程，从整体上把握马克思主义发展的历史逻辑，总结马克思主义自身发展和指导实践的历史经验，揭示马克思主义发展的一般规律和在不同历史阶段发展的特殊规律，特别是与各国实际相结合而不断发展的规律，揭示其在认识世界和改造世界中的历史作用，回击反马克思主义者提出的马克思主义“无用论”。

第五，要加强对中国化的马克思主义教育。要以马克思主义中国化的历史进程为主线，以中国化的马克思主义为主题，以建设中国特色社会主义的理论和实践为重点，密切结合中国共产党领导人民在革命、建设和改革中所进行的艰苦实践和理论总结，深入开展中国化马克思主义的教育，系统掌握马克思主义中国化的历史进程和基本经验，系统掌握马克思主义中国化理论成果的主要内容和精神实质，全面了解马克思主义中国化和中国化的马克思主义不断发展的基本规律，不断增强中国特色社会主义道路自信、理论自信、制度自信和文化自信。

第六，要加强对高校意识形态工作的领导。高校教师要以遵守宪法和法律作为课堂教学的最基本要求。要严格遵守《中华人民共和国宪法》和《中华人民共和国教育法》（1995 年）、《中华人民共和国教师法》（1993 年）、《中华人民共和国高等教育法》（1998 年）等相关法律的规定。绝不允许各种违反宪法和法律、破坏社会主义制度的言论在课堂上蔓延，绝不允许高校课堂上出现反马克思主义、反党、反社会主义的言论。

第二篇　马克思主义中国化研究

第一章　我们为什么需要马克思主义？

中国共产党将马克思主义作为指导思想已有 90 多年，新中国将马克思主义作为指导思想写入《中华人民共和国宪法》也已经有 60 多年。在我国，马克思主义已经被确立为我们立党立国的根本指导思想，被确立为全党全国人民团结奋斗的共同思想基础。在社会主义核心价值体系建设中，马克思主义是灵魂，是决定社会主义核心价值体系性质和发展方向的决定性因素。可问题是，产生于西方的马克思主义传入中国后，何以能够改变中华民族、中国人民、中国共产党的面貌呢？马克思主义既然具有如此神奇的力量，为何还有那么多人对马克思主义产生怀疑，还有那么多人不信仰马克思主义？问题的焦点是：我们为什么需要马克思主义呢？我们为什么要实现马克思主义中国化、时代化和大众化呢？

一、马克思主义是具有世界性意义的科学

针对问题一：马克思主义产生于 19 世纪的欧洲，顶多是欧洲文明的产物，为何在其他地区也有指导意义？

相对于其他地区、其他民族国家的思想文化来说，马克思主义无疑是“异质”文化。也许在欧洲，马克思主义曾具有指导意义，但对于历史文化传统、国情完全不同的其他地区，就失去了它的指导意义。

马克思主义于19世纪40年代产生于西欧，到2018年就是马克思主义的诞生之作《共产党宣言》发表170周年。为何在这一时期产生于西欧，是因为此时西欧经济社会的发展和自然科学的重大创新为马克思主义的产生和发展提供了必要的社会历史条件。19世纪初，西欧资本主义已有相当程度的发展，英国、法国、德国三国已经或正在实现产业革命，生产力和科学技术达到前所未有的水平。产业无产阶级已经由自在阶级开始向自为阶级转变。19世纪30—40年代英国宪章运动、法国里昂工人起义和德意志西里西亚纺织工人起义标志着无产阶级已经作为独立政治力量登上历史舞台。马克思主义就是马克思恩格斯在19世纪欧洲工人运动实践基础上创立的理论体系。

马克思主义虽然产生于西欧，但它却是在吸收了几千年来人类思想和文化发展中的一切优秀成果，尤其是在批判地继承、吸收人类在19世纪所创造的优秀成果——德国古典哲学、英国古典政治经济学和法国与英国的空想社会主义合理成分的基础上，在深刻分析资本主义社会的发展趋势和科学总结工人阶级斗争实践基础上创立和发展起来的。法国启蒙学者的思想和法国复辟时期历史学家的阶级斗争学说，也为科学社会主义理论提供了有益的思想资料。19世纪科学技术的新成果，特别是细胞学说的确立、能量守恒和转化规律的发现、进化论的新发展为马克思主义的产生奠定了坚实的自然科学基础。正如列宁所说："马克思主义这一革命无产阶级的思想体系赢得了世界历史性的意义，是因为它并没有抛弃资产阶级时代最宝贵的成就，相反却吸收和改造了两千多年来人类思想和文化发展中一切有价值的东西。"① 所以，马克思主义虽然产生于欧洲，但它并非只是欧洲文明的产物，而是建立在已有的人类优秀文化遗产的基础上。因此，这一人类思想史上伟大革命的成果不仅属于欧洲，也属于全世界，属于全人类。正因为如此，马克思主义在19世纪就开始传播到世界各地，成为被剥削阶级寻求自身解放的思想武器。

针对问题二：马克思主义虽然是人类文明的产物，但它毕竟只是人类

---

① 列宁专题文集 论社会主义. 北京：人民出版社，2009：167.

文明进程中众多的理论成果之一，为何我们如此强调要坚持马克思主义呢？

邓小平讲："学马列要精，要管用的。"[①] "管用"，就是有价值。我们之所以强调坚持马克思主义，之所以从众多的理论中选择马克思主义，是因为马克思主义具有科学性和真理性。我们认为，衡量一个理论是否科学，是否具有真理性，关键是看以下几条：一是看其是否具有科学的世界观和方法论，能够正确地解释世界；二是看其是否具有正确的立场，能够得到多数人的认同；三是看其是否具有强大的生命力，能够随着时代发展而不断发展；四是看其指导实践的效果，即能否接受实践的检验。

首先，马克思主义的世界观和方法论是科学的。马克思主义是关于自然、社会和思维发展规律的科学，它为人类社会提供了最科学、最完整、最严谨的世界观和方法论。它坚持辩证唯物主义和历史唯物主义的世界观和方法论，科学分析了资本主义社会的内在矛盾，深刻揭示了历史发展的客观规律，为人类社会发展进步指明了正确方向。马克思主义的世界观和方法论，集中起来就是我们所说的"实事求是"，这是马克思主义的精髓和灵魂。辩证唯物主义与历史唯物主义为我们提供了伟大的认识工具，成为我们认识世界和改造世界的科学思想武器。

其次，马克思主义是关于工人阶级和人民大众解放与发展的科学，是关于社会主义、共产主义的科学。马克思主义的立场是科学的，它代表了最广大人民的利益，它的全部理论都立足于维护和实现最广大人民的根本利益，它的最高价值追求是实现全人类解放和人的自由而全面的发展。

再次，马克思主义具有顽强的生命力。马克思主义是开放的、与时俱进的理论体系，它始终随着时代和实践的进步而不断丰富发展，始终在与各国实际相结合的过程中获取新的活力。列宁把马克思主义同俄国革命的具体实践结合起来，创立了列宁主义。中国共产党人把马克思主义的基本理论与中国历史、中国文化和中国实践相结合，先后创立了毛泽东思想和中国特色社会主义理论体系，不断开辟了马克思主义发展的新境界。

---

① 邓小平文选：第3卷. 北京：人民出版社，1993：382.

最后，也是最重要的，还是看实践。实践是检验真理的唯一标准。马克思主义是一门以实践为基础的学说，它来自实践，服务实践，并在实践中不断得到检验和发展。马克思主义的科学性和真理性，已经被一百多年来的国际共产主义运动，近百年来的中国革命、建设和改革的成功实践所证明。

国际共产主义运动和中国历史告诉我们这样一个结论：坚持以马克思主义为指导，就是坚持真理、坚持科学、坚持最广大人民的利益。

针对问题三：既然马克思主义属于全人类，为何马克思主义在它的产生地——欧洲已经被抛弃了呢？为何马克思主义俄罗斯化的列宁主义也于20世纪90年代被俄罗斯人所抛弃了呢？环顾今日之全球，把马克思主义当作指导思想的国家和政党越来越少了，我们为何还谈坚持马克思主义呢？

应该承认，马克思主义作为工人阶级的世界观，作为工人阶级认识世界和改造世界的思想武器，作为工人阶级争取阶级解放和人类解放的科学理论，虽然对国际共产主义运动产生过十分重要而深远的影响，但它从来没有在西方发达资本主义国家成为主导的意识形态。虽然西欧一些左翼政党在获得执政地位后，也曾从马克思主义中获取理论资源，但马克思主义也只是被当作众多理论资源中的一种。虽然西欧一些国家的共产党至今仍然在坚持马克思主义，但西欧国家的共产党组织数量和党员人数确实已经很少，影响甚微。不过，由此得出马克思主义被西方所抛弃这个结论，并不是客观的。我们看看以下几个事实：

第一，作为意识形态的马克思主义，它自产生以来，一直是欧洲工人阶级运动的指导思想，也一直是国际共产主义运动的指导思想。马克思主义虽然未被发达资本主义国家作为主流意识形态，但发达国家并没有抛弃马克思主义。100多年来，“马克思的幽灵”一直在世界徘徊①。马克思主义在同各式各样资产阶级和小资产阶级反动思潮、同国际工人运动中各种机会主义、修正主义的反复斗争中不断发展和壮大，最终确立了它在国际工人运动中的统治地位。“它把伟大的认识工具给了人类，特别是给了工

① 德里达. 马克思的幽灵. 北京：中国人民大学出版社，1999.

人阶级”①。时至今日，马克思主义仍然是工人阶级争取自身解放的思想武器。马克思主义对未来社会的设想仍然在激励着工人阶级为争取实现自身的利益而奋斗。冷战结束后，西方一些著名学者对马克思主义的历史功绩给予了充分的肯定，如德里达指出：“不能没有马克思，没有马克思，没有对马克思的记忆，没有马克思的遗产，也就没有将来：无论如何得有某个马克思，得有他的才华，至少得有他的某种精神。”②

第二，作为方法论的马克思主义，它一直存在于人们认识世界和改造世界的伟大实践中。马克思主义的创始人恩格斯在晚年曾一再强调指出：“马克思的整个世界观不是教义，而是方法。它提供的不是现成的教条，而是进一步研究的出发点和**供**这种研究**使用**的方法。”③ 列宁曾明确指出：“马克思认为他的理论的全部价值在于这个理论‘按其本质来说，它是批判的和革命的’。”④ 作为一种批判的理论，它对资本主义社会基本矛盾和本质的揭示，为人们科学认识资本主义的历史命运和人类社会发展规律，提供了科学的方法。德里达在《马克思的幽灵》中列举了当代西方资本主义的十大祸害，他认为，对这些祸害的解决，绝对离不开马克思主义的批判精神。作为革命的理论，马克思主义指导各国无产阶级具体分析本国的实际情况，从本国的实际出发把握本国的特点和特殊规律，正确地制定和贯彻党和政府的纲领、路线、方针和政策。西方有些学者虽然不承认自己是马克思主义者，但却始终坚持和运用马克思主义的方法。资本主义国家的统治者虽然极力反对马克思主义，但也时常从马克思主义理论中寻找解决自身矛盾的方法。

第三，作为学术研究对象的马克思主义，它一直存在于不同时期、不同国别、不同学科学者的学术研究视域中。自马克思主义产生以来，马克思主义哲学、政治经济学、科学社会主义等内容在不同学科中都占有十分重要的地位。马克思恩格斯的文本、马克思恩格斯的思想等一直是哲学社

---

① 列宁全集：第23卷. 北京：人民出版社，1990：45.

② 德里达. 马克思的幽灵. 北京：中国人民大学出版社，1999：21.

③ 马克思恩格斯选集：第4卷. 北京：人民出版社，2012：664.

④ 列宁专题文集　论辩证唯物主义和历史唯物主义. 北京：人民出版社，2009：213.

会科学学科重点研究的对象。进入20世纪，在西方社会，不同时期曾有不同的马克思主义流派，即使在冷战结束后，西方仍然存在十多种马克思主义流派。西方研究马克思恩格斯思想时形成的“马克思学”“恩格斯学”“列宁学”等，就是对马克思主义进行纯粹学术研究的结果。原苏联加盟国家虽然已经走上了资本主义道路，否定了马克思列宁主义在意识形态领域的指导地位，但马克思列宁主义对苏联社会进步所产生的影响，始终没有被人们忘记。时至今日，俄罗斯仍然有不少学者在重新认识马克思，重读马克思，反思马克思。

第四，作为一个整体的马克思主义，至今仍然“活着”。在千年之交、世纪更替之际，包括剑桥大学、英国广播公司（BBC)、路透社等在内的西方媒体和一些大学开展了几次评选“千年思想家”等活动，结果都是马克思以高票位居榜首，被评为千年“最伟大的思想家”“千年伟人”。目前，当国际金融危机肆虐全球之时，马克思的鸿篇巨制《资本论》在欧洲销量大幅增长。与此同时，马克思的其他著作也在热销之中。在很多人看来，马克思主义成为分析国际金融危机的一把钥匙，成为摆脱金融危机的一剂良方。这些事实都说明了一个道理：尽管现在世界上的情况有很多新变化，但历史发展的总趋势并没有越出马克思主义经典作家所揭示的基本规律。马克思主义是划时代的理论，也是与时俱进的理论，具有强大的生命力。

马克思主义虽然产生于欧洲，却跨越欧洲，影响了全世界。马克思主义一经产生，就与各国工人运动相结合，兴起了国际共产主义运动，极大地推动了最广大人民的解放事业。2016年，习近平同志在哲学社会科学工作座谈会上对马克思主义做了下述总结性的评论：“马克思主义尽管诞生在一个半多世纪之前，但历史和现实都证明它是科学的理论，迄今依然有着强大生命力。马克思主义深刻揭示了自然界、人类社会、人类思维发展的普遍规律，为人类社会发展进步指明了方向；马克思主义坚持实现人民解放、维护人民利益的立场，以实现人的自由而全面的发展和全人类解放为己任，反映了人类对理想社会的美好憧憬；马克思主义揭示了事物的本质、内在联系及发展规律，是‘伟大的认识工具’，是人们观察世界、分析问题的有力思想武器；马克思主义具有鲜明的实践品格，不仅致力于科学‘解释世界’，而且致力于积极‘改变世界’。在人类思想史上，还没有一种理论像马克思主义那样对人类文明进步产生了如此广泛而巨大的影响。”①

二、马克思主义切合了中国人民的需要

针对问题一：中国是一个文明古国，中国传统文化博大精深，蕴藏着十分丰富的治国理政的道理。在马克思主义传入中国之前，中华民族已经生存了几千年，而且曾经创造过十分辉煌的人类文明。中华民族为何一定要拿西方的马克思主义来作为指导思想，而不能用中国传统文化作为指导思想呢?

我们必须承认，中国传统文化历史悠久，内容博大精深。中国传统文化讲的和谐、包容等思想对于今天构建和谐社会，促进世界和平发展具有重要的现实意义。中华优秀传统文化也是我们实现中华民族伟大复兴的取之不尽、用之不竭的宝贵资源。但我们又必须承认，传统文化毕竟是与自然经济、农耕文明、封闭社会、封建制度和血缘关系相适应的，它很难与已经步入市场经济、工业文明、社会主义的现代中国相适应。中国共产党人和中国人民靠什么思想武器取得了民族独立的伟大胜利和社会主义现代化事业的巨大成就？靠的就是与中国实际相结合的马克思主义，而不是靠中国的传统思想，不是靠孔夫子。近百年的中国历史已经证明，靠中国的传统思想，靠孔夫子，既不能取得民族独立和实现社会现代化，也不能实现中国文化的复兴。1942 年，毛泽东在延安同匡亚明谈论孔子时指出，孔子的确是中国历史上一个非常伟大的人物。他思想中有消极的东西，也有积极的东西，只能当作历史遗产，批判地继承和发扬。对当前革命运动来说，它是属于第二位的东西。第一位的、用以指导革命运动的是马克思主义理论②。

---

① 习近平. 在哲学社会科学工作座谈会上的讲话. 人民日报. 2016-05-19.

② 匡亚明. 孔子评传. 济南. 齐鲁书社，1985：474.

当然，我们并不否认传统文化的现代价值，恰恰相反，我们正在极力挖掘传统文化的精华。我们所说的马克思主义与中国实际相结合，这里的“实际”，既包括了当代中国现实实际，也包括中国传统文化实际。在马克思主义中国化的过程中，我们的一项很重要的工作就是使马克思主义的基本原理通过一定的中华民族文化形式表现出来，也就是通过中国化而使其融入中华民族文化的发展之中，变成中国人民所能理解和接受的东西，使马克思主义扎根于中华民族文化的土壤之中，从而得以生长和繁荣起来。中国近代以来的社会变迁证明，全盘否定中国传统文化，马克思主义中国化会失去民族文化土壤，无法生根发芽；相反，如果全盘肯定中国传统文化，并试图以其替代马克思主义的指导地位，无疑会开历史倒车，违背人类社会发展规律。

针对问题二：马克思主义的创始人马克思恩格斯虽然曾关注过中国，但中国问题毕竟不是马克思主义经典作家关注的重点。马克思主义是典型的西方思想体系，这种典型的西方思想体系不仅没有在东方古国毁灭绝迹，反而在异土他乡生根、开花、结果？中国人为何接受了马克思主义呢？

马克思的学说是在19世纪末20世纪初传入中国的，当时只是西学诸多学说中的一种。虽然无论马克思恩格斯还是列宁，他们都很关心中国，很关注中国社会和中国革命，他们关于中国问题的论述甚至可以编一本书①，但由于受历史条件的制约，他们对中国历史、哲学、文化的了解毕竟是有限的。

马克思主义传入中国并被中国人所接受，成为当代中国的主流意识形态，具有历史必然性。这种必然性主要表现在三个方面：

第一，马克思主义是科学、是真理，具有世界意义。这一点，我们在前面已有论述。

第二，马克思主义与中国传统文化有着高度的契合性。

郭沫若在20世纪20年代，曾发表一篇题为《马克思进孔庙》的小品

① 有关马克思恩格斯论中国问题的观点参见：马克思恩格斯论中国. 北京：人民出版社，1997.

文，其中写道："马克思（对孔子）说：'我想不到两千年前，在远远的东方，已经有了你这样一位老同志，你我的见解完全是一致的。'"① 大约半个多世纪前，英国剑桥大学李约瑟研究所名誉所长李约瑟曾说过这样一段话："现代中国人如此热情地接受（马克思）的辩证唯物主义，有很多西方人觉得不可思议。他们想不明白，为什么这样一个古老的东方民族竟会如此毫不犹豫、满怀信心接受一种初看起来完全是欧洲的思想体系。但是，在我想象中，中国的学者们自己却可能会这样说：'真是妙极了！这不就像我们自己的永恒哲学和现代科学的结合吗？它终于回到我们身边了！'""中国知识分子之所以更愿意接受辩证唯物主义，是因为，从某种意义上说，这种哲学思想正是他们自己所产生的。"② 李约瑟的这段话，可能并不精确，却道出了马克思主义与中国传统文化的某种联系。

对于马克思主义与中国传统文化的价值契合点和学理上的一致性，中国的知识分子曾从多个角度进行过探寻。张岱年、程宜山认为：中国人特别是知识分子接受马克思主义，与中国传统文化有密切关系。"中国文化中本有悠久的唯物论、无神论、辩证法的传统，有民主主义、人道主义思想的传统，有许多历史唯物主义的思想因素、有大同的社会理想，如此等等，因而马克思主义很容易在中国的土壤里生根。"③ 吴雁南等人指出：中国是一个有着悠久文化历史的国家，其传统文化在长期的积淀中留下不少民主性的精华，"儒家的大同思想，以天下国家为己任的追求，讲求群体的观念以及道家无为而治的理想等，都从不同的层面折射出社会主义的因素，尽管这些因素是空想的、主观的，乃至宗教性的。这些思想观念，在一定程度上削弱了中国先进知识分子接受科学社会主义的认知障碍，奠定了他们接受科学社会主义的心理基础"④。事实正如他们所说，马克思主义与中国传统文化的确具有许多相容或相通之处，这正是早期马克思主义在

① 郭沫若全集：文学卷：第10卷．北京：人民文学出版社，1985：161.

② 李约瑟．四海之内．北京：三联书店，1987：67.

③ 张岱年，程宜山．中国文化与文化论争．北京：中国人民大学出版社，1990：190.

④ 吴雁南，冯祖贻，苏中立，等．中国近代社会思潮：第2卷．长沙：湖南教育出版社，1998：471.

中国能够得到广泛传播的深层次原因。

第三，中国人接受马克思主义，是因为中国社会有了这种需要。

毛泽东曾说："马克思列宁主义来到中国之所以发生这样大的作用，是因为中国的社会条件有了这种需要，是因为同中国人民革命的实践发生了联系，是因为被中国人民所掌握了。"① 今天，当我们反思中国接受马克思主义的心路历程时，应当认识到：中国人选择接受了马克思主义，与中国社会发展的需要有密切的关系。

近代以来，面对日益严重的民族危机，中国的先进分子认识到靠中国的传统思想、靠孔夫子、靠儒家学说是救不了中国的，于是便转向西方国家寻找救国真理，先是转向西方的"奇技"，洋务运动的"师夷长技以制夷"便是这种思想观念的反映；甲午战争失败后，中国又转向了西方的政治文明，戊戌变法就是这种思想观念的反映；戊戌变法失败后，中国人开始求助于西方的科学与民主，即所谓"德""赛"两先生。中国的先知先觉们满心以为西方资产阶级民主主义文化可以救中国，但"老师总是打学生"，帝国主义的侵略打破了中国人学习西方的迷梦。现代中国需要科学、民主、自由、人权，但西方资产阶级民主主义、资产阶级自由主义以及西方资产阶级共和国的方案则行不通。

中国人最终接受马克思主义、选择社会主义，与 20 世纪头 20 年中国面临的内外环境有很大的关联度。甲午战争和戊戌变法失败后，正当中国准备全盘接受西方文明时，第一次世界大战充分暴露了资本主义文明的弊端。而正当中国人在封建主义与资本主义之间进行痛苦选择时，俄国发生了十月革命。在俄国十月社会主义革命胜利的影响下，先进的中国人便转向苏俄，学习马克思主义。中国人找到了马克思主义，才在精神上由被动转入主动。马克思主义传入中国，擦亮了中国人民的眼睛，帮助中国人民认清了当时的世界形势，明确了中国革命的主要任务，明确了中国新民主主义革命的前途，明确了中国革命的领导力量和依靠力量。历史选择了马克思主义，马克思主义也深刻改变了中国的命运。正因为如此，毛泽东在

① 毛泽东选集：第 4 卷. 北京：人民出版社，1991：1515.

《论人民民主专政》中满怀深情地指出：要“谢谢马克思、恩格斯、列宁和斯大林，他们给了我们以武器。这武器不是机关枪，而是马克思列宁主义”①。

三、马克思主义开辟了通向真理的道路

针对问题一：当今发达国家都是资本主义国家，资本主义国家不仅不以马克思主义为指导，反而一直在反对马克思主义。中国现代化的首要目标是赶上和超过发达资本主义，为何不向发达资本主义国家学习，学习它们放弃马克思主义呢？

马克思主义是为推翻资本主义和一切剥削压迫制度，使无产阶级和广大劳动人民得到彻底解放，为建设社会主义和共产主义服务的革命理论。恩格斯指出：“共产主义作为理论，是无产阶级立场在这种斗争中的理论表现，是无产阶级解放的条件的理论概括。”② 斯大林也曾明确指出：“马克思主义是工人阶级根本利益的科学表现。”③ 正因为马克思主义是无产阶级立场和根本利益的科学表现，因而它具有鲜明的阶级性和彻底的革命性。正因为“它给人们提供了决不同任何迷信、任何反动势力、任何为资产阶级压迫所作的辩护相妥协的完整的世界观”④，因为它宣告了资本主义的灭亡，并给资本主义下了死亡判决书，所以，马克思主义自产生以来，它一直遭到资产阶级的围攻，一直遭到资产阶级学者的诘难。

中国是中国共产党领导的社会主义国家。毛泽东说：“我们的党从它一开始，就是一个以马克思列宁主义的理论为基础的党，这是因为这个主义是全世界无产阶级的最正确最革命的科学思想的结晶。”⑤ 在改革开放新时期，邓小平强调，我们党是一个马克思主义的大党，我们国家是马克思主义指导下建立起来的社会主义大国，我们要建立的现代化是社会主义现

① 毛泽东选集：第4卷．北京：人民出版社，1991：1469.
② 马克思恩格斯选集：第1卷．北京：人民出版社，2012：291.
③ 斯大林全集：第13卷．北京：人民出版社，1956：333.
④ 列宁专题文集 论马克思主义．北京：人民出版社，2009：67.
⑤ 毛泽东选集：第3卷．北京：人民出版社，1991：1093.

代化。因此，在当代中国必须始终坚持马克思主义不动摇。他反复告诫我们："坚持马克思主义对中国十分重要，坚持社会主义对中国也十分重要。"① "对马克思主义的信仰，是中国革命胜利的一种精神动力。……所以，我们多次重申，要坚持马克思主义，坚持走社会主义道路。"② 以马克思主义武装起来的，作为无产阶级先锋队的共产党，在领导社会主义革命、建设和改革的过程中，在巩固和发展社会主义并为实现共产主义创造条件的过程中，都必须坚持以马克思主义为指导。

针对问题二：马克思主义毕竟是产生于19世纪中叶，也许在马克思生活的那个时代，马克思主义是管用的，现在已经是21世纪，现时代与马克思恩格斯生活的时代完全不同，与现时代的发展需求相比，马克思主义已经是一种"过去"的、"陈旧"的东西，"过时了"，为何还要坚持以马克思主义为指导呢?

我们应该承认，马克思主义产生于19世纪中叶，产生于资本主义自由竞争时期，产生于第二次科技革命的历史条件下，现在的时代的确与马克思主义生活的时代相比发生了较大的变化。我们还必须承认，马克思主义作为真理，其真理性也是相对的。

但马克思主义"过时论"的鼓吹者，至少犯了两个错误：其一，"过时论"首先犯了一个形式逻辑的错误。如果按照这一观点所依据的逻辑，那么我们可以肯定地说，产生于两千多年以前的古希腊哲学和中国儒家学说早就应该过时了；同样逻辑，产生于17—18世纪的资产阶级启蒙思想家的学说今天也肯定过时了。如果按照这一逻辑，那么可以肯定地说，当今社会变革实践已经没有任何理论可以指导了，因为任何科学理论都是具体的、历史的，一种理论一产生，它所产生的社会历史条件就可能已经变化了，就已经过时了，就不可能再指导实践了。很显然，持此观点的人犯了教条主义的错误。他们把马克思主义看成固定不变的教条。他们根本不了解，与时俱进是马克思主义最重要的理论品质。这种理论品质不仅表现在马克思主义的形成过程中，而且表现在这种理论形成之后，马克思主义始

① 邓小平文选：第3卷. 北京：人民出版社，1993：62.

② 同①63.

终在随着时代的发展而发展。其二，此种观点犯了一个辩证逻辑的错误。此种观点的鼓吹者不是把马克思主义看成揭示客观世界发展规律的科学、看成研究和解决问题的方法。他们没有把马克思主义看成一个整体，而是把它的一些原理或个别结论教条化，一旦某个原理不能说明变化了的情况、某个结论已经过时，便认为整个马克思主义“过时了”。这里犯了把个别等同于一般、把特殊等同于普遍、把部分等同于整体的错误。当然，我们必须承认，马列著作，包括像《共产党宣言》这样的经典性著作，都带有它们写作时代的某些特征，它们的个别原理和个别观点会失效，但包含在其中的基本原理是不会过时的。对于这一点，马克思恩格斯自己也承认。1872 年，马克思恩格斯在为《共产党宣言》德文版写序言时就明确指出，虽然《共产党宣言》阐述的一般原理仍然是正确的，“关于共产党人对待各种反对党派的态度的论述（第四章）虽然在原则上今天还是正确的，但是就其实际运用来说今天毕竟已经过时，因为政治形势已经完全改变”①。

马克思主义虽然产生于 19 世纪，但其现实指导意义并不局限于 19 世纪。今天，我们所处的时代与马克思恩格斯所处的时代相比确实发生了较大的变化，当代资本主义与马克思恩格斯时期的资本主义相较也确实表现出许多不同的特点。但只要我们细细考量一下就会发现：人类社会的发展虽然出现许多新情况，但马克思主义所揭示的人类社会发展规律并没有变；时代主题虽然发生了许多变化，但人类社会从资本主义向社会主义过渡的时代性质没有变；当代资本主义社会虽然发生了许多变化，但其基本矛盾和本质并没有变；资本主义虽然也在发展，但马克思主义所揭示的资本主义社会的各种矛盾和问题仍然存在；社会主义虽然遭受挫折，但人们对于未来美好社会的追求也没有变。当前，世界社会主义出现的不同程度的失误、挫折甚至暂时的倒退，除了某些复杂的历史原因外，根本的就在于偏离和违背了马克思主义。历史一再证明，马克思主义是一种科学的世界观和方法论，它在工人运动和马克思主义史上从未出现过“过时”或“不适应”的情况；历史还将证明，它在将来也永远不会过时。正如习近

① 马克思恩格斯选集：第 1 卷. 北京：人民出版社，2012：377.

平同志所说："有人说，马克思主义政治经济学过时了，《资本论》过时了。这个说法是武断的。远的不说，就从国际金融危机看，许多西方国家经济持续低迷、两极分化加剧、社会矛盾加深，说明资本主义固有的生产社会化和生产资料私人占有之间的矛盾依然存在，但表现形式、存在特点有所不同。国际金融危机发生后，不少西方学者也在重新研究马克思主义政治经济学、研究《资本论》，借以反思资本主义的弊端。"①

针对问题三：马克思主义是关于革命的理论，强调的是"阶级斗争"。马克思主义只有在"闹革命"的地方"受欢迎"，在搞建设的地方则"不需要"和"不适用了"。我们现在搞建设和改革，强调的是"以经济建设为中心"和构建社会主义和谐社会，我们为何还需要马克思主义呢？

首先，我们必须清楚，马克思主义是由若干基本原理和基本观点组成的科学体系。我们坚持马克思主义，就要把马克思主义的科学体系和马列经典作家的个别论断区别开来。邓小平曾告诫我们："对马克思列宁主义，应该准确地完整地理解它的体系。……否则非犯错误不可。"②"至于个别的论断，……无论马克思、列宁和毛泽东同志，都不免有这样那样的失误。但是这些都不属于马列主义、毛泽东思想的基本原理所构成的科学体系。"③马克思主义的一系列观点都是在一定的历史条件下，针对一定的具体问题提出的，没有脱离一定时空、处处适用的灵丹妙药。如果说马克思主义基本原理有普遍性，那也只能从马克思主义的整个理论体系来理解，不能用马列经典作家的个别词句、个别论断代替马克思主义的科学体系。"阶级斗争"理论确实属于马克思主义基本原理的重要组成部分，但不等于马克思主义的全部。但即使是马克思主义的阶级斗争理论，至今也仍然具有重要的理论意义和现实意义。难道我国现阶段阶级差别和阶级矛盾已经消失了吗？难道今天不存在阶级斗争吗？坚持"以经济建设为中心"，构建社会主义和谐社会，决不等于否定了马克思主义的阶级斗争理论，更

---

① 习近平．在哲学社会科学工作座谈会上的讲话．人民日报，2016-05-19．

② 邓小平文选：第2卷．北京：人民出版社，1994：67．

③ 同②171．

不等于马克思主义失去了指导地位。

其次，我们必须清楚，中国的改革开放之所以取得了伟大的成就，其根本的原因就是我们既坚持了马克思主义的基本原则，又赋予马克思主义鲜明的时代特色、民族特色和实践特色；就是因为中国共产党在继续推进马克思主义中国化过程中开辟了中国特色社会主义道路，形成了中国特色社会主义理论体系。今天，中国的改革开放进入了一个新的发展阶段，正如邓小平所说的："过去我们讲先发展起来。现在看，发展起来以后的问题不比不发展时少。"① 当今世界和我们所处的时代，同过去相比发生了很多深刻的变化。无论从国际还是从国内看，我们都面临着许多新情况新问题，必须从理论上和实践上做出回答并加以解决。中国现在和未来发展过程中面临着许多新问题，仍然需要坚持马克思主义作为指导思想来解决。正因为如此，我们党才一再强调：必须以我国改革开放和现代化建设的实际问题、以我们正在进行的建设中国特色社会主义事业为中心，着眼于马克思主义理论的运用，着眼于实际问题的理论思考，着眼于新的实践和新的发展。

最后，我们必须清楚，我们要坚持的马克思主义必须是与中国实际相结合的马克思主义。在今天，这一中国化的马克思主义就是中国特色社会主义理论体系。马克思主义的生命力就在于它始终同各国的具体实际相结合。邓小平曾指出："我们多次重申，要坚持马克思主义，坚持走社会主义道路。但是，马克思主义必须是同中国实际相结合的马克思主义，社会主义必须是切合中国实际的有中国特色的社会主义。"② 中国特色社会主义理论体系，坚持和发展了马克思列宁主义、毛泽东思想，是马克思主义中国化的最新成果，是我们党最可宝贵的政治和精神财富，是全国各族人民团结奋斗的共同思想基础。正因为如此，我们党反复强调："在当代中国，坚持中国特色社会主义道路就是真正坚持社会主义，坚持中国特色社会主义理论体系，就是真正坚持马克思主义。"③

---

① 邓小平年谱（1975—1997）：下．北京：中央文献出版社，2004：1364.

② 邓小平文选：第3卷．北京：人民出版社，1993：63.

③ 党的十七大报告首次有此表述，此后胡锦涛、习近平等党和国家领导人在多个场合反复强调这一点。参见：十七大以来重要文献选编：上．北京：中央文献出版社，2009：457.

第二章　论马克思主义中国化的三大要素

马克思主义发展160多年的历史告诉我们，马克思主义作为普遍真理，要在指导人们认识世界和改造世界的伟大实践中充分发挥重要作用，必须不断地民族化和当代化，所谓“民族化”就是与各国具体实际相结合，在中国就是“中国化”；所谓“当代化”就是马克思主义随着时代的发展而不断与时俱进，即“时代化 ”。马克思主义中国化的历史进程告诉我们，要使马克思主义成功地与中国实际相结合，有三大因素必须始终得到高度关注：一是到底什么是马克思主义，我们要中国化的马克思主义“是何”马克思主义？二是与中国结合的“具体实际”到底是指什么？三是马克思主义与时俱进的“时”到底如何把握？历史经验表明，在把马克思主义中国化的过程中，对这三大要素中的任何一个发生认识和理解上的偏差，都会导致理论创新上的失误，从而导致实践发生错误。

一、弄清楚什么是马克思主义是实现马克思主义中国化的前提

坚持马克思主义，必须正确理解和掌握马克思主义。邓小平认为，多年来，存在一个对马克思主义、社会主义的理解问题。“什么叫社会主义，什么叫马克思主义？我们过去对这个问题的认识不是完全清醒的”①，特别

① 邓小平文选：第3卷．北京：人民出版社，1993：63.

是“马克思去世以后一百多年，究竟发生了什么变化，在变化的条件下，如何认识和发展马克思主义，没有搞清楚”①。因此，要坚持马克思主义，实现马克思主义中国化，首先必须弄清楚什么是马克思主义，弄清楚我们要实现中国化的究竟是什么样的马克思主义。

我们党领导中国人民90多年的奋斗历史反复证明，无论是在战争与革命年代还是在建设与改革时期，以科学的态度对待马克思主义，正确认识和掌握马克思主义基本原理都十分重要。什么时候我们正确理解和运用了马克思主义，马克思主义中国化就会产生重大理论创新，用中国化的马克思主义指导实践就会取得胜利；什么时候我们没有正确把握马克思主义基本原理，马克思主义中国化就会走弯路，革命和建设就会遭遇挫折和失败。在民主革命时期，我们党正是因为正确把握了马克思主义基本原理，才找到了中国革命的正确道路，才制定了正确的中国革命的路线、方针和政策，才夺取了新民主主义革命的伟大胜利；新中国成立之后，我们党正是因为正确掌握了马克思主义基本原理，才创造性地提出了从新民主主义向社会主义过渡的理论和过渡时期的总路线，比较好地完成了过渡时期的历史任务，建立了社会主义制度。在改革开放新时期，邓小平正是因为把握了马克思主义的精髓，掌握了马克思主义基本原则，才制定了正确的政治路线、思想路线和组织路线，才成功地走出了一条中国特色社会主义道路，才有了今天改革开放和社会主义现代化建设的良好局面。而在民主革命时期，我们党内之所以会犯陈独秀的右倾错误和王明的“左”倾错误，恰恰是因为没有准确把握马克思主义精髓，没有遵循马克思主义基本原则，教条式地对待马克思主义。在社会主义建设时期，我们之所以先后发生了“大跃进”，特别是“文化大革命”那样全局性的重大失误，原因固然很复杂，但最根本的还是没有准确理解马克思主义基本原理。如过分夸大人的主观能动作用，认为社会主义社会的主要矛盾仍然是两个阶级、两条道路的斗争，提出“无产阶级专政下继续革命”理论，等等。实践证明，正确认识和准确把握马克思主义基本原理，了解马克思主义的精髓和

① 邓小平文选：第3卷. 北京：人民出版社，1993：291.

实质，是实现马克思主义中国化，进行理论创新的根本前提。

关于什么是马克思主义、马克思主义的基本原理到底包括哪些内容，学术界并未完全达成共识。随着中央正在实施的马克思主义理论研究和建设工程的实施，关于这些问题的争论更加激烈①。导致这种争论的原因极为复杂，大致有以下几个方面：一是马克思主义经典作家并没有对马克思主义基本原理的内容做过全面系统的论述，包括我们党的领导人也只是对马克思主义的基本原理做过一些简单的概括，如邓小平认为，马克思主义的精髓是实事求是，马克思主义的基本原则是发展生产力，马克思主义是关于共产主义的科学，等等；二是马克思主义理论博大精深，内容十分丰富，要完整、准确、简要地概括并不十分容易；三是我们对马克思主义经典文本的解读、对马克思主义理论的研究并不十分深入，还有许多尚待研究的空白；四是在马克思主义不断与时俱进的过程中，马克思主义的形态一直在发生变化，经典的马克思主义与发展了的马克思主义（如列宁主义、毛泽东思想、邓小平理论等）出现了一定程度的差异，让人们更难确切地把握马克思主义。正因为如此，我们一直缺少权威的关于什么是马克思主义的答案，也缺少对马克思主义基本原理的准确概括。

其实，要给马克思主义下一个简单的定义并不难，很多学者曾做过这样的努力，因而至今已出现了多种表述不同但内容大致相同的定义。难点主要在于：马克思主义的基本原理到底包括哪些内容？对此，我们并不十分清楚。正因为如此，马克思主义诞生 160 多年来，人们在不断追问到底什么是马克思主义、哪些观点属于马克思主义的基本原理②。冷战结束后，虽然马克思主义再次受到诘难，但东西方思想界仍有不少学者在着力探索这一问题，我国正在实施的马克思主义理论研究和建设工程也正在着力解决这一问题。

回顾马克思主义发展的历史，我们认为：要弄清楚什么是马克思主义、马克思主义的基本原理到底包括哪些内容，当前应侧重抓好以下

① 张耀灿，刘伟．关于马克思主义整体性的几点思考．福建师范大学学报（哲学社会科学版），2006（3）．

② 梁树发．关于“什么是马克思主义”的提问．中国人民大学学报，2000（4）．

工作：

第一，要在加强原有的马克思主义哲学、政治经济学和科学社会主义三个组成部分研究的基础上，拓展马克思主义理论研究的领域，加强对马克思主义的整体研究。为此，要“重读马克思”，通过认真研读马克思主义经典著作，弄清楚哪些是我们必须长期坚持的基本原理；要通过对马克思主义经典著作的文本解读，探讨马克思主义理论研究中的热点难点问题，纠正人们思想中的错误认识，澄清人们思想中的模糊认识；要通过“走近马克思”，深入马克思恩格斯所处的那个时代，潜心研究马克思主义的基本观点，了解哪些是马克思主义的带有规律性的科学结论、哪些是针对当时情况提出但现在已经过时的个别论断；要通过“走进马克思”，挖掘马克思主义理论的精神实质，把握马克思主义的精髓；要通过“反思马克思”，了解哪些是我们必须破除的对马克思主义的教条式的理解，哪些是必须澄清的附加在马克思主义名下的错误观点，哪些是需要结合新的实际加以丰富、发展、超越的理论判断。

第二，要加强对马克思主义发展史尤其是马克思主义发展形态的比较研究，即加强对马克思恩格斯思想、列宁主义、毛泽东思想、邓小平理论、“三个代表”重要思想、科学发展观等马克思主义形态的比较研究。要通过马克思主义发展史的研究，考察马克思主义发展的历史过程及其历史阶段，总结马克思主义自身发展和指导不同民族国家与无产阶级政党实践的历史经验，揭示马克思主义发展的一般规律和在不同历史阶段上发展的特殊规律，特别是与各国实际相结合而不断发展的规律。要通过马克思主义发展形态的比较研究，阐释马克思主义发展进程中不同理论形态的内在联系与逻辑关系，从整体上把握马克思主义基本原理。

第三，要加强对国外马克思主义的研究。马克思主义产生以来，经历了从理论形态到实践形态、再到制度形态的转变，也经历了从部分地区向全世界传播发展的过程，在世界上形成了许多马克思主义流派。弄清楚马克思主义基本原理，还必须加强对当代国外马克思主义相关的理论、思潮、流派的发生、演进及基本思想的研究，包括国外共产党的理论家对马克思主义的研究与创新，国外学者特别是左翼学者对马克思主义的研究与阐释，以及“西方马克思主义”的研究。要了解国外马克思主义研究的最新动态，迎接各种非马克思主义对马克思主义提出的挑战，吸收和借鉴当代马克思主义研究的最新成果，科学分析各种与马克思主义相关的学说和思潮，并在比较鉴别中充分认识马克思主义的科学性，从而深化对马克思主义的认识，推进马克思主义理论研究。

第四，要加强对中国化的马克思主义的研究。习近平同志曾明确指出：“马克思主义中国化取得了重大成果，但还远未结束。我国哲学社会科学的一项重要任务就是继续推进马克思主义中国化、时代化、大众化，继续发展21世纪马克思主义、当代中国马克思主义。”① 发展当代中国马克思主义，就要以马克思主义中国化的历史进程为主线，以中国化的马克思主义为主题，以建设中国特色社会主义的理论和实践为重点，密切结合中国共产党领导人民在中国特色的新民主主义革命道路、社会主义改造道路和社会主义建设道路的探索中所进行的艰苦实践和理论总结，深入研究党的几代领导集体不断推进马克思主义中国化的历史进程和基本经验，深刻揭示马克思主义中国化和中国化的马克思主义不断发展的基本规律。

以上研究内容恰恰是当代中国马克思主义者的历史责任所系，更是马克思主义理论一级学科建设的内容。因此，我们要以马克思主义理论学科为平台，通过加强学科建设，不断提高马克思主义理论研究的水平，深化对马克思主义基本原理的认识；通过加强马克思主义基础理论的研究，促进马克思主义理论学科的发展。

二、准确把握中国实际是马克思主义中国化的关键

马克思主义从实践中产生，又服务于实践，它始终与实践保持最紧密的联系，在群众的实践中不断汲取营养；它的一切理论观点都以实践为最终依据，并随着实践的发展而发展。马克思主义发展的历史和国际共产主

① 习近平．在哲学社会科学工作座谈会上的讲话．人民日报，2016-05-19.

义运动的历史经验反复证明，马克思主义只有不断和实际相结合才有生命力。毛泽东早在1938年10月就指出："马克思列宁主义的伟大力量，就在于它是和各个国家具体的革命实践相联系的。对于中国共产党说来，就是要学会把马克思列宁主义的理论应用于中国的具体的环境。成为伟大中华民族的一部分而和这个民族血肉相联的共产党员，离开中国特点来谈马克思主义，只是抽象的空洞的马克思主义。因此，使马克思主义在中国具体化，使之在其每一表现中带着必须有的中国的特性，即是说，按照中国的特点去应用它，成为全党亟待了解并亟须解决的问题。"① 邓小平继承了毛泽东的这一思想，他认为："一个国家的问题是多方面的，不论是革命时期还是建设时期，如何使马克思列宁主义与各个时期的具体情况相结合，这是一个需要不断解决的问题。"② 邓小平告诫我们：一个党，一个国家，一个民族，如果一切从本本出发，思想僵化，迷信盛行，只知道照抄照搬马克思、列宁、毛泽东的原话，"那它就不能前进，它的生机就停止了，就要亡党亡国"③。

国际共产主义运动的历史经验也表明，一个国家的革命和建设要取得胜利，最根本的一条经验就是，各国共产党应该根据自己国家的情况，找出自己的革命和建设道路。俄国十月革命之所以能够胜利，就是因为列宁运用马克思主义原理分析俄国具体实际，准确地把握了俄国革命的形势，找到了适合俄国国情的革命道路。中国革命之所以取得胜利，就是因为中国共产党人运用马克思主义基本原理分析中国国情，认清了中国社会的性质，进而认清了中国革命的对象、任务、动力、性质，中国革命的前途和转变，从而找到了适合中国情况的革命道路、形式和方法。今天，中国的改革开放和现代化建设之所以取得如此巨大的成就，就是因为我们党坚持一切从实际出发，把马克思主义基本原理与中国社会主义初级阶段的实际相结合，找到了中国特色社会主义发展道路。而我们党在革命和建设中，之所以时常出现了"左"和右的错误倾向，其根本原因在于对中国国情、

---

① 毛泽东选集：第2卷．北京：人民出版社，1991：534.

② 邓小平文选：第1卷．北京：人民出版社，1994：258.

③ 邓小平文选：第2卷．北京：人民出版社，1994：143.

中国实际没有准确把握。中国革命时期出现的教条式地照搬国外经验是如此，中国社会主义建设中出现“大跃进”等超越社会发展阶段的错误也是如此。正因为如此，邓小平强调：“只有结合中国实际的马克思主义，才是我们所需要的真正的马克思主义。”①

马克思主义与中国实际相结合，这里的“实际”包括这样几个方面：一是与中国的历史实际相结合。毛泽东曾经说过：“今天的中国是历史的中国的一个发展；我们是马克思主义的历史主义者，我们不应当割断历史。从孔夫子到孙中山，我们应当给以总结，承继这一份珍贵的遗产。这对于指导当前的伟大的运动，是有重要的帮助的。”② 中国是一个有着几千年文明历史的大国，积淀着丰富的历史经验。实现马克思主义中国化，就是要在马克思主义的指导下，把这些历史经验加以认真的概括和提炼，使马克思主义融入中华民族的发展之中。马克思主义中国化内在地包含了对中国历史经验的总结。二是与中国的优秀传统文化相结合，就是使马克思主义这种原本由欧洲人创立、主要是用欧洲文字表达、具体说到中国的事情并不多的思想，通过中国化而使其融入中华民族文化的发展之中，变成中国人民所能理解和接受的东西，使马克思主义扎根于中华民族文化的土壤之中从而得以生长和繁荣起来。马克思主义中国化内在地包含了对中国传统文化的批判继承和发展。三是与中国的现实实际相结合，将中国的实践经验加以马克思主义的总结和提炼。马克思主义中国化的过程是一种理论与实践的双向流动，即马克思主义中国化与中国实际马克思主义化的不断双向结合的过程。离开了马克思主义的指导，就不可能有马克思主义中国化；离开了中国实践经验的总结与概括，就不可能不断充实马克思主义的理论内容，也就没有中国化的马克思主义。马克思主义中国化的理论成果就是这种理论与实践双向流动的结果。

在新世纪新阶段，推进马克思主义中国化，还必须进一步分析中国的实际。今天的中国，其基本国情与诞生马克思主义的西方社会、与诞生列宁主义的俄国的情况大不相同。现在中国的基本国情与 60 多年前、30 多

① 邓小平文选：第 3 卷. 北京：人民出版社，1993：213.

② 毛泽东选集：第 2 卷. 北京：人民出版社，1991：534.

年前的中国也大不相同。因此，认清中国实际，必须将当代中国的发展变化纳入人类社会和整个世界的发展潮流之中，放在整个世界变化和时代变化的全景中加以思量，用马克思主义的宽广眼界观察世界中的中国。

一个国家的实际是多方面的，包括社会性质、生产力发展水平、经济状况、政治结构、文化传统、发展趋势等方面，但最大的实际则是本国的历史方位，即本国的社会发展阶段。我们认为，在当前应从多维视角进一步深化对中国社会发展阶段的认识。

众所周知，马克思主义不仅从经济社会形态角度来界定社会发展阶段，还从技术社会形态、主体社会形态、交往社会形态来界定社会发展阶段。我们认为：

从经济社会形态方面看，我国现在正处于并将长期处于社会主义初级阶段。这是当前中国最大的实际。我们讲一切从实际出发，实现马克思主义中国化，必须同社会主义初级阶段的中国实际相结合。我们制定路线、方针、政策，也必须从社会主义初级阶段的实际出发。

从技术社会形态看，我国正处于从农业社会向工业社会的过渡阶段，工业化的任务仍然十分繁重。面对 20 世纪 90 年代以来以信息技术为核心的高新技术的迅猛发展，我们必须走以信息化带动工业化的新型工业化道路，实施科教兴国和人才强国战略，把建立创新型国家作为我们的重要战略任务。马克思主义中国化也必须紧密结合这一实际。

从主体社会形态看，我们还处在人对物的依赖关系向人的自由全面发展的初始转变阶段。面对市场经济带来的巨大挑战，面对我国经济社会发展中存在的各种问题，如何坚持以人为本，实现最广大人民的利益，促进人的全面发展，任务也十分艰巨。这也是马克思主义中国化必须面对的实际。

从交往社会形态看，我国处于从半封闭社会向开放社会的转变阶段。面对经济全球化的曲折发展，面对经济全球化带来的难得历史机遇和巨大挑战，在国际竞争中，我们要深化改革，扩大开放，提高对外开放的水平，保持我国经济发展的良好势头，维护国家经济利益和安全，任务将更为艰巨。马克思主义中国化也必须面对这一事实，结合这一实际。

必须承认，上述每一个社会形态的转变都是漫长的，经济文化落后国家实现这些转变更是漫长的。而在漫长的历史转变过程中，我们还将经历若干小的发展阶段，每一个发展阶段又会呈现出不同的阶段性特点。因此，实现马克思主义中国化是一个永无止境的过程，考察、研究不断变化的实际也是一个永无止境的过程。

三、准确把握时代性质是推进马克思主义中国化的条件

任何理论都是时代的产物，任何理论的发展都是时代推动的结果。马克思曾经说过："任何真正的哲学都是自己时代的精神上的精华"①，不了解这个时代，就不了解这个时代的哲学。时代是任何哲学、思潮和思想体系由以形成和发展的根据。列宁曾指出："只有首先分析从一个时代转变到另一个时代的客观条件，才能理解我们面前发生的各种重大历史事件。"②"只有在这个基础上，即首先考虑到各个'时代'的不同的基本特征（而不是个别国家的个别历史事件），我们才能够正确地制定自己的策略"③。因此，时代是马克思主义的重要范畴。马克思主义要与时俱进，就必须站在时代前列，从时代特点出发，顺应时代潮流，紧跟时代前进的步伐。为此，必须弄清楚"时"的特征和性质。

马克思主义就是在时代进步的潮流中应运而生的，是伴随着时代的发展而不断向前发展的。马克思主义孕育、形成、成熟于自由竞争资本主义时代，大传播、大发展于世界由资本主义向社会主义过渡的时代。了解马克思主义发展的历史，就必须了解马克思所处时代提出的时代课题，以及人们先后对这些课题的思考和解决。揭开人类历史发展之谜，揭开资本主义历史发展之谜，揭开无产阶级历史命运之谜，回答人类社会通向何方、资本主义走向何处、无产阶级该承担何种使命等时代课题，是马克思主义的生长点，也是马克思主义持续发展的动力。马克思恩格斯在解决时代课题中提出创建了唯物史观、剩余价值理论和无产阶级历史使命的学说，并

① 马克思恩格斯全集：第1卷．北京：人民出版社，1995：220.

②③ 列宁专题文集 论资本主义．北京：人民出版社，2009：91.

以此为基础，构建了马克思主义的理论体系。因此，马克思主义既是时代的产物，是时代精神的集中体现，又是时代的旗帜、时代的指针。

马克思主义发展的历史进程告诉我们，要掌握马克思主义基本原理，把握马克思主义的精髓，必须结合当时的历史条件。马克思主义诞生之后，马克思主义经典作家一直都是着眼于实际，着眼于历史条件的变化，以实事求是的科学态度对待自己创立的理论。早在 1872 年《共产党宣言》德文版序言中，马克思恩格斯就指出，“不管最近 25 年来的情况发生了多大的变化，这个《宣言》中所阐述的一般原理整个说来直到现在还是完全正确的。……这些原理的实际运用，正如《宣言》中所说的，随时随地都要以当时的历史条件为转移”①。这就告诉我们，要准确把握马克思主义的基本原理，掌握马克思主义的精神实质，必须把马克思主义放在其创始人所处的那个时代，结合那个时代的特点。同时，我们还必须把马克思主义放在变化了的时代条件下考察，从马克思恩格斯逝世一百多年后世界的重大变化出发，从时代变化和总体国际形势出发，来理解和认识马克思主义。

马克思主义发展的历史经验警示我们，要正确运用马克思主义立场、观点和方法，解决时代课题，必须结合时代的特点。马克思恩格斯之后的马克思主义者，正是把握了马克思主义与时俱进的理论品质，紧跟时代前进的步伐，才推进了马克思主义理论的新发展。列宁、毛泽东处于世界由资本主义向社会主义过渡的时代，他们正是准确把握了 20 世纪上半期“战争与革命”的时代特征，分析了经济文化落后国家建立社会主义的必要性和可能性，才创立了列宁主义和毛泽东思想，把马克思主义推向了一个新的发展阶段；邓小平和江泽民正是准确把握了 20 世纪下半期“和平与发展”这一时代特征，抓住经济文化落后国家如何建设社会主义这个主题，才创立了邓小平理论和“三个代表”重要思想，开辟了马克思主义发展的新境界。进入新世纪，以胡锦涛同志为总书记的党中央正是准确把握了新世纪初期的时代特征，才创新了科学发展观。党的十八大以来，以习近平

① 马克思恩格斯选集：第 1 卷. 北京：人民出版社，2012：376.

同志为核心的党中央正是准确把握了世情、国情、党情的新变化，把握了当代中国的阶段性特征，才从治国理政方面提出了一系列新理念新思想新战略。马克思之后的马克思主义者在实践中所犯的错误，恰恰又与没能准确把握时代的变化有关。苏联共产党就是因为没有把握20世纪下半期时代主题的变化，及时进行理论创新，及时调整经济社会发展战略，因而在与资本主义的竞争中处于劣势地位；中国之所以发生长达十年的“文化大革命”错误，之所以把“无产阶级专政下继续革命”理论当作对马克思主义的重大理论贡献，根本原因在于我们党当时对时代主题的变化没有认识清楚，对时代主题做出了错误的判断。

马克思主义发展的历史昭示我们，要推进马克思主义理论创新，必须首先把握时代性，即把握时代的性质和演变趋势。马克思主义是发展的理论，要随着人类社会实践的发展和科学的发展而向前发展。国际共产主义运动的经验表明，一个马克思主义政党，如果自己不重视马克思主义的研究，不紧跟时代的步伐，按照实际的发展来推动马克思主义的前进，让马克思主义停留在几十年或一百多年前的个别论断的水平上，一切从本本出发，思想僵化，迷信盛行，只知道照抄照搬马克思主义经典作家的原话，讲高举马克思主义的旗帜就成了一句空话。邓小平曾指出：在当代，“世界形势日新月异，特别是现代科学技术发展很快。现在的一年抵得上过去古老社会几十年、上百年甚至更长的时间。不以新的思想、观点去继承、发展马克思主义，不是真正的马克思主义者”①。

当今世界经济、政治、文化深刻变化，科学技术日新月异，与100多年前马克思主义诞生时的情况已大不相同。因此，时代问题再次成为学术界研究的热点。国外不少学者认为，当今时代的性质已经改变，或需要重新加以界定。我国一些研究者也认为，随着世界的发展和变化，需要重新研究和界定当今时代的性质，并提出了诸如“世界和平与发展的时代”“由对抗转向缓和的时代”“从两极转向多极的时代”“经济全球化时代”“知识经济时代”“全球化时代”“信息时代”“后工业社会时代”“数字化

① 邓小平文选：第3卷. 北京：人民出版社，1993：291-292.

时代”的新概念。因此，关于时代问题现已成为我们推进马克思主义中国化必须认真解决的认识问题。如何认识世界社会主义的发展前景？马克思主义经典作家所揭示的资本主义必然被社会主义所取代这一人类历史的发展趋向是否已经逆转？从十月革命开始的世界由资本主义向社会主义过渡的历史过程是否已经终结？我们到底该如何看待当今时代的性质？这无疑是世界共产党人面临的迫切需要回答的新课题，也是实现马克思主义中国化、推进马克思主义与时俱进必须解决的新课题。

总之，马克思主义中国化的三大要素是相互联系、缺一不可的。要想使马克思主义中国化取得成功，必须以弄清楚我们要中国化的“是何”马克思主义为前提，以弄清楚中国实际和时代特征为基础。只有弄清楚什么是马克思主义、马克思主义的基本原理是什么，我们才能运用马克思主义分析中国实际和时代特征，才能对中国实际和时代特征有比较准确的把握。只有对中国实际有准确的把握，我们才能用马克思主义解决实际问题，在解决实际问题中积累实践经验，将实践经验上升到理论高度，从而实现马克思主义理论创新；而只有弄清楚时代的性质和特征，我们才能把握时代进程中的马克思主义，才能认清时代进程中的中国实际的历史方位，才能实现马克思主义的与时俱进。当然，决定马克思主义中国化成败的因素是多方面的，绝不只是上述三个要素，但我们认为这三大要素是最为关键的。这是我们研究马克思主义中国化的历史经验得出的一个基本结论。

第三章　国际金融危机与马克思主义时代化

1991 年苏联解体之后，国际上反社会主义学者曾为此弹冠相庆，庆祝“社会主义的失败”和“马克思主义的历史终结”。正当西方许多学者为资本主义的“胜利”而高呼、以为资本主义将成为“永恒”时，先是被冷战掩盖的资本主义矛盾等充分暴露出来，接着是 20 世纪末爆发了东南亚金融危机。进入新世纪以来，资本主义的发展并非一帆风顺，先是以美国为代表的资本主义世界遭遇恐怖主义的打击和威胁，再接着是国际金融危机的爆发。如果说 20 多年前的苏东剧变重创了社会主义，那么，20 多年后的今天仍未结束的国际金融危机则重创了资本主义。“人类向何处去?”这个已经被人们追问过无数次的问题再次摆在世人面前。

从当前情况看，此次国际金融危机并未结束，世界各国都不同程度地遭受金融危机的影响，而且这种影响还在继续蔓延。这一现象不仅引起了国外马克思主义者的关注，也引起了中国学者的注意。今天，在我们继续坚持和发展马克思主义的过程中，我们深感在危机之中和危机过后推进马克思主义的时代化责任重大。

一、顺应时代要求推进马克思主义的时代化

回顾社会主义发展的历史尤其是马克思主义发展的历史，我们不难发

现，社会主义思想的形成和发展、马克思主义的形成和发展不仅与自然科学的突破有关，与世界各国工人运动的实践有关，而且与资本主义的发展也有十分紧密的联系。空想社会主义的产生，社会主义从空想到科学、从理论到实践、从实践到制度、从一国到多国的发展都与资本主义遭遇的危机有密切关系。马克思主义诞生160多年来，资本主义每遭受一次危机，都会给马克思主义理论创新带来一个新的发展契机。

非常巧合的是，此次国际金融危机开始于十月革命胜利90周年之际，盛行于马克思诞辰190年和科学社会主义诞生160年之时。所以，危机迅速使人想起了马克思，也使人迅速想起了冷战后一直处于曲折发展中的社会主义。

首先，危机使“世界重新燃起了对马克思的关注”。通过各种媒体，我们可以清楚地看到，危机爆发后，位于德国西南边陲特里尔市的马克思故居开始成为旅游热地，马克思的《资本论》在德国一度成为畅销书。德国新电影之父亚历山大·克鲁格（Alexander Kluge）决定将《资本论》拍成电影。德国的莱比锡大学（原民主德国的莱比锡卡尔·马克思大学）重新竖起了重达30吨的马克思雕像。据新闻报道，西方国家许多政要也在读马克思的著作，并公开表示赞同马克思的部分观点。就连宗教人士、英国坎特伯雷大主教威廉斯（Rowan Williams）也给予了主张无神论的马克思正面评价：“长久以前，马克思就窥探到了资本主义的运转之道。”罗马教皇也赞扬马克思对资本主义有“绝佳的分析技巧”。还有许多著名学者也加入关于马克思主义的讨论之中，国际范围内关于马克思学说的学术讨论会也在不同地区召开。危机使许多人意识到：“马克思还活着！”危机也使西方一些学者发出这样的感慨：伴随危机热起来的为什么是马克思？

其次，危机使人想起了社会主义。社会主义思想的发展历程表明，每当资本主义遭遇危机时，人们自然就会想到资本主义的替代方案，自然也就想起“社会主义”。危机中，当西方国家纷纷向银行注资试图拯救本国经济时，国际舆论甚至形成了社会主义的“大合唱”。当美国政府用7 000亿美元救市时，美国舆论称这是“美国特色的社会主义”。针对欧美各国采取的救市行动，欧元太平洋资本（Euro Pacific Capital）总裁施夫（Peter Schiff）说："这项行动代表着这个国家迈向社会主义最大的步伐，标志着美国曾经引以为傲的自由市场经济的终结。"前德意志银行高管罗杰·埃伦贝格（Roger Ehrenberg）用"我们已经跨越了从资本主义到社会主义的红线"来评论美国政府对这次华尔街危机的反应①。委内瑞拉总统乌戈·查韦斯（Hugo Chavez）批评布什对美国私人金融公司进行预算支持的决定，他用嘲讽的语气说："布什同志开始走向社会主义。"

最后，危机也促使人们积极探索走出危机的方法和途径。在这种探索中，"社会主义""新社会主义""21世纪的社会主义"成为替代现有资本主义的最佳方案。如英国著名经济学家、伦敦经济学院教授理查德·森尼特（Richard Sennett）从经济学的角度，以对比分析的方法阐述了"西方为何走社会主义道路"。他认为，西方正在走向金融社会主义（financial socialism）。不仅如此，他还主张这种公有制"需要从金融行业扩大到制造业和服务业"，因为在目前私有化的情况下"欧洲和美国有很多产业和服务性企业不能在全球经济中存活"。森尼特甚至断言："在当前形势下，西方经济无法自我维系。就我们所知，私营企业是一台制作粗糙的笨拙机器，如果我们不采取措施，它就会减少机遇，降低员工的生活水平。"② 西方有的学者认为，美国这次金融风暴导致的经济危机是自由资本主义的失败，美国从哪方面讲都逃不出走社会主义道路的结局，美国共产党也正借此机会，探索"美国特色的社会主义"。西方有些学者甚至在讨论美利坚合众国（USA）是如何演变成美利坚社会主义合众国（USSA，the United Socialist States of America）的。

此次国际金融危机的爆发和演变告诉我们，马克思主义仍然是我们认识世界和改造世界的强大武器。马克思恩格斯基于理性分析而对资本主义的批判和对未来更美好社会的设想是科学的，马克思关于资本主义危机的分析至今仍然具有重要的理论意义和现实意义，那种马克思主义已经"过时了""失败了"的断言已被证明是毫无根据的。但我们必须清楚，我们

① 外媒称美国大步迈向美国特色社会主义. 环球时报，2008-09-24.

② 理查德·森尼特. 西方应走社会主义道路. 金融时报，2008-10-16.

不能只是在社会发展面临重大危机时才想到马克思、才重读马克思。我们虽然可以借鉴西方学者研究马克思主义的一些方法，但不能对西方人士“走近马克思”“重读马克思”抱有太大希望。我们认为，在当前情况下，西方国家无论如何不可能重新“回到马克思”，马克思主义的复兴也不可能自动到来。对于社会主义中国来说，马克思主义这一“老祖宗”确实丢不得，丢了就会丧失根本。但问题是，如何运用马克思主义基本原理来分析研究这次金融危机，如何根据新的形势发展马克思主义，实现马克思主义的与时俱进？这无疑是当前学术界面临的首要问题。胡锦涛同志在庆祝中国共产党成立 90 周年大会上讲话时指出：“在新的历史条件下坚持马克思主义，关键是要及时回答实践提出的新课题，为实践提供科学指导。”① 我们认为，此次国际金融危机，虽然给发展马克思主义带来了一系列挑战，但也带来了难得的机遇，也给发展马克思主义提出了一系列新课题。也就是说，在中国，推进马克思主义中国化、时代化、大众化，正面临着一个良好的机遇，中国学者必须抓住这个机遇。

二、回应时代的挑战科学解释国际金融危机的根源

目前，国际金融危机还未结束，但危机造成的恶劣影响已经充分显现出来。当今全球范围内暴露出来的诸多问题，都与此次金融危机有或多或少的联系。国际范围内许多学者认为，此次金融危机可能是自 1929 年大萧条以来最剧烈、影响最全面的危机。危机虽然没有结束，但已经造成了严重的后果：不平等现象正在全球加剧——富者愈富，穷者愈穷，全球超过 10 亿人正在遭受比以往更严重饥饿的困扰。不同类型的国家，经济增速急剧下滑，成千上万的工厂被关闭，数百万人失业，失业人数达到空前高度，许多国家的失业率达到历史最高水平。农业和农村经济正处于困境之中，加剧了全球数以百万计的农民和农业工人的苦难和贫困。

为何会爆发此次金融危机？为何此次金融危机影响范围如此之广、影

① 胡锦涛．在庆祝中国共产党成立 90 周年大会上的讲话．北京：人民出版社，2011：11.

响程度如此之深？对此，不同学者站在不同立场从不同视角给出了不同的解释。有的学者把此次危机的根源归结为少数人的贪婪，有的学者将此归结为资本主义金融体系缺乏有效的监管，有的学者甚至把此次金融危机的根源归结为中国的高储蓄。这很显然是只看现象、不看本质，把复杂问题简单化的一种现象。从目前的研究看，下面一些观点很值得关注：

——此次金融危机是一场马克思式的危机。金融危机发生后，许多国外学者开始“重读马克思”，认识到马克思主义在分析资本主义危机根源方面是完全正确的。国际著名左翼学者罗伯特·布伦纳认为，当今的金融危机是一场马克思式的危机，“因为危机的根源在于利润率的长期下降并难以恢复，这是迄今为止资本积累速度长期减缓的根本原因”①。英国共产党总书记罗伯特·格里菲斯认为，当前的金融危机不是垄断资本家、政客及经济学家所认为的“信用危机”，而是一场体制性危机，是资本主义制度所固有的危机，是被马克思称之为周期性的生产过剩危机②。美国共产党经济委员会委员瓦迪·哈拉比认为，“正在全球范围内蔓延的危机，是又一场资本主义的‘生产过剩危机’，以及一场与之相对应的无法满足人类需要的危机”，“生产能力过剩（或者比例失调），是人们从今天的全球性危机中所能感受到的巨大损失的根源”③。古巴经济学家马丁内斯认为，目前的金融危机毫无疑问是一场资本主义周期性的经济危机，“危机并不是资本主义的非正常现象，而是资本主义的规律所在，甚至是必要因素。资本主义的特殊逻辑在于必须通过破坏生产力才能进入下一个经济增长阶段。目前的危机显然表明资本主义体系已病入膏肓”④。

——此次金融危机是一场新自由主义的危机。西方许多学者认为，是

① 蒋宏达，张露丹．布伦纳认为生产能力过剩才是世界金融危机的根本原因．国外理论动态，2009（5）．

② 聂运麟，刘卫卫，杨成果．第十一次共产党和工人党国际会议述评．当代世界与社会主义，2010（3）．

③ 瓦迪·哈拉比．世界金融危机是资本主义的“生产过剩危机”．马克思主义研究，2009（6）．

④ 贺钦．古巴经济学家马丁内斯论当前世界经济危机．国外理论动态，2009（9）．

新自由主义反对国家干预导致了金融危机。在许多学者看来，正是新自由主义加剧贫富分化导致了金融危机。在有些学者看来，近30年来，无论是拉美各国的金融危机、东南亚的金融危机，还是当前美国的金融危机，都不过是推行新自由主义政策所产生的结果。德国哲学家和社会学家哈贝马斯认为："私有化的幻想已走到末路……新自由主义的议程早已丑态百出，当前这场金融危机加剧了美国业已暴露出来的物质和精神、社会和文化上的弊端，这些弊端是布什上台以来推行非国有化政策的结果。"① 日本共产党中央前主席不破哲三指出："国际金融危机的性质是金融危机与生产过剩的结合，其根源是新自由主义的泛滥。"②

——此次金融危机是资本主义制度的危机。希腊共产党中央政治局委员吉厄戈斯·马瑞诺斯在谈到当前的金融危机时指出，危机真正的原因是资本主义主要矛盾的激化，即生产的社会化与生产资料的资本主义私人占有制之间的矛盾。爱尔兰共产党认为，当前的金融危机从表面上看是"信用崩溃"，实际上，它是资本主义所固有的结构性问题和矛盾在金融领域里的表现③。在中国，绝大多数学者认为，美国金融危机是资本主义制度危机，具体的救市措施只能使危机得到暂时的缓解，但最终是无法克服的。美国金融危机引发的全球性危机既是一场严重的金融危机，又是一场深度的经济危机、思想危机、意识形态危机、社会危机和资本主义制度危机，是资本主义的全面危机。

从国内外学者的观点中，我们至少可以得出以下三点结论：一是当前的金融危机是一场马克思式的危机，马克思主义对资本主义的批判和对资本主义周期性经济危机的分析依然是正确的；二是当前的金融危机是一场资本主义制度所固有的危机，只要资本主义制度不改变，资本主义就无法克服金融危机；三是马克思主义对于寻找走出此次金融危机的出路，仍然是管用的。这一切表明，马克思主义仍然没有过时，仍然是我们认识世界

① 赵光锐. 哈贝马斯谈新自由主义破产后的世界秩序. 国外理论动态，2009（3）.

② 赵静. 日共前主席不破哲三谈国际金融危机对当代资本主义和世界社会主义的影响. 当代世界，2009（5）.

③ 王建礼. 爱尔兰共产党对当前金融危机的看法. 国外理论动态，2009（3）.

和改造世界的锐利思想武器。

但我们认为，目前国内外学术界关于此次国际金融危机的分析，仍然没有走出我们以往分析资本主义危机的框架。分析此次危机，我们可以从资本主义的基本矛盾找到资本主义危机的根源，但我们无法说清楚，为什么资本主义这一矛盾并没有导致资本主义的灭亡，发达资本主义国家不仅获得了阶段性成功，而且现在仍然主导着世界；我们仍然可以把此次危机看成生产过剩的危机，但从此次危机中我们并未像以往那样深切地感受到资本主义生产的过剩，相反却看到了富人财富的缩水和穷人生活的恶化；我们仍然可以把此次危机看成资本主义的制度性危机，但我们发现社会主义国家同样没有避开此次危机的影响，表现出资本主义金融危机的同样的症状。我们认为，马克思主义者必须对此次金融危机给一个说法、一种解释。此次危机的特点是什么？根本原因是什么？对不同类型、不同发展程度、不同性质的国家影响有何不同？走出危机的出路何在？谁应该为这次危机承担责任？在未来的发展过程中如何避免此类危机？诸如此类的问题，马克思主义者必须做出科学回答。中国学者不是此次危机的旁观者，而应该参与其中加强对此类问题的研究。马克思主义的时代化同样不能回避这些问题。

三、加强对当代资本主义的研究

金融危机再次暴露了资本主义的本质，金融危机唤起了人们对资本主义的反思，也宣布了福山的“历史终结论”的“终结”。

此次金融危机之中，国外学者加强了对资本主义的研究，内容涉及资本主义的本质、资本主义的特征、资本主义的发展阶段、资本主义的基本矛盾、资本主义的未来命运等问题。人们从资本主义的危机中似乎看到了社会主义复兴的希望，也唤起了对未来共产主义的向往。

——资本主义到底处于什么发展阶段？在国外学者看来，第二次世界大战后，资本主义在经过凯恩斯主义主导的国家垄断资本主义发展阶段后，自 20 世纪 70 年代进入新自由主义主导的国际金融垄断资本主义阶段。

如约翰·贝拉米·福斯特认为，20 世纪 70 年代初垄断资本又出现滞胀现象，新自由主义本质上是利用金融化来虚假地克服垄断资本的积累问题，当代世界金融危机暴露出新自由主义本质上不是传统经济自由主义的复活，而是垄断金融资本的一个特殊阶段①。而此次金融危机标志着新自由主义主导的资本主义阶段的结束，从此资本主义进入衰退阶段。比如，美国有的学者认为，当前金融危机导致资本主义进入慢性持久危机阶段②。还有的学者认为，依据列宁的帝国主义理论，资本主义已经进入高度腐朽的阶段。

——资本主义的本质变化了吗？冷战结束后，资本主义发生了一系列新变化，是否意味着资本主义的本质发生了新变化？这是国内外学者共同关注的问题。德国罗莎·卢森堡基金会未来委员会主席、经济科学家德科·克莱和基金会政治分析部主任、哲学家米夏尔·布里认为，虽然资本主义发生了许多变化，但资本主义仍然是依靠利润驱动和建立在私有权基础之上的社会制度③。深受金融危机摧残的资本主义世界里的人们对资本主义制度表现出了强烈的不满，认为资本主义社会发生经济危机难以避免，甚至将资本主义社会政治、经济、军事、环境、社会等方方面面的弊端都归结为资本主义的症结。

——资本主义将何处去？与以往相似，每当资本主义遭遇重大危机时，"唱衰"资本主义的呼声会很高。金融危机爆发后，国外有不少学者直言，资本主义是腐朽的制度、"失败的制度"，此次国际金融危机和经济危机只是验证了世界资本主义的衰落，而资本主义制度终将被历史所埋葬。美国学者约翰·贝拉米·福斯特认为，资本主义是一种"失败的制度"。这种制度带有越来越多的致命性矛盾：一是资本主义的金融危机使世界正面临着通货紧缩和经济萧条的危险；二是资本主义的消费生产模式

---

① 约翰·贝拉米·福斯特，罗伯特·麦克切斯尼．垄断金融资本、积累悖论与新自由主义本质．国外理论动态，2010（1）．

② 洛仁戈尔德纳．当前金融危机与资本主义生产方式的历史性衰落：上．国外理论动态，2009（9）．

③ 德科·克莱，米夏尔·布里．资本主义、社会主义、财产制度和转型．国外理论动态，2009（8）．

使地球生态濒临崩溃，生态问题已经直接威胁到全人类的生存和文明的可持续发展；三是美国试图通过所谓反恐怖主义战争从军事上恢复其单极全球霸权和对石油战略资源的争夺，正在把帝国主义带入人类历史上最危险的时期①。

是的，我们必须承认，此次金融危机首先发生在发达资本主义国家，无论资产阶级学者如何辩解，资本主义与此次危机都脱离不了干系。但我们必须清楚，现在断言社会主义在与资本主义的竞争中取得了胜利，为时过早。在此次金融危机中，资本主义遭遇重创，这是事实。但如果推导出社会主义已经取得了最终胜利，则是不符合事实的。不管怎样，在当今世界，资本主义仍然处于强势地位，社会主义与资本主义相比仍然处于弱势，这种“资强社弱”的局面暂时还无法改变。1859 年 1 月，马克思在《〈政治经济学批判〉序言》中指出：“无论哪一个社会形态，在它所能容纳的全部生产力发挥出来以前，是决不会灭亡的；而新的更高的生产关系，在它的物质存在条件在旧社会的胎胞里成熟以前，是决不会出现的。”② 马克思的这两个“决不会”至今仍然管用。我们不能因为此次金融危机的根源在资本主义就认定资本主义的全部生产力已经发挥出来了。我们可以肯定地说，此次金融危机与以往资本主义危机一样，并不可能迅速导致资本主义的灭亡，资本主义还会在新的调整基础上进一步发展；我们可以肯定地说，此次金融危机已经证明新自由主义是失败的，但在新的替代思维出现之前，新自由主义将继续发挥作用。我们也可以肯定地说，此次危机绝不是资本主义的最后一次危机，资本主义在没有被新的社会制度代替之前，类似的危机将来还必然会周期性地产生；我们还可以肯定地说，此次危机使人们看到社会主义复兴的希望，但社会主义的复兴并不可能如我们所愿如期而至。正如美国共产党主席萨姆·韦伯所看到的：“最近的民意调查显示，社会主义对美国人民的吸引力也在增强。不过，显然社会主义还不会立刻被提上政治日程。目前的力量对比和千百

---

① 约翰·贝拉米·福斯特．失败的制度：资本主义全球化的世界性危机及其对中国的影响．马克思主义与现实，2009（3）．

② 马克思恩格斯文集：第 2 卷．北京：人民出版社，2009：592．

万美国人的思想观念还没有达到拥护社会主义的程度——这是我们进行任何严肃的战略战术探讨的起点。”① 社会主义社会要取代资本主义社会，凭借的是更为先进的生产力和生产方式，而目前社会主义国家的生产力显然还落后于西方发达资本主义国家，要超越资本主义还需要相当长时间。

恩格斯曾指出：“每一个时代的理论思维，包括我们这个时代的理论思维，都是一种历史的产物，它在不同的时代具有完全不同的形式，同时具有完全不同的内容。”② 这句话告诉我们，马克思主义在今天也需要新的时代内容。马克思主义要与时俱进，必须加强对当代资本主义的研究。在世界多极化、经济全球化背景下，人类社会到底处于什么时代？资本主义到底处于什么发展阶段？这一阶段的资本主义与以往的资本主义相比发生了哪些变化，呈现出哪些新的特征？资本主义的本质是否发生了变化？资本主义社会的阶级结构发生了哪些变化？资本主义社会变革的动力在哪里？资本主义的未来会如何演变？等等，这些问题虽然有不少是老问题，但在新的历史条件下必须获得新的解释。

四、加强对社会主义的研究

过去，资本主义危机之时，就是社会主义复兴之机。但今天全球化已经将资本主义和社会主义捆绑在一起，这次国际金融危机不仅打击了资本主义，也同样重创了社会主义。社会主义受到的冲击丝毫不亚于资本主义：这次危机不仅打击了世界各国的右翼，也同样打击了左翼，左翼受到的打击丝毫不亚于右翼，我们甚至看到全球整体向右转的现象，许多过去执政的左翼政党丧失了执政地位。

此次全球性金融危机与20世纪以往几次经济危机有许多不同，对社会主义的影响也十分不同。1929—1933年世界性经济危机爆发时，当时的社会主义国家苏联处于资本主义的包围之中，孤立于资本主义经济体系之

① 萨姆·韦伯．美共：在变化的世界中求进步．国外理论动态，2010（1）．

② 马克思恩格斯文集：第9卷．北京：人民出版社，2009：436．

外，因而没有受到危机的影响，相反，利用资本主义危机使苏联迅速发展成为一个世界强国。在20世纪70年代爆发的全球性经济危机中，由于资本主义和社会主义处于两个不同阵营，社会主义也没有受到太大的直接影响。而此次国际金融危机与以往不同的是，它爆发在经济全球化的背景之下，虽然首先源起资本主义，但也直接影响到了社会主义，社会主义国家同样受到了较大的损失。

此次危机爆发后，我们看到，在国际范围内，有许多政党、政要都在探讨社会主义问题。如查韦斯仍在谈“21世纪的社会主义”，玻利维亚人在谈“社群社会主义”，欧洲一些共产党在谈“自由、民主的社会主义”，俄罗斯共产党在谈“新社会主义”。2008年11月21—23日，由巴西共产党在圣保罗主办的、有55个国家的65个共产党和工人党的代表出席的世界共产党和工人党第十次国际会议联合发表了《圣保罗宣言》。他们公开承诺，将为建设一个摆脱了阶级剥削和压迫的新社会——社会主义社会而斗争，并号召全世界的无产阶级和人民大众，加入共产党人和革命者的事业中来，为实现人类的共同利益和美好愿望联合起来，建设一个繁荣、公正、和平的未来。2009年11月20—22日，印度共产党（马克思主义）和印度共产党在印度新德里联合主办了世界共产党和工人党第十一次国际会议，来自48个国家的57个共产党和工人党的代表参加了这次会议。大会通过的《德里宣言》，深入分析了国际资本主义经济危机的本质和原因，谴责了资本主义对环境的破坏和对人身的伤害，并指出其根本的解决办法在于以社会主义制度代替资本主义制度。2010年12月3—5日，南非共产党在茨瓦尼举办世界共产党和工人党第十二次国际会议，来自世界各大洲43个国家的51个政党参加了这次会议。会议通过的《茨瓦尼宣言》，对不断深化的资本主义制度性危机和共产党在今天的历史任务进行了深刻的剖析，呼吁所有社会团体与共产党人站在一起，为实现社会主义而奋斗，并指出社会主义是人类未来的唯一选择。这些讨论涉及社会主义的价值目标、基本特征、制度安排、实现途径等内容，已经深化了过去对社会主义的讨论。

我们相信，随着金融危机的演化，还会有更多的人从社会主义中寻找解决此次金融危机的出路。但我们必须清楚的是，西方学者和国外共产党、工人党今天热谈的社会主义与我们坚持的马克思主义的科学社会主义也有许多不同。西方一些学者在谈论社会主义时，很少关注意识形态和社会发展道路，他们简单地把“国家干预”和“国有化”视为社会主义，而把“自由市场”与“私有化”看作资本主义。如果我们把美国政府对部分私有制企业实现国有化称为“社会主义”，同样的逻辑是，我们发展非公有制经济，就是在走向资本主义。如果我们把“宏观调控”称为社会主义，同样的逻辑是，我们选择市场经济就是走向了资本主义。因此，我们不能按照西方的逻辑来界定资本主义和社会主义。我们必须按恩格斯所说的那样，必须把社会主义看成经常变化和改革的社会；也必须按列宁告诉我们的那样，现在必须根据经验来谈论社会主义。因此，当前我们仍然需要加强对社会主义基础理论的研究，根据经典和经验来进一步思考什么是社会主义、如何建设社会主义这一首要的基本理论问题。

尤其需要指出的是，中国是当今世界最大的社会主义国家，中国特色社会主义事业的发展直接影响着世界社会主义的进程。现在我们面临的问题是，如何抓住这次金融危机提供的有利时机，进一步发展生产力，创建更先进的生产方式，超越资本主义。但必须承认，中国特色社会主义事业的进一步发展，同样面临大量开创性的、前人没有提出或前人没有涉足的课题，面临大量错综复杂的矛盾，需要通过深入的学术探讨提供理论支撑。比如，如何应对此次全球性的金融危机，维护中国的金融安全或经济安全？如何应对国内经济社会发展面临的挑战，实现经济社会又好又快的发展？如何消除贫富分化，逐步实现共同富裕？如何正确处理人口、资源、环境的关系，促进社会的可持续发展？如何推进中国特色社会主义民主政治建设？如何推进文化体制改革，实现文化的大繁荣大发展？如何在日益激烈的国际竞争中提高中国的综合国力？如何坚持走和平发展道路，促进世界的和谐？…… 马克思主义要与时俱进，要管用，就必须对这些问题做出探索和解答，通过理论创新推进马克思主义的时代化，为马克思主义理论宝库增添新的时代内容。

第四章　提高马克思主义大众化实效的思考

马克思主义大众化虽然是党的十七大才提出的一个新命题，但马克思主义大众化在中国共产党成立之后早就开始。自马克思主义随着十月革命的隆隆炮响传入中国以来，中国共产党人一直将其视为最锐利的思想武器，以李大钊、陈独秀、毛泽东、艾思奇等为代表的马克思主义理论家们，曾在中国这片古老的大地上掀起了马克思主义通俗化、大众化的热潮，为推动中国革命事业做出了卓越的历史贡献。尤其是艾思奇的《大众哲学》曾经影响了几代人，至今仍然是马克思主义大众化的范本。改革开放以来，我们党一直在推进马克思主义的大众化，并取得了十分丰硕的成果，积累了宝贵的经验。但面向未来，面对世情国情党情的深刻变化，如何进一步提高马克思主义大众化的实效，是一个急需探索和解决的重要问题。

一、澄清“马克思主义大众化”认识上的误区

马克思主义大众化就是把马克思主义的基本原理、基本观点通俗化，使之更好地为人民大众所理解、所接受。马克思主义大众化的目的就是使马克思主义由被少数人掌握到被广大群众理解掌握。所谓掌握马克思主

义，就是要掌握马克思主义基本原理，重点是马克思主义的立场、观点和方法。我们党之所以特别强调马克思主义大众化，一是因为马克思主义本质上是人民大众的理论，必须在走进群众、服务群众中发挥其重要作用；二是因为只有人民群众在错综复杂的各种理论思潮中选择、接受并运用了马克思主义，马克思主义才能转化为群众认识世界、改造世界和自身的力量；三是在未来的发展过程中，我们面临的许多问题仍然需要运用马克思主义来解决。

准确把握马克思主义大众化的科学内涵，必须注意以下几点：

第一，大众化不是全民化。马克思主义是我国立党立国的根本指导思想，是全党全国各族人民团结奋斗的共同思想基础。马克思主义大众化的目的就是使马克思主义由少数人掌握到多数人掌握，但让多数人掌握马克思主义并不等于马克思主义全民化。中国有13亿多人口，要使如此大的一个群体都接受马克思主义，既无必要也无可能。更何况马克思主义大众化所面对的“大众”，是一个在文化程度、知识结构、职业特点、生活状况、年龄、兴趣等方面有着多样差异的群体。因此，大众化必须有重点，必须分层次。目前存在的问题是，大众化重点不突出，层次不分明。党员干部与党员群众、普通党员和普通公民、大学生与中小学生、汉族与少数民族，都按照一个标准推进大众化。结果造成实效性不强。我们认为，马克思主义大众化的对象大致可以分为三类：一是党员干部，二是普通党员和青年学生，三是普通公众。党员和青年学生是重点，党员干部是重中之重。我们必须针对他们的不同情况，提出不同的标准和要求，采用不同的教育手段和方式。如，对党员领导干部来说，主要解决的是理想信念与现实矛盾的关系，要鼓励他们通过读马克思主义经典原著，完整和准确地认知与把握马克思主义理论体系，深刻把握马克思主义的立场、观点和方法，自觉提高执政能力和执政水平；对广大党员来说，要通过建立马克思主义学习型政党，经常进行马克思主义世界观、人生观、价值观和共产主义理想信念教育，树立马克思主义政治信仰；对青年学生来说，主要解决的是成长与立志的问题，要启发他们认真学习马克思主义的教材和参考书，自觉提高认识社会、认识人生的能力，自觉树立正确的世界观、人生观和价值观；对普通公众来说，则主要解决的是如何提高日常生活意识的问题，要从现实问题入手，不回避矛盾，不忌谈困难，贯彻“少而精”的原则，通过简单易懂诸如说故事的形式，引导和帮助广大基层群众学习了解马克思主义基础，掌握马克思主义精髓。

第二，具体化不是简单化。马克思主义大众化在形式上就是要由抽象到具体、由深奥到通俗，但具体化不等于简单化。1938 年 10 月，毛泽东在党的六届六中全会上指出，没有抽象的马克思主义，只有具体的马克思主义。马克思主义大众化就“使马克思主义在中国具体化，使之在其每一表现中带着必须有的中国的特性，即是说，按照中国的特点去应用它，成为全党亟待了解并亟须解决的问题。洋八股必须废止，空洞抽象的调头必须少唱，教条主义必须休息，而代之以新鲜活泼的、为中国老百姓所喜闻乐见的中国作风和中国气派”①。邓小平讲：“学马列要精，要管用的。”②这里的“精”，一是要精选内容，二是要把握精髓。方法就是要使马克思主义具体化，但具体化不是简单化。目前的简单化倾向主要表现为：一是把部分等同于整体，即将马克思主义哲学原理、马克思主义政治经济学原理、科学社会主义中的一部分或全部内容简单等同于马克思主义基本原理，并作为马克思主义大众化的内容。二是把博大精深的马克思主义仅仅概括为几个简单的公式，并以此作为马克思主义的“精华”。比如将马克思主义哲学简单化，认为马克思主义哲学就四个要点，即世界是物质的、物质是运动的、运动是有规律的、规律是可以认识的；将毛泽东思想简单化为“阶级斗争一抓就灵”“无产阶级专政下继续革命”等；将邓小平理论简化为“三个有利于”“三论”（“猫论”“摸论”“不争论”）；将“三个代表”重要思想简化为三句话；将科学发展观简化为科学发展一句话；等等。这种把博大精深的理论变成简单的抽象化的公式去宣传的做法，是有损于理论的健康发展的，也是我们在大众化的过程中应该注意防止和克服的。

---

① 毛泽东选集：第 2 卷. 北京：人民出版社，1991：534.

② 邓小平文选：第 3 卷. 北京：人民出版社，1993：382.

第三，通俗化不是庸俗化。在中国要实现马克思主义大众化，就得下功夫用中国人喜闻乐见的中国语言文字（包括少数民族的语言文字）来说话。1942年，毛泽东在延安文艺座谈会上的讲话中指出：“许多同志爱说‘大众化’，但是什么叫做大众化呢？就是我们的文艺工作者的思想感情和工农兵大众的思想感情打成一片。而要打成一片，就应当认真学习群众的语言。如果连群众的语言都有许多不懂，还讲什么文艺创造呢？英雄无用武之地，就是说，你的一套大道理，群众不赏识。在群众面前把你的资格摆得越老，越像个‘英雄’，越要出卖这一套，群众就越不买你的账。”① 事实上，马克思主义之所以在中国取得胜利，被中国人民所接受，正是因为中国的许多马克思主义者一直在努力“让马克思主义说中国话”。但20世纪90年代以来，马克思主义通俗化也经常表现为庸俗化。比如，有些人把邓小平理论理解为“一块石头”（“摸着石头过河”）、“两只猫”（“不管黑猫、白猫，抓住老鼠就是好猫”）、“三条鱼”（“三个有利于”标准）、“四只鸡”（“四项基本原则”）、“50年不变”（“一国两制”）、“一百年不动摇”（基本路线）；这些对马克思主义庸俗化的理解，不但不能使广大人民群众掌握马克思主义，还严重损害了马克思主义在人民群众心目中的形象。

第四，强化不是神化、泛化。在当今社会思潮多元多样多变的情况下，不断强化马克思主义大众化，用马克思主义武装全党、教育人民，这无疑是对的。但强化不能神化，也不能泛化，因为神化容易僵化，泛化容易教条化。我们曾经吃过这方面的苦头。在“文化大革命”时期，党内有人说毛主席的话“句句是真理”，只要背诵“老三篇”就掌握了毛泽东思想。人们“红宝书”不离手、毛主席语录不离口，闹过不少笑话。现在我们的宣传工作也出现了某种程度的神化、泛化倾向，在此恕不举例。但有一点说明，当我们把经济社会发展中取得的一切成就都归结为我们拥有一个正确的指导思想时，人们自然也会把我们经济社会发展中存在的问题归于这一思想。理论总是灰色的，生命之树常青；理论总是抽象的，生活实

① 毛泽东选集：第3卷．北京：人民出版社，1991：851.

践是具体的。理论来源于实践，反过来指导实践并受实践检验，但理论并不能解决实践中的所有问题。理论一旦被神化，被置于至高无上的地位，理论就失去了对实践的指导作用。

二、直面马克思主义大众化面临的挑战

一是对政治信仰的淡漠。我个人始终认为，一个国家，如果全民都热衷于政治，可能会出现政治狂热，进而导致政治失序；但如果全民都淡漠政治，则会出现政治冷漠，同样也可能导致政治失序。新中国成立之后，我们党高度重视政治信仰的培养。但在“文化大革命”期间，个人崇拜现象盛行，对阶级斗争的热衷导致社会出现全面的政治狂热，整个社会陷入一片混乱。经过拨乱反正，我们党否定了束缚人们思想的教条主义和个人崇拜，恢复了马克思列宁主义和毛泽东思想的本来面目。但在我们否定、批判个人迷信、个人崇拜的错误观念时，把政治信仰也当作“迷信”一起抛弃了。人们在注重怀疑、反对盲信的同时，不仅不承认政治信仰的作用，反而认为政治信仰有碍于科学进步和个人自由。苏东剧变之后，国际共产主义运动处于低潮，人们对共产主义信仰产生了怀疑。一部分人不再坚定共产主义信念，即便是一些共产党员也从不讲共产主义，认为共产主义是虚无缥缈的空中楼阁。当前，不同群体民众对政治信仰十分淡漠。有的人不信马列信鬼神、不讲科学讲迷信。全社会范围内，出现了某种程度的信仰危机。当前，我们强调实现马克思主义大众化，强调用中国化马克思主义武装全党、教育人民，从理论上回答“六个为什么”，注重“划清四个重大界限”，加强马克思主义学习型政党建设，目的就是帮助人们树立正确的政治信仰。

二是应然与实然的矛盾、理论与现实的反差。马克思主义大众化必须坚持“三贴近”原则，即贴近实际、贴近生活、贴近群众。这里最重要的是贴近实际。这里的实际，既包括历史实际，又包括当今国际社会的实际，还包括国内改革开放和社会主义现代化建设实际以及当代不同阶层群众的思想实际。但在大众化过程中，我们发现，理论与现实经常出现巨大

反差。如我们讲社会主义的优越性，却不能回避社会主义仍处于低潮这一现实；我们讲改革开放30多年的伟大成就，却不能回避改革开放中存在的问题；我们讲社会主义本质中的共同富裕，却不能回避收入差距逐步扩大这一现实；我们讲人民代表大会制度的优越性，却无法回避资本主义“三权分立”制度在权力制约方面较为有效这一事实；我们讲多党合作与政治协商制度的“中国特色”，却无法回避当今世界的政党政治中绝大多数国家都选择两党制或多党制这一现实；我们讲社会主义核心价值体系建设，却无法回避当前思想道德领域存在的各种问题；我们讲和谐社会建设，却无法回避社会中大量存在的不和谐因素；我们讲工人阶级是领导阶级，却无法回避工人下岗、失业等事实；我们讲中国共产党的先进性，却无法回避党内存在的比较严重的腐败现象这一现实。这种理论与现实的反差，几乎在马克思主义大众化的每一部分内容中都会不同程度地涉及。目前，我们的理论宣传最大的问题是理论脱离实际严重。理论研究脱离教学，脱离大众生活，无法赢得大众的共鸣和理解，学术与大众之间“壁垒分明”。

三是快速变化的现实对推进马克思主义大众化提出了严峻的挑战。提高马克思主义大众化的实效，最重要的是要坚持理论联系实际。这里的实际，既包括历史实际，又包括当今国际社会的实际，还包括国内改革开放和社会主义现代化建设实际以及广大民众的思想实际。但在马克思主义大众化过程中，我们发现，社会现实变化太快，人们的思想实际变化也很快。当今世界正处在大发展、大变革、大调整时期，国际形势中不稳定、不确定、不安全因素明显增多，各种思想文化交流、交融、交锋日益频繁，意识形态领域的斗争更为尖锐复杂。国内社会思想多元、多样、多变特征更加明显，人们思想活动的独立性、选择性、多变性、差异性日趋增强。受此影响，不同阶层、不同民族、不同区域、不同收入群体、不同性别、不同年龄、不同政治面貌、不同文化背景、不同职业的社会群体的思想实际变化也十分剧烈，差异也十分明显。马克思主义如何解释快速变化的世界和快速变革的中国，如何加强对不同群体民众进行马克思主义理论教育的针对性，这也是一个难题。

四是社会价值观的多样化导致信仰的多样化。改革开放以前，马克思主义在意识形态领域居于指导地位，社会主义和共产主义价值观居于绝对的统治地位。人们经受了马克思主义的教育，经过了共产主义价值观的“洗礼”。改革开放以后，随着国内经济成分和生活方式的多样化、国际文化交流的日益频繁，我国的价值观结构发生转变，由原来单一的社会主义和共产主义价值观，转向以社会主义和共产主义价值观为主导的、其他价值观体系并存的复合结构。而每种价值观体系都有自己特殊的信仰，都可能对人们的信仰及其选择产生影响，如随着国际文化交流和大众传媒的发展，资本主义价值观渗透到人们的精神生活中。此外，中国传统价值观念也在信仰领域争夺受众。几千年积淀下来的传统价值观念在中国社会生活中虽历经冲击，但其影响却根深蒂固。推行马克思主义大众化，我们不仅受到外来文化的影响，同时也受到传统文化的冲击。

五是学风文风会风不正给马克思主义大众化带来不利影响。现在的一些研究和论文，越来越经院化、小众化和边缘化。具体表现为：“问题越来越高雅，视域越来越狭窄，字眼越来越生僻，概念越来越抽象，语言越来越晦涩，文章越来越难懂”。有的文章咬文嚼字，有的随意生造概念，使人不知所云，有的文章写得越来越看不懂。“不好好说话”这种现象已严重阻碍着马克思主义大众化。1978 年，邓小平曾批评过“文化大革命”结束后学术界存在的一些学风文风问题。他说：“这些年把一些人养成懒汉，写文章是前边摘语录，后边写口号，中间说点事。”① 还有的人写出来的文艺作品，“干巴巴的读不下去，写作水平不行，思想艺术水平谈不上，看了开头就知道结尾”②。这些问题今天仍然没有得到根本性解决。今天，在推进马克思主义大众化过程中，许多人不断重复引用著作、报告和文件上的原话，结果造成内容重复，枯燥无味，严重影响了马克思主义大众化的实效。

此外，在马克思主义大众化过程中，我们还面临着内容重复、形式单一、方法陈旧、语言枯燥等问题。

---

① 邓小平年谱（1975—1997）：上. 北京：中央文献出版社，2004：387.

② 同①360.

三、改进马克思主义大众化的方式方法

推进马克思主义通俗化大众化是一项需要持之以恒的工作，除了提高我们的思想认识之外，不断加强对马克思主义的政治信仰之外，还应解决好以下几方面的问题。

第一，整体推进，防止单一化。马克思主义中国化、时代化、大众化是一个整体，而大力推进马克思主义中国化、时代化、大众化，也是一个整体。我们要在整体上考虑和把握，整体上推进和实施。马克思主义中国化是前提，反映马克思主义在中国的具体化、民族化。没有马克思主义的中国化，马克思主义就只能成为书斋里的学问，无法指导中国实际。马克思主义时代化是灵魂，反映马克思主义随着中国和世界的发展变化与时俱进的历程。没有马克思主义时代化，马克思主义就没有生命力，马克思主义的活力就会枯竭。马克思主义大众化是目的，反映马克思主义在中国武装群众、改造世界、改变人民命运的程度。没有马克思主义的大众化，马克思主义就会脱离群众。但是，马克思主义中国化、时代化、大众化，既各有侧重，又相互促进，是相互联系的不可分割的整体，我们要从整体上大力推进马克思主义中国化、时代化、大众化。

第二，加强学术建设，防止低水平化。马克思主义的学术性与大众化之间似乎成为一个复杂的议题。学术研究是宣传普及的基础，它为后者提供所需要的思想内容和思想材料。理论只有对中国特色社会主义建设实践中不断出现的重大理论和现实问题，做出科学的研究和令人信服的回答，才能科学化。理论只有科学化，才能大众化。所以，推进马克思主义大众化，并不是要以削弱马克思主义的学理化研究为条件和代价。把深奥的理论通俗化，把通俗的东西学理化，是理论工作的相辅相成的两个方面。因此，在强调大众化的同时，我们不能一味无端批评马克思主义的学术研究者，削弱马克思主义的学理化研究。事实上，我们当前真正缺少的是能够沉下心来从事马克思主义学术研究的人，真正缺少的是能够解决理论与现实反差问题的理论成果。因此，在推动当代中国马克思主义大众化的过程

中，要加强马克思主义学术研究，促进学术研究与宣传教育的有机结合。

第三，贴近实际，防止教条化。贴近实际、贴近生活、贴近群众是宣传思想工作的重要原则，也是推进马克思主义通俗化大众化的基本遵循。马克思主义大众化归根到底是要“说服”大众，让人民群众发自内心地理解和接受马克思主义，而“理论只要说服人，就能掌握群众；而理论只要彻底，就能说服人。所谓彻底，就是抓住事物的根本”①。马克思主义大众化只有解决群众的实际问题，才能让群众感受到马克思主义的实际价值，从而认可并接受马克思主义，才能在群众当中普及马克思主义。当前，推进马克思主义大众化，用马克思主义中国化的最新成果深入阐释和回答现实提出的重大课题，如什么是马克思主义、怎样对待马克思主义，什么是社会主义、怎样建设社会主义，建设什么样的党、怎样建设党，实现什么样的发展、怎样发展，等等。推进马克思主义大众化，还要关心群众的利益诉求，着眼于对实际问题的解决，用中国特色社会主义理论体系来解读党的方针政策，回答人民群众最关心、最直接和最现实的利益问题，例如收入分配、社会保障、教育收费、劳动就业、环境保护等热点难点问题，让人民群众在现实生活中感受到马克思主义的魅力，真正享受到改革开放的成果，才能有力地推动马克思主义大众化。

第四，创新形式，防止简单化。提高马克思主义大众化的实效，还必须不断改进大众化的方式与方法。推进大众化，不能靠强制，不能仅靠灌输，也不能表面化，令人反感。要善于利用高科技手段，采取灵活多样的教育形式，进行全方位、多角度、深层次的全面教育。在信息化高度发达的今天，必须不断拓宽马克思主义大众化的渠道。除了充分运用广播、电视、报纸这些传统媒体以及幻灯、影视、展览等手段外，更要充分运用互联网。可以尝试建立有特色、有吸引力、免费开放的红色网站，开设党政领导、专家学者网页，宣传改革成就，探讨实际问题，寓教于乐，潜移默化，使广大网民自觉坚定社会主义理想信念，信仰马克思主义和共产主义。

第五，完善机制，防止运动化。推进马克思主义大众化是潜移默化的

① 马克思恩格斯选集：第1卷. 北京：人民出版社，2012：9-10.

工作，必须有长效机制作保证。推进马克思主义大众化不是短期行为，更不能急功近利，而是一个长期的、潜移默化的过程。如，中国特色社会主义理论体系中的一系列新的范畴、观点、原理，不是一般群众都能理解和掌握的。学习理论不可能收到“立竿见影”的效果，它需要搭建不同的平台，利用不同的载体，采取不同的手段和运用不同的形式，营造良好的学习氛围；需要广大理论工作者“沉下去”，经常深入基层，对马克思主义理论做出浅显易懂的阐释，澄清人们的思想困惑。但是，决不能搞形式主义的群众运动，不能靠突击学习搞“一阵风来”，而要建立长效机制，以有力措施做保证，明确责任和工作职责。我们只有坚持不懈，持之以恒，马克思主义大众化才能取得实绩、收到实效。

第六，培育队伍，防止人员老化。打造一支出类拔萃的马克思主义研究、宣传、普及的理论队伍是推进马克思主义大众化必不可少的条件，也是我国马克思主义大众化宝贵的历史经验。改革开放以来，我国的社会科学研究机构和队伍迅速发展壮大，形成了社会科学院系统、高校系统、党政部门系统、党校系统和军队系统组成的多路社会科学研究、传播大军。但从目前的情形看，如何适应新的形势，形成一个老、中、青组成的合理结构队伍，仍然是推进马克思主义大众化迫切需要解决的一个问题。近几年来，虽然我们的马克思主义理论一级学科的博士生培养点与学生数量均在增加，但从每年的毕业论文和毕业生去向看，真正乐于做马克思主义研究和从事马克思主义大众化工作的人非常少。因此，当前，我们要加大马克思主义大众化人才培养的力度，要着力培养一批具有较好马克思主义理论素养，又同人民大众保持着密切联系，乐于从事马克思主义宣传普及工作的人才队伍。

第五章　当代中国马克思主义研究的使命担当

发展 21 世纪马克思主义、当代中国马克思主义，是构建中国特色哲学社会科学的重大时代课题，也是推进中国特色社会主义伟大事业的现实需要。回望历史，马克思主义自诞生以来的历史经验需要系统总结；展望未来，马克思主义在当代中国与当代世界的历史使命需要深入思考。习近平同志在哲学社会科学工作座谈会上指出，我国哲学社会科学工作的一项重要任务就是继续推进马克思主义中国化时代化大众化，继续发展 21 世纪马克思主义、当代中国马克思主义。在纪念中国共产党成立 95 周年大会上，习近平同志再次强调了发展 21 世纪马克思主义的重要性。对于当代中国的马克思主义者来说，坚持和发展马克思主义，是义不容辞的责任。

一、必须树立综合创新意识

当代中国马克思主义者必须关注重大理论和战略问题的研究，关注实践创新、理论创新、制度创新和文化创新问题。为此，必须树立综合创新意识。

第一，必须树立责任意识。当今世界正处在大变革大调整之中，当代中国正处在大改革大转型之中。我们原以为，冷战结束后，世界会变得越来越太平，人们的交往会随着全球化的发展和科学技术的发展变得越来越方便，但事实上冷战结束后的世界并没有太平，人们的交往变得更加困难；我们原以为中国发展起来后，人们的生活质量会更高，社会发展会更加健康平稳，但事实是发展起来后比没有发展面临的问题更多，人们面临的思想认识问题更多，未来预期并不美好。马克思有句名言："哲学家们只是用不同的方式**解释**世界，而问题在于**改变**世界。"① 可今天的世界变化速度如此之快，以至于哲学家解释世界都面临着极大的困难。所以我们这个时代需要伟大的思想家，需要学术大师，需要一批胸怀宽广、志趣高远、有着雄才伟略的大专家、大学者。而要培养这样的大师，需要被培养者具有责任意识。

第二，必须具有问题意识。要以我国改革开放和现代化建设的实际问题为中心，着眼于重大实际问题的理论思考。马克思曾深刻地指出："主要的困难不是答案，而是问题。……问题就是时代的口号，是它表现自己精神状态的最实际的呼声。"② 爱因斯坦曾说："提出一个问题往往比解决一个问题更重要。因为解决问题也许仅是一个数学上的或实验上的技能而已，而提出新的问题、新的可能性，从新的角度去看旧的问题，却需要有创造性的想象力，而且标志着科学的真正进步。"③ 习近平同志指出："坚持问题导向是马克思主义的鲜明特点。问题是创新的起点，也是创新的动力源。只有聆听时代的声音，回应时代的呼唤，认真研究解决重大而紧迫的问题，才能真正把握住历史脉络、找到发展规律，推动理论创新。"④ 无数事实表明，重大的现实和理论问题的提出是理论创新的起点。知识分子应坚持理论联系实际，以深入研究重大现实问题为主攻方向，注重研究全局性、前瞻性、战略性的重大课题，促进理论创新、制度创新和科技创新；要坚持解放思想、实事求是，立足国情，立足当代，面向世界，面向未来，与时俱进，开拓创新，系统周密地研究中国改革和建设的实际问

① 马克思恩格斯选集：第1卷．北京：人民出版社，2012：136.
② 马克思恩格斯全集：第40卷．北京：人民出版社，1982：289-290.
③ 爱因斯坦，英费尔德．物理学的进化．上海：上海科学技术出版社，1962：66.
④ 习近平．在哲学社会科学工作座谈会上的讲话．人民日报，2016-05-19.

题，不断研究新情况、解决新问题；要从改革开放和现代化建设的实践中获取理论创新的浓厚源泉和强大动力，勇敢地开拓理论和实践的新境界，以理论创新和实践创新推进中国特色社会主义事业发展。

第三，必须具有战略意识。真正的学术大师，除了具有远大的抱负、强烈的社会责任感、浓厚的忧国忧民情怀外，还需要具有战略思维，具有长远发展、宏观发展眼光。邓小平在南方谈话中曾告诉我们："我们搞社会主义才几十年，还处在初级阶段。巩固和发展社会主义制度，还需要一个很长的历史阶段，需要我们几代人、十几代人，甚至几十代人坚持不懈地努力奋斗，决不能掉以轻心。"① 知识分子不是先知先觉者，也不是算命先生，不可能考虑十几代人，更不可能考虑几十代人之后的事情，但"几代人"延续发展中遇到的问题是需要我们深入研究的。比如说，再过几年，我们将完成全面建成小康社会的历史任务，进入一个新的发展阶段。从2020年到2050年，是中国现代化"三步走"战略的最后30年、关键30年。在新的发展阶段，我国会呈现出什么样的阶段性特征？会遇到哪些难以避免的问题？我们的优势在哪里？我们的困难在哪里？这些都是我们必须事先研究和考虑的关系到国家长远发展的战略问题。对于这些问题的研究和考虑则是当代知识分子必须承担的社会责任。因此，当代知识分子应该善于从战略上思考和研究问题，紧紧抓住关系国家发展的关键，找到解决问题、推动科学发展的正确路径和最佳方案。

第四，必须具有全局意识。要加强对中国特色社会主义经济、政治、文化、社会事业的整体性研究。目前，中国社会正处于快速转型时期，许多发展中的问题交织在一起，牵一发而动全身；许多旧问题解决之后，新问题又暴露出来，这些问题的解决又往往带来其他问题。比如说，我们要实现"三步走"的战略目标，就必须适应经济新常态，转变经济发展方式，而要转变经济发展方式，就必须考虑人口、资源、环境的协调发展和经济社会的可持续发展的问题，也必须考虑劳动力的就业问题，也必须考虑如何提高我国的自主创新能力，建立创新型国家问题。要使中国由落后的

① 邓小平文选：第3卷. 北京：人民出版社，1993：379-380.

农业国转变成为先进的工业国，就必须更好地解决农业、农村、农民问题，还必须解决好包括收入分配、社会保障、看病、子女上学、生态环境保护、安全生产、社会治安在内的一些关系群众切身利益的问题，还必须考虑城乡、区域经济的协调发展问题。在中国经济总量跃居世界第二、人民生活基本实现小康之后，必须研究中国特色社会主义民主政治建设、文化建设问题。如何建设社会主义法治国家？如何构建和谐文化？如何建立美丽中国？如何培育和践行社会主义核心价值观？这些问题都关系到中国特色社会主义事业的成败，需要知识分子做理性分析和科学研究，找出问题的症结，拿出可行的对策。

第五，必须具有世界意识。必须时刻关注当今世界形势的变化，准确把握当今世界的发展趋势。现在的世界是开放的世界，全球化已将世界各国紧紧联系在一起，形成了“你中有我、我中有你”的人类命运共同体。但目前的全球化并不是扁平的，“你”与“我”之间的地位并非平等的。东西之间意识形态的矛盾、南北之间经济发展上的差距、不同民族国家之间宗教文化上的冲突交织在一起，构成了一幅并不完美的画面。是的，中国的发展离不开世界。中国要发展，必须融入世界。中国要融入世界，就必须了解世界大势，顺应时代潮流。有责任心和良知的知识分子，必须心怀天下，深入分析研究国际形势的新变化给中国特色社会主义事业发展带来的机遇和挑战，提出切合中国实际的应对之策；必须在人类历史发展的长河中不断深化对人类社会发展规律的认识，积极探索中国特色社会主义发展规律；必须研究世界形势的新变化给中国共产党提出的新挑战，不断探索中国共产党执政规律；必须立足中国，充分吸收和借鉴国外文明发展的一切优秀成果，为建设中国特色社会主义服务。

第六，必须具有创新意识。创新是一个民族进步的灵魂，是一个国家兴旺发达不竭的动力。党的十八届五中全会从我国进入全面建成小康社会决胜阶段的要求和实现民族伟大复兴强国梦的愿望出发，明确了“十三五”时期我国经济社会发展的指导思想和目标，提出了创新、协调、绿色、开放、共享这一新发展理念，并把创新放在新发展理念的首位，强调要把创新摆在国家发展全局的核心位置，不断推进理论创新、制度创新、科技创新、文化创新等各方面创新，让创新贯穿党和国家一切工作，让创新在全社会蔚然成风。目前，在创新内容上，要统筹推进理论、制度、科技、文化和其他各方面创新。在创新的途径方面，要破除制约创新的思想障碍和制度藩篱，以改革开放推进体制机制创新，加快建立健全国家创新体系。在创新主体方面，要大力集聚和培养更多创新型优秀人才，构建规模宏大的人才队伍。在创新的环境方面，要让创新在全社会蔚然成风。在创新的领导机制方面，要“让创新贯穿党和国家一切工作”。对于我们理论工作者来说，创新的关键是思想创新。

二、高度关注事关人类未来的重大理论研究

发展当代中国的马克思主义，必须顺应时代发展要求，紧紧围绕人类社会发展规律、社会主义建设规律和共产党执政规律开展基础理论研究。

第一，继续深化对人类社会发展规律的认识。

马克思主义是关于自然界、人类社会和人的思维发展规律的科学，是关于工人阶级和人民大众解放与发展的科学。它运用辩证唯物主义和历史唯物主义基本原理，科学揭示了人类社会发展的客观规律。马克思主义是真理，但它并没有终结真理，而是开辟了通向真理的道路。历史证明，马克思主义是随着时代、实践、科学发展而不断发展的开放的理论体系。当代中国马克思主义研究应继续深化对人类社会发展规律的认识，为人类的未来指明方向。为此，需要从以下几个方面努力：

发挥“解释世界”功能，对重大理论和现实问题给予科学合理、有说服力的解释。“时代是思想之母”，我们的思想理论要赶上时代、引领时代，就必须弄清时代性质、时代主题以及当今时代的特征，弄清现时代与马克思主义经典作家在世的时代相比发生了哪些深刻变化，现时代给人们提出了哪些需要从理论上加以说明的重大课题。要利用纪念十月革命爆发100周年等重要历史节点，从理论上充分说明应如何认识和评价十月革命，如何认识和评价苏联社会主义模式，如何认识和评价苏东剧变。对于2008

年的国际金融危机，马克思主义者也要给出明确的说法和解释，讲清楚这次危机的特点是什么、根本原因是什么，对不同类型、不同发展程度、不同性质、不同区域的国家影响有何不同，走出危机的出路何在，谁应该为这次危机承担责任，在未来的发展中如何避免此类危机等一系列问题。

发挥“改造世界”功能，为解决日益严峻的全球性问题拿出可行方案。人类只有一个地球，各国共处于一个世界，都拥有和平发展这个共同的梦想。然而，综观当今世界，危及人类生存和经济社会可持续发展的全球性问题不断凸显，特别是全球发展不平衡加剧、恐怖主义猖獗、局部动荡频繁发生、粮食不足、资源短缺、能源紧张、环境污染、气候异常、人口膨胀、贫困加剧、疾病流行、经济危机等全球性难题日益增多，对人类生存和发展构成严峻威胁。对于这些问题，世界范围内的马克思主义者需要拿出可行的解决方案，我国的马克思主义者必须贡献“中国智慧”。

发挥“望远镜”功能，为社会主义和人类未来发展指明方向。社会主义代表着人类的美好未来，这是激励无数社会主义者前行的动力。但苏东剧变以来，世界社会主义运动处于低潮，一些国家的共产党易名改向，放弃了社会主义、共产主义的奋斗目标。事实上，走资本主义道路的绝大多数发展中国家仍然处于贫穷和落后状态，而发达资本主义国家正在遭受空前的金融危机、经济危机、政治危机和社会危机。当社会主义遭遇挫折、资本主义遭遇危机时，人类对未来发展应做何种选择，有没有好的解决方案？当代中国马克思主义者应研究解答这一重大课题。

第二，科学分析当代资本主义发展的新特点。

马克思主义诞生于资本主义自由竞争时期。正是在研究人类社会发展各个时代的生产关系，尤其是着重研究资本主义社会生产关系的基础上，马克思、恩格斯创立了马克思主义政治经济学。马克思的剩余价值学说揭示了资本家剥削工人的秘密，成为马克思主义的基石。马克思论证了资本主义制度下生产社会化和生产资料私人占有之间的矛盾，阐明了资本主义积累的一般规律，得出了资本主义不可避免地要让位于社会主义的科学结论。正因为如此，国际金融危机爆发后，不少西方学者开始重新研究马克思主义政治经济学、研究《资本论》，借以反思资本主义的弊端。

但是，现在的资本主义毕竟不同于马克思所处时代的资本主义。正如习近平同志指出的：今天，时代变化和我国发展的广度和深度远远超出了马克思主义经典作家当时的想象。“资本主义固有的生产社会化和生产资料私人占有之间的矛盾依然存在，但表现形式、存在特点有所不同。”① 2008 年的国际金融危机首先爆发在资本主义国家，最先受其负面影响的也是资本主义国家。因此，危机爆发后，西方学者加强了对资本主义的研究。这些研究的内容十分广泛，涉及资本主义的本质特征、发展阶段、基本矛盾、未来命运等问题。人们从资本主义的经济危机中感受到了其制度危机，也试图从社会主义的复兴中找到走出危机的希望。但可以肯定地说，这次金融危机不可能导致资本主义迅速灭亡，当代资本主义还会在新的调整基础上进一步发展；也可以肯定地说，这次危机绝不是资本主义的最后一次危机，在它没有被新的社会制度取代之前，类似的危机还会周期性发生；还可以肯定地说，此次危机使人们看到世界范围社会主义复兴的希望，但它也不可能如人们所愿迅速到来。社会主义社会取代资本主义社会，凭借的是更为先进的生产力和生产方式、更为优越的制度安排，而目前社会主义国家的生产力显然还落后于西方发达资本主义国家。21 世纪马克思主义、当代中国马克思主义要与时俱进，开辟新的发展境界，必须加强对当代资本主义的研究。

对当代资本主义进行深入研究，无法回避如下一些问题：在世界多极化、经济全球化、文化多样化、社会信息化的宏观背景下，资本主义到底处于什么发展阶段？这一阶段的资本主义与以往的资本主义，尤其是与马克思主义经典作家所处时代的资本主义相比究竟发生了哪些变化？这些变化呈现什么样的新特征？资本主义的新变化是否意味着其本质发生了变化？资本主义社会的阶级结构发生了哪些变化？工人阶级政党应该如何根据新的阶级结构调整战略策略？资本主义社会变革的动力在哪里？资本主义未来会如何演变？资本主义发展在下一个阶段会走向何方？在构建人类

① 习近平．在哲学社会科学工作座谈会上的讲话．人民日报，2016-05-19.

命运共同体的过程中，社会主义国家应如何处理同资本主义国家的关系？…… 这些问题中虽然有不少是老问题，但在新的历史条件下需要得到新的解释。马克思是在批判资本主义这个旧世界中发现共产主义这个未来新世界的。如何在国际金融危机这个大背景下，重新认识资本主义发展的历史进程，准确把握当代资本主义发展的阶段性特征，这既关系人们对资本主义的正确认识，也关系社会主义的历史命运、关系马克思主义的历史命运。

第三，科学把握当代社会主义的前途与命运。

2017 年是俄国十月革命胜利 100 周年。近 100 年来，社会主义运动跌宕起伏、热点转换，不断引起人们对社会主义前途与命运的思考。苏联社会主义在 20 世纪末的衰落及其引起的全球震荡，进一步加深了人们对社会主义的思考和忧虑。实践是理论之源。1918 年，列宁曾说过这样一段话："对俄国来说，根据书本争论社会主义纲领的时代也已经过去了，我深信已经一去不复返了。今天只能根据经验来谈论社会主义。"① 显然，这段话在当前仍然具有十分重要的现实意义。它启示我们，必须根据现实、经验、实践来研究和把握社会主义的前途与命运。

回顾世界社会主义发展历程，不难发现其历史命运与资本主义发展有很强的相关性。资本主义遭遇危机之时，往往是社会主义复兴之机。从一定意义上说，正是资本主义的灾难与困境催生了社会主义的理想和向往。但同以往资本主义危机只在资本主义体系内带来灾难不一样，2008 年的国际金融危机既打击了资本主义国家，也冲击了社会主义国家；既打击了世界各国的右翼，也打击了世界各国的左翼。资本主义国家的左翼受到的打击丝毫不亚于右翼，甚至出现了整体"向右转"的现象。欧洲难民危机以及英国全民公投脱欧，加剧了这一"向右转"的趋势。国际金融危机以来，各国许多政要和学者都在探讨社会主义问题，涉及社会主义的内涵、价值目标、基本特征、制度安排、实现途径等内容，大大深化了对社会主义的讨论。可以相信，随着国际金融危机的深度演化，还会有更多的人从

① 列宁专题文集　论社会主义. 北京：人民出版社，2009：399.

社会主义、共产主义思想理论中寻找克服这次国际金融危机的出路。

但必须清楚的是，西方学者和国外共产党、工人党今天谈论的社会主义与科学社会主义有许多不同。因此，我们需要根据经验加强对社会主义基础理论的研究，进一步研究解答什么是社会主义、怎样建设社会主义这一首要的基本理论问题，继续深化对社会主义建设规律和共产党执政规律的认识；进一步研究解答如何建立比资本主义制度更先进的社会主义制度，如何充分展示社会主义制度优势、不断推进社会主义发展的问题；进一步研究解答如何不断积累社会主义因素、创造向共产主义过渡条件的问题；等等。更为关键的是，必须积极探索如何继续推进中国特色社会主义事业，续写中国特色社会主义新篇章，为人类对更好社会制度的探索提供中国方案。

尤其值得关注的是，目前世界社会主义运动仍然处于低潮，全球只有中国等少数国家在坚持走社会主义道路。中国共产党拥有 8 800 多万党员，是世界历史上人数最多的共产党；当代中国坚持走社会主义道路，是世界上人口最多的社会主义大国。因此，国际范围的社会主义者把社会主义复兴的希望寄托在中国共产党和中国身上，中国特色社会主义成为世界社会主义的一面旗帜。在一定意义上说，中国特色社会主义代表着世界社会主义的未来。因此，对于中国的马克思主义者来说，必须按照习近平同志要求的那样，以更加宽阔的眼界审视马克思主义在当代发展的现实基础和实践需要，坚持问题导向，坚持以我们正在做的事情为中心，聆听时代声音，更加深入地推动马克思主义同当代中国发展的具体实际相结合，不断开辟 21 世纪马克思主义发展新境界，让当代中国马克思主义放射出更加灿烂的真理光芒。

三、在研究方法和人才培养上实现重大突破

党的十一届三中全会以来，中国学术界对马克思主义的研究取得显著的成绩。中国特色社会主义道路的开辟、中国特色社会主义理论体系的形成、中国特色社会主义制度的确立，离不开哲学社会科学工作者的奉献。

尤其是进入新世纪以来，中央马克思主义理论研究和建设工程取得了明显的成效。但也应该清醒地看到，当前无论是在马克思主义理论研究方面，还是在中国道路的研究方面，都存在制约进一步深入研究获得创新性成果的重大问题，马克思主义理论创新必须在此方面实现一系列突破。

第一，突破仅对单个人物思想的研究，重视马克思主义发展史的整体研究。

马克思主义是一种不断发展的理论。回顾马克思主义发展的历史进程，我们可以发现：从纵向看，马克思主义在不同时期有不同的理论形态。在19世纪，有马克思、恩格斯创立的经典马克思主义。在20世纪上半期，在苏联，有列宁主义、斯大林主义；在中国，有毛泽东思想。在20世纪下半期，有作为马克思主义中国化最新成果的邓小平理论、“三个代表”重要思想和科学发展观等。在以往的研究中，绝大多数学者只是注重对马克思主义做单个人物思想的研究，即分别研究马克思主义经典作家的思想及这些思想在马克思主义发展史上的地位和作用，忽略了马克思主义自身发展的历史逻辑，在一定程度上割裂了这一理论发展的内在联系。如有的学者侧重研究马克思，有的学者研究恩格斯，有的学者研究列宁，还有的学者分别研究毛泽东、邓小平、江泽民、胡锦涛的思想，甚至有的学者只研究某一经典作家在某一阶段的思想，如有的学者只研究青年马克思的思想，有的学者只研究晚年马克思的思想。由于研究者的视角不一样，立场不一样，解读方法也不一样，结果出现了青年马克思与晚年马克思的对立，恩格斯与马克思的对立，列宁与马克思、恩格斯的对立，毛泽东思想与马克思列宁主义的对立，中国特色社会主义理论体系与马列主义、毛泽东思想的对立，甚至还出现了发展了的马克思主义与经典马克思主义的对立。许多研究没有处理好坚持、继承与发展、创新之间的关系，表现在只讲发展、创新，不讲坚持、继承，没有很好地说明马克思主义中国化的几大理论成果之间以及马克思主义中国化理论成果与马克思列宁主义一脉相承而又与时俱进的关系。

第二，突破单一学科领域的研究，重视马克思主义理论的整体研究。

虽然我们建立了马克思主义基础学科和马克思主义理论一级学科，但由于不同学者处在不同的学科之中，因此，马克思主义研究也分布在不同的学科领域。例如，马克思主义哲学属于哲学一级学科，政治经济学属于经济学一级学科，科学社会主义属于政治学一级学科，马克思主义法学理论属于法学一级学科，马克思主义中国化研究、国外马克思主义又属于马克思主义理论一级学科。分属于不同学科的学者往往只是重视从本学科对马克思主义和中国发展道路进行研究，结果出现了积极冲突（大家共同研究）与消极冲突（大家都不研究）同时存在的局面，理论上也出现了许多误读，甚至出现了对立。例如，社会主义发展的动力到底是什么？哲学上、经济学上讲基本矛盾，政治学讲阶级斗争，科学社会主义讲阶级斗争，中国特色社会主义理论体系讲改革。由于理解上的不一致，理论对实践的指导作用出现断裂。由于对马克思主义基本原理的整体性研究不够，马克思主义的完整性也未能充分体现出来，如在对待马克思主义理论中生产力与生产关系、经济基础与上层建筑的辩证关系上，只强调生产力的决定作用，忽视生产关系的反作用，只强调经济基础的决定作用，忽视上层建筑的反作用等。

第三，突破多主线的研究，重视不同形态马克思主义共同主题的研究。

对于经典马克思主义和发展了的马克思主义，绝大多数学者只是分主线进行了研究。如马克思、恩格斯对发达国家无产阶级革命的研究，列宁对经济文化落后国家社会主义革命的研究，毛泽东对中国革命的研究，邓小平对什么是社会主义、怎样建设社会主义的研究，江泽民对建设什么样的党、怎样建设党的研究，胡锦涛对实现什么样的发展、怎样发展的研究。结果发现，马克思主义经典作家和无产阶级政党在不同时期理论创新的主题不一样，这样把他们统称为马克思主义缺乏学理依据。对于中国化马克思主义而言，把改革开放以来的三大理论成果统一到中国特色社会主义理论体系中也缺乏学理依据，结果是马克思主义的科学性遭到质疑。而对于中国发展问题，不同专业学科背景的学者也只是关注某一方面，而缺乏整体性的研究。

第四，突破单纯的理论研究，重视理论与实践相结合的研究。

长期以来，我们一直关注理论问题的研究，但就国内经济社会发展的重大战略性、全局性问题缺乏深入研究，未能拿出有效的解决办法。在当前，经济社会发展面临大量实践性问题需要深入研究，例如，如何进一步完善社会主义市场经济体制？如何解决长期积累的结构性矛盾，转变经济发展方式，实现人口、资源、环境的协调发展和经济社会的可持续发展？如何更好地解决农业、农村、农民问题？如何提高我国的自主创新能力，建立创新型国家？如何解决包括就业、收入分配、社会保障、看病、子女上学、生态环境保护、安全生产、社会治安在内的一些关系群众切身利益的问题，全面满足人民群众日益增长的物质文化需要？如何促进区域、城乡、经济、社会的协调发展？如何提高我国对外开放水平？如何推进中国特色社会主义民主政治建设，建设社会主义法治国家？如何适应我国社会结构和社会组织形式的深刻变化，正确处理新时期的人民内部矛盾？如何正确处理改革发展稳定的关系，不断加强社会建设，促进社会和谐？

第五，突破陈旧的研究方法，寻求研究方法的创新。

有的人以绝对化的态度对待马克思主义。认为马克思主义是不可易移的真理，主张将马克思主义的基本原理、基本观点和论述不加分析地用于指导社会主义建设的实践活动。有的人以全盘否定的态度对待马克思主义，认为马克思主义经典著作的内容在当代中国已经过时，不能再作为中国社会主义建设的指导思想，主张用西方的民主主义和民主社会主义理论作为中国社会主义现代化建设的重要理论基础。实用主义方法论的主要表现是断章取义，有的人以诠释现实社会主义实践正确性的方法研究马克思主义，用马克思主义经典著作中关于某一问题论述的只言片语，诠释政治领袖提出的思想观点和国家政策的正确性、科学性，以此说明现实社会主义实践与马克思主义内容的一致性，诠释现实社会主义实践没有违背马克思主义的基本原理，具有绝对真理的价值，而不是深入地探索马克思主义经典著作关于人类社会发展特别是社会主义建设的内在规律和如何在当代环境下创新和发展马克思主义。在研究中国化马克思主义方面，存在简单套用以往研究方法的问题。最明显的表现是，简单套用研究邓小平理论的方法研究“三个代表”重要思想、科学发展观等新成果。有些研究成果，标题完全相同，只是引文不同。在每个理论成果形成的社会历史条件的描述上，强调“三情”即世情、国情、党情的变化；在每个理论的内容上，基本上围绕中国特色社会主义理论的几个方面；在理论贡献的研究上，都强调深化了“三大规律”。

第六，突破封闭式的研究，注重马克思主义研究的开放性。

马克思主义是一个开放的理论体系，马克思主义在与不同时代和不同国情相结合的过程中产生过不同的流派。在马克思主义现代化、当代化和民族化的过程中，有各种不同的马克思主义流派。20 世纪 90 年代中期，国外学者对马克思主义的研究并没有停止。当今世界存在十个以上的马克思主义流派，各个不同流派对马克思主义都有不同的解读，也有不同的丰富和发展。目前存在的问题是：其一，许多人根本不承认马克思主义有多种流派，由此带来许多问题，如到底存在不存在马克思主义“一源多流”的问题，存在不存在马克思主义的地区特色、国家特色的问题，如何从理论上弄清楚马克思主义由不同国家的不同特色所形成的个性、具体性，如何透过各国特色去把握马克思主义的共性、普遍性，如何把握两者的关系，如何吸收马克思主义在各国传播过程中所提出的问题、所得到的丰富和发展、所积累起来的经验和教训，等等。其二，各个不同流派的马克思主义研究者之间缺乏必要的联系，大家各自为政，完全按自己的偏好进行研究。其三，研究介绍国外马克思主义，不是把其理论观点同他们具体的历史条件、文化传统结合起来，运用马克思主义的基本原理予以科学的分析，而是把我们自己总结出的马克思主义视为唯一的正统和真正的马克思主义，并用这种马克思主义的具体结论同当代国外马克思主义的理论观点做简单的对比。其四，对当代国外马克思主义的研究不够全面、系统，一般侧重于对其中著名的代表人物和流派的研究。其中，对西方马克思主义的研究较为广泛，而对以其他形态存在的马克思主义理论较少涉及，零散的研究成果较多，全面、系统的研究成果较少，使我们很难把握当代国外马克思主义发展的全貌。

第七，突破西方话语的研究，构建中国特色的学术话语体系。

中国作为一个具有独特历史文化的发展中大国，在学术上不能总跟着别人的话语体系走，否则会产生学术依附。中国作为一个爱好和平的大国，也不能借助西方的霸权话语体系，否则会损坏中国的国际形象。中国作为一个发展中的社会主义大国，不能用西方学术话语体系来解构本土价值和知识，否则会失去中华民族的共同价值认同。但长期以来，我们没有重视中国学术话语体系的构建，没有形成对世界有影响的中国学术话语体系。改革开放以来的中国哲学社会科学学术话语体系基本上是西方理论的翻译、解释和运用。一时间，西方学术话语体系和研究方法成为学术正统。在这种情况下，不但马克思主义的思想、观点和方法受到一定程度的削弱，而且中国本土思想和学术话语也渐渐被人忽略，中国在国际学术领域的话语权趋弱，失去了自身的独立精神和特有风格。在这种情况之下，中国学者的声音传不出去，即使传出去也没有人听或根本听不懂。也正是由于这一原因，马克思主义大众化效果不够明显，中国特色社会主义的影响力没有充分显示出来。

第八，突破研究队伍强大但整体实力不强的局限，培养国际学术大师和高层次拔尖人才。

进入新世纪以来，中央的马克思主义理论研究和建设工程始终把培养理论人才特别是中青年理论人才作为重要任务，坚持把课题立项与凝聚人才结合起来，把理论研究和培养人才结合起来，把学科建设和队伍建设结合起来，造就了一大批理论骨干和拔尖人才。工程实施以来，由中央有关部门联合举办的哲学社会科学教学科研骨干研修班培养了 5 000 多人，成为理论队伍特别是人文社科骨干教师队伍建设的名牌项目。地方研修工作培训了 7 万多人。工程还组织 1 500 多人次开展国情调研，组织 100 多人次出国考察，邀请几十个国家 200 多位知名学者来华交流。这些工作，提高了相关人员的思想政治素质和业务能力，为推动理论创新和学术创新提供了人才保障。但不可否认，马克思主义理论和当代中国问题的研究依然人才匮乏，具体表现在：一是缺乏政治坚定、学贯中西、功底深厚、勇于创新，在国内外有广泛影响的马克思主义理论家；二是缺乏具有深厚的马克思主义理论功底、熟悉中国特色社会主义的历史进程、精通中国特色社会主义理论体系、具有创造活力的中青年学科带头人和拔尖人才；三是缺乏思想理论水平高、精通外语、善于直接做国外智库工作、在国际舞台上维护我国权益的外向型理论人才；四是由于马克思主义理论相关专业并不是热门专业，许多青年学生不愿投入领域的学习和研究，因而缺乏高素质的后备人才。

克服以上分析中存在的不足，将成为下一阶段马克思主义理论研究、中国特色社会主义理论研究的主要趋势。

第三篇　思想政治理论课教育教学研究

第一章　新中国成立以来高校思想政治理论课建设*

新中国成立60多年来，我们党高度重视高校思想政治理论课教育教学。高校思想政治理论课，曾使用过“公共必修课”“政治理论课”“共同政治理论课”“马列主义课”“马克思主义理论课（公共课）”“共产主义思想品德课程”“两课”等名称，但绝大部分时间都采用“思想政治理论课”的名称。在60多年的发展进程中，思想政治理论课程经过了多次调整，产生了良好的效果，积累了丰富的经验。

一、从新中国成立到改革开放前的思想政治教育

1. 新中国成立初期的思想政治教育（1949—1956年）

中国共产党有着思想政治教育的优良传统。党成立之后，就十分注意思想政治教育，在长期的革命时期积累了十分丰富的经验。新中国成立之后，党和国家对思想政治教育给予了高度重视，并采取积极措施加

* 本章写作过程中，参阅了以下学术论文：

顾海良．高校思想政治理论课程体系的演化及其基本特点．教学与研究，2007（2）；罗建平，胡继冬．建国以来普通高校思想政治理论课课程设置的历史沿革．唐山师范学院学报，2007，29（3）；江芳俊．高校思想政治理论课调整的历史考察．中国青年政治学院学报，2007（4）；王康．高校思想政治理论课的历史考察．毛泽东思想研究，2005，22（6）。

强党的思想政治教育工作。新中国成立之初的一段时间内，根据新民主主义建设和坚持中国共产党领导的需要，在吸收老解放区思想政治教育经验的基础上，学习苏联的高等教育模式，创建了新中国的思想政治理论课。

1949 年底，在第一次全国教育工作会议上，教育部副部长钱俊瑞在总结报告中指出："新区学校安顿后的主要工作，是进行政治与思想教育。""其主要目的乃是逐步地建立革命的人生观。"① 当时确定的课程是"社会发展史""新民主主义论""政治经济学"。这三门课程被认为是改造学生思想，树立科学世界观、革命人生观和全心全意为人民服务思想的最基本的课程。教育部还对"社会发展史"和"新民主主义论"的教学内容做了专门规定。

为了帮助大学生树立正确的世界观和人生观，1951 年 9 月，教育部颁布了《关于华北区各高等学校 1951 年度上学期进行"辩证唯物主义与历史唯物论"等课教学工作的指示》，将"社会发展史"改为"辩证唯物论与历史唯物论"，与"新民主主义论"及"政治经济学"同时开设。三门课着重于讲授系统的马克思列宁主义和毛泽东思想②。

为了很好地执行新的思想政治教育课程，提高政治理论课程的教学水平，1952 年 9 月，中共中央又发出了《关于培养高等、中等学校马克思列宁主义理论师资的指示》，对加紧培养高等、中等学校政治理论师资做了全面部署。同年 10 月，教育部又颁布了《关于培养高等、中等学校马克思列宁主义、毛泽东思想课程的指示》。次年 2 月，教育部又颁布了《关于确定马列主义基础自 1953 年度起为各类型高等学校及专修科（二年以上）二年级必修课程的通知》。根据这些文件，此时中央强调思想政治理论课的主要内容是对学生加强马克思列宁主义、毛泽东思想的教育。

1953 年 6 月，教育部又下发了《关于改"新民主主义论"为"中国革命史"及"中国革命史"的教学目的和重点的通知》。此次课程调整的主要原因是解决课程内容的重复问题。当时高级中学三年级已经开设的"共

---

① 普通高校思想政治理论课文献选编（1949—2006）. 北京：中国人民大学出版社，2007：4.
② 同①9.

同纲领”课程与“新民主主义论”的政策部分重复；同时，“新民主主义”的经济部分又与“政治经济学”的新民主主义经济部分重复。开设“中国革命史”主要是阐明马克思列宁主义在中国的新的胜利，系统地讲授毛泽东思想的基础知识，使学生认识中国政治的发展规律，了解中国革命的基本问题和中国共产党的总路线总政策，从而提高思想与政治水平，树立和巩固革命的人生观①。

经过几年的探索之后，1956 年 9 月，教育部颁发了《关于高等学校政治理论课程的规定（试行方案）》，把高校思想政治理论课明确规定为“马列主义基础”“中国革命史”“政治经济学”和“辩证唯物主义与历史唯物主义”四门课。

总的来看，自新中国成立到 1956 年社会主义改造基本完成这段时间，思想政治理论课属于初创期，这一阶段的思想政治理论课呈现如下特点：

第一，由于新中国刚成立，高校思想政治课刚建立，因而课程调整力度较大，教学内容处于变动之中。课程设置受苏联影响较大，课程内容主要围绕马克思主义基础理论和中国革命史展开。

第二，党中央此时强调，向学生进行政治思想教育的目的，是不断提高学生的社会主义觉悟，培养学生的马克思列宁主义世界观和共产主义道德品质。也就是说，要把学生培养成为懂得马克思列宁主义理论基础，掌握现代最新的科学技术知识，身体健康，并全心全意为社会主义建设服务的各种高级专门人才②。

第三，新中国成立初期的思想政治理论课建设对此后几十年的高校思想政治理论课教学产生了深远的影响。此后几十年中，虽然我国高校思想政治理论课的课程设置和教学内容一直处于改革和变动之中，但此阶段的教学内容却一直保留下来。

2. 社会主义建设初期的思想政治理论课（1957—1966 年）

社会主义改造基本完成、社会主义制度建立之后，我国进入社会主义建设时期，如何对青年学生进行思想政治教育，培养社会主义建设所需要

①② 普通高校思想政治理论课文献选编（1949—2006）. 北京：中国人民大学出版社，2007：20.

的各类人才，是摆在我们党面前的一项重要任务。适应新形势的需要，1956 年 9 月教育部颁发了《关于高等学校政治理论课程的规定（试行方案）》，强调思想政治理论课教学应逐步走上正轨，但由于受 1957 年反右和 1958 年“大跃进”“左”倾思潮的严重冲击，思想政治理论课也出现了一定程度的混乱。

1957 年 2 月，毛泽东在题为《关于正确处理人民内部矛盾的问题》的讲话中明确指出“现在需要加强思想政治工作”和“要学会正确处理人民内部矛盾”。1957 年 12 月，中华人民共和国高等教育部、教育部出台了《关于在全国高等学校开设社会主义教育课程的指示》，规定在全国高等学校各个年级普遍开设社会主义教育课程，以毛泽东的《关于正确处理人民内部矛盾的问题》为教材，同时阅读一些必要的马克思列宁主义经典著作、党的文献和其他文件。其目的是使学生能够努力改造思想，提高社会主义觉悟。根据此规定，原开设的四门政治理论课一律停开。这样，高校思想政治理论课实际上被社会主义教育课程代替，思想政治理论课演变为以进行反右派斗争为中心内容的政治化教育。

1958 年 9 月，中共中央、国务院出台了《关于教育工作的指示》，明确党的教育工作方针是教育为无产阶级的政治服务，教育与生产劳动相结合。此时党中央还明确规定，社会主义教育的目的是“培养有社会主义觉悟的有文化的劳动者”。为此，中央强调，“在一切学校中，必须把生产劳动列为正式课程。每个学生必须依照规定参加一定时间的劳动”①。

1959 年，中共中央开始纠正“左”的思想倾向，整顿教学秩序，思想政治理论课也开始逐步稳定下来。随着国际形势的变化，尤其是中苏关系的逐步恶化，高校思想政治理论课教学内容中更加突出了反对修正主义的内容。1961 年 4 月，教育部提出了《改进高等学校共同政治理论课程教学的意见》，明确高等学校共同政治理论课的教学任务是：向学生进行理论和实践统一的马克思列宁主义教育，帮助他们理解马克思列宁主义、毛泽东著作，了解党的路线方针政策；引导他们以马克思列宁主义基本原则为

① 普通高校思想政治理论课文献选编（1949—2006）. 北京：中国人民大学出版社，2007：38.

指导，去观察问题、研究学问和处理工作，不断地同现代修正主义、资产阶级思想和其他反动思想的影响进行斗争。为此，教育部规定，高等学校共同政治理论课程包括“马克思列宁主义基础理论”、“形势和任务”两大块。“马克思列宁主义基础理论”课在文科、理科院校有所区别。文科各专业一般设四门，即“中共党史”、“马克思列宁主义基础”（主要学习毛泽东同志的政治学说）、“政治经济学”、“哲学”；理科院校和艺术、体育院校一般设两门，即“中共党史”和“马克思列宁主义概论”（包括马克思主义三个组成部分），专科学校一般开设“马克思列宁主义概论”一门课。“形势和任务”课为各专业、各年级必修课程，主要内容是讲解国内外形势、党和国家的任务方针政策。① 1961 年 7 月，《改进高等学校共同政治理论课程教学的意见》经教育部下发，成为 1961—1962 学年上学期高等学校共同政治理论课的安排。该意见还规定了课程设置和学习时间，布置了编写教材、改进教学方法和培训师资力量等任务。此次调整出现了几个明显的变化：第一，原“马列主义基础”改为“马克思列宁主义基础”，具体内容主要为学习毛泽东同志的政治学说；原“中国革命史”改为“中共党史”；原“辩证唯物主义与历史唯物主义”改为“哲学”。第二，文科同其他专业的共同政治理论课教学安排有所区别，文科学生所学思想政治理论课的内容更多一些。第三，增加了“形势和任务”一门新课，主要讲解国内外形势、党和国家的任务方针政策。此课程在改革开放时期演变成“形势与政策”课。

随着研究生教育的进一步发展，1963 年 8 月，教育部试行《关于高等学校研究生政治理论课的规定（草案）》，对研究生政治理论课的教学内容、学习时间、阅读书目、考试方式等做出明确规定。根据教育部规定，研究生的政治理论课主要包括“马克思列宁主义理论”和“思想政治教育报告”两门课程。

此后，随着国际国内形势的变化，加上我们党对世情、国情判断上出现失误，我们党的指导思想也逐步出现了偏差。我们党认为，社会主义时

---

① 普通高校思想政治理论课文献选编（1949—2006）. 北京：中国人民大学出版社，2007：41.

期，存在着资产阶级和无产阶级的阶级斗争，存在着资本主义和社会主义两条道路的斗争，因而也存在着资本主义复辟的危险。这个斗争是长期的、反复的、曲折的、复杂的，有时是很激烈的。在高等学校和中等学校中也是这样。针对这种情况，1964 年 10 月，中共中央宣传部、高教部党组、教育部临时党组发布了《关于改进高等学校、中等学校政治理论课的意见》，明确当时高等学校、中等学校政治理论课的根本任务是用马克思列宁主义、毛泽东思想武装青年，向他们进行无产阶级的阶级教育，培养坚强的革命接班人；配合学校中各项思想政治工作，反对修正主义，同资产阶级争夺青年一代。中央强调：政治理论课必须从思想上和理论上积极参加这一场阶级斗争，兴无产阶级思想，灭资产阶级思想；宣传马克思列宁主义、毛泽东思想。政治理论课必须同国内国际的阶级斗争密切联系，坚决反对主要危险现代修正主义，同时也反对现代教条主义。围绕新的任务，教育部对课程进行了新的调整，并提出了编写新教材的原则和要求①。根据中央精神，此次思想政治理论课课程改进最重要的是加强毛泽东思想的教育。中央强调，政治理论课必须以毛泽东思想为指针，把宣传毛泽东思想作为最根本的任务，把毛泽东著作作为最基本的教材。根据中央精神，高等学校的共同政治理论课除继续开设“形势和任务”外，还设置“中共党史”“哲学”“政治经济学”。

此阶段课程的设置有以下特点：

第一，紧随国际国内形势的变化，适应反右、反修的需要，增加了社会主义教育、反对修正主义的内容。

第二，重点突出了毛泽东思想的教育，把宣传马克思主义中国化第一个成果——毛泽东思想作为最根本的任务，把毛泽东著作作为最基本的教材。

第三，首次对不同层次的思想政治理论教育的内容有了不同要求，尤其是对文科和理科、本科生和研究生的思想政治教育内容有了变化。

3.“文化大革命”时期的思想政治理论课（1966—1976 年）

1966 年至 1976 年，是“文化大革命”的十年，中国的高等教育遭受

① 普通高校思想政治理论课文献选编（1949—2006）. 北京：中国人民大学出版社，2007：50.

到极大的破坏，各地高校的正常教学秩序被破坏。“文化大革命”时期，许多高校停止了招生，但高校的思想政治教育并没有完全停止。遵照毛泽东“我们的教育方针，应该使教育者在德育、智育、体育几个方面都得到发展，成为有社会主义觉悟的劳动者”的教导，此阶段的培养目标为：培养高举毛泽东思想伟大红旗，无限忠于毛主席、无限忠于毛泽东思想、无限忠于毛主席的革命路线的全心全意为社会主义革命和社会主义建设服务的有文化科学理论、又有实践经验的劳动者。① 根据这一目的，普通高校的公共政治理论课以毛主席语录、毛主席著作和所谓革命大批判的文章、社论作为教材。

1971 年 4 月召开了全国教育工作会议。会议强调要进行教育革命，把青年一代培养成无产阶级革命事业接班人。但此次会议更多的是强调“进行一次思想和政治路线方针的教育”，教育的目的是进一步确立毛泽东的无产阶级教育路线，反对修正主义的教育路线。此后，高校的思想政治教育被“四人帮”用来作为他们篡党夺权的工具，以致名存实亡。

二、改革开放时期的思想政治教育

1. 改革开放初期的思想政治教育课（1977—1984 年）

“文化大革命”结束后，高校思想政治教育逐步走上正轨。1977 年是中国高等教育发展十分重要的一年，在邓小平的倡导下，全国高考制度得以恢复，思想政治理论课又回到了 60 年代初的课程设置。

1978 年 4 月，教育部办公厅发布《关于加强高等学校马列主义理论教育的意见》（全国教育工作会议征求意见稿）（简称《意见》），对新中国成立 28 年以来全国高等学校马列主义理论课取得的成绩做了充分肯定，对“四人帮”在“文化大革命”时期对高校马克思主义理论课的破坏进行了批判，重新明确了马列主义理论课的目的和任务。《意见》指出：马列主义理论课的主要任务在于系统地对学生进行马克思主义三个组成部分的基

① 普通高校思想政治理论课文献选编（1949—2006）. 北京：中国人民大学出版社，2007：55.

本理论教育，武装学生的头脑。《意见》提出，高等学校的马列主义理论课程一般应开设“辩证唯物主义与历史唯物主义”“政治经济学”“中国共产党党史”和“国际共产主义运动史”四门课。其中，前三门课为所有高等院校共同开设课程，理工农医专业还开设“自然辩证法”课，文科院校开设“国际共产主义运动史”课。《意见》还对每门课程的教学内容、新教材的编写、教学方法的改进、教师队伍的建设、领导体制等问题提出了指导性意见①。

为了摸清全国高校思想政治理论课教学状况，总结经验，查找问题，以便提高思想政治理论课教学质量，教育部政治理论教育司于1979年对高校思想政治理论课的基本情况进行了专题调研。在经过广泛调研的基础之上，1980年7月，教育部印发了《改进和加强高等学校马列主义课的试行办法》（简称《办法》）。《办法》进一步明确了新时期高等学校马列主义课的任务，即：对学生进行马列主义、毛泽东思想的基本理论教育，帮助学生完整地、准确地理解马列主义、毛泽东思想的科学体系，提高社会主义觉悟，逐步树立无产阶级的世界观，掌握科学的方法论，初步具有运用马列主义的立场、观点和方法分析实际问题的能力，自觉地为社会主义现代化建设服务，为人民服务。《办法》还明确了马列主义课的教学方针，确定了马列主义课的课程、学时、大纲和教材，并对高校马列主义课的教学制度、教学环节、教学方法、教师队伍建设、领导管理体制等做了明确规定。根据实践经验和当时条件，《办法》确定，全国高校本科开设“中共党史”“政治经济学”“哲学”三门课。文科专业加开“国际共产主义运动史”，也可试开“科学社会主义”。

1982年党的十二大之后，根据党的十二大关于加强共产主义思想教育的精神，教育部决定在高等学校逐步开设共产主义思想品德课。1982年10月，教育部下发了《关于在高等学校逐步开设共产主义品德课程的通知》。该通知对共产主义品德课的教学实施、教学大纲及教学参考材料编写等问题做了详细规定。两年后，即1984年9月，中央宣传部、教育部又专门印

---

① 普通高校思想政治理论课文献选编（1949—2006）. 北京：中国人民大学出版社，2007：70-74.

发了《关于加强和改进高等院校马列主义理论教育的若干规定》（简称《规定》）。《规定》指出：马克思主义是我们党和国家的行动指南，是培养学生无产阶级世界观和共产主义道德的理论基础。把马列主义理论课作为必修课，是社会主义大学区别于资本主义大学的重要标志[①]。《规定》强调：为了增强马列主义理论教育的现实性，现在着手准备在全国高等院校增设“中国社会主义建设基本问题”课程[②]。《规定》还对马列主义理论课教学的各个环节、教学方法、教师队伍建设、教学管理等问题做了专门规定。

1984年9月，教育部又印发了《关于高等学校开设共产主义思想品德课的若干规定》，确定在高等学校新设“共产主义思想品德”课。此课程的任务是对学生进行共产主义人生观和共产主义道德教育，针对学生普遍关心的有关人生、理想、道德等方面的问题，给予有说服力的回答，帮助学生逐步树立共产主义人生观，培养共产主义道德品质。从此时开始，高校思想政治理论课实际已经包含了“马克思主义理论课”和“思想品德课”（后简称为“两课”）。也正是从此时开始，思想政治教育正式作为高等院校的学科和专业进行建设。

提高思想政治教育实效的关键在师资。为了加强高等学校思想政治工作队伍建设，1984年11月，中央宣传部、教育部又颁发了《关于加强高等学校思想政治工作队伍建设的意见》。该意见对思想政治工作人员的政治素质和知识水平提出了明确要求，对思想政治工作人员的培训、待遇等问题做了明确规定。

此阶段的思想政治理论课教学处于改革开放初期，属于改革开放新时期的初创阶段，与改革开放以前的思想政治理论课相比，呈现出如下特点：

第一，改革开放以前的思想政治理论课课程大致延续下来，反映出我国思想政治理论课教学的继承性、连续性。

---

① 普通高校思想政治理论课文献选编（1949—2006）．北京：中国人民大学出版社，2007：94.

② 同①95.

第二，根据改革开放和社会主义现代化建设新形势的需要，新增加了“中国社会主义建设基本问题”，目的是增强马列主义理论教育的现实性，为改革开放服务。

第三，为了培养学生成为有革命理想、讲革命道德、守革命纪律、有文化的又红又专的人才，新增了“共产主义思想品德课”。不少学校从此时开始成立“德育教研室”。

此阶段的思想政治理论课建设为后来实施的“85 方案”积累了丰富的经验，奠定了坚实的基础。

2. 新时期思想政治理论课的改革发展（1985—1998 年）

随着经济体制改革的深入、对外开放的扩大，我国的社会主义法制建设步伐加快，思想政治教育面临的任务越来越重；在对外开放过程中，一些西方社会思潮的传播对大学生产生了种种消极影响，对新时期思想政治教育提出了新的要求。为了改进思想政治理论课，提高其实效，1985 年 8 月，中共中央正式发布《关于改革学校思想品德和政治理论课程教学的通知》。该通知明确了新时期不同层次学校（从小学到研究生阶段）马克思主义思想品德和政治理论课教学的主要内容和基本要求，对高校马克思主义理论课程设置提出了一些重要的改革要求。这是 80 年代中期我们党和国家对高校思想政治理论课程建设提出的重要的指导思想之一。

1986 年 3 月，国家教育委员会（现教育部）发出了《关于在高等学校进一步贯彻〈中共中央关于改革学校思想品德和政治理论课程教学的通知〉的意见》。该意见明确了新的思想政治教育课程方案，即普通高校普遍开设“中国革命史”“中国社会主义建设”“马克思主义原理”“世界政治经济与国际关系”四门课。这四门课中，“中国革命史”由原“中共党史”演变而来，与 1953 年设置的“中国革命史”有相似之处；“马克思主义原理”由原“哲学”“政治经济学”和前期试开的“科学社会主义”合并而来，类似于新中国成立初期的“马列主义基础”课；“中国社会主义建设”和“世界政治经济与国际关系”是适应改革开放新形势新设的课程。这四门课很好地体现了《中共中央关于改革学校思想品德和政治理论课程教学的通知》关于对大学生进行历史、理论和现实相结合的思想政治教育的重要思路。

为了适应形势发展的需要，教育、引导学生正确认识当时的形势和党的各项方针政策，调动广大学生的积极性，1986 年 7 月，中宣部、国家教委印发了《关于对高等学校学生深入进行形势政策教育的通知》，为形势与政策教育走进课堂、纳入教学计划准备了条件。同年 9 月，根据《中共中央、国务院转发〈关于向全体公民基本普及法律常识的五年规划〉的通知》和胡启立关于“在全国各大学开设法律基础课”的指导，国家教委下发了《关于在高等学校开设“法律基础课”的通知》，由此，高校思想政治理论课在教学内容上又增添了“法律基础”一门课。

1986 年 9 月底，中共中央召开了十二届六中全会，通过了《中共中央关于社会主义精神文明建设指导方针的决议》，提出了培育“四有”公民的任务。为了贯彻党的十二届六中全会精神，1987 年 10 月，国家教委下发了《关于高等学校思想教育课程建设的意见》，对高校思想教育课程建设做出了设置五门思想教育课程的规定：“法律基础”“形势与政策”两门为必修课；“大学生思想修养”“人生哲理”“职业道德”三门课，各类学校可根据本校实际有选择地开设。

1987 年党的十三大之后，为了帮助学生了解国内外重大时事，学习党和国家的路线、方针、政策，全面掌握党的基本路线，认清形势和任务，激发爱国主义精神，增强民族自信心和社会责任感，国家教委颁发了《关于高等学校开设〈形势与政策〉课的实施意见》，对“形势与政策”课的性质和任务、教学内容、教学原则、教学安排、师资、教材及经费等问题做了明确规定。

在对本科教学进行改革的同时，适应研究生招生规模不断扩大的要求，研究生公共政治课的改革也开始实施。1987 年 6 月，国家教育委员会颁发了《关于高等学校研究生马克思主义理论课（公共课）教学的若干规定》，要求对所有的硕士研究生开设“科学社会主义理论与实践”课。此外，对文科各专业的硕士研究生开设“马克思主义经典著作选读”课，对理工农医各专业的硕士研究生开设“自然辩证法概论”课。对文科各专业的博士研究生开设“马克思主义与当代社会思潮”课，对理工农医各专业的博士研究生开设“现代科学技术革命与马克思主义”课。

至此，思想政治理论课的设置大体是围绕着“马克思主义理论课”与“思想品德课”即“两课”展开的。其中，马克思主义理论课程包括“马克思主义原理”“中国革命史”“中国社会主义建设”“世界政治经济与国际关系”（文科开设），思想品德课程包括“法律基础”“大学生思想修养”“人生哲理”“职业道德”。这就是改革开放新时期影响长达十余年的“85方案”。这一方案在实施过程中，也在不断地进行调整。

20世纪80年代末和90年代初，国际国内形势发生了深刻变化。中央加强了对大学生思想政治教育及高校思想政治理论课的领导。1991年，原国家教委下发了《关于加强和改进高等学校马克思主义理论教育的若干意见》，强调要继续按照1985年《中共中央关于改革学校思想品德和政治理论课程教学的通知》精神，积极进行教学改革，高校马克思主义理论教育的课程形式以相对稳定为宜。根据几年来课程改革的实践和教学实际情况，四年制本科应继续开设“中国革命史”和“中国社会主义建设”，“马克思主义原理”课要在教学试点的基础上总结经验，继续完善，文科类还应开设“世界政治经济与国际关系”。

以1992年邓小平的南方谈话和党的十四大的召开为标志，我国进入了改革开放和社会主义现代化建设的新阶段。适应新的要求，1993年中共中央、国务院转发了《中国教育改革和发展纲要》，明确了学校德育工作的根本任务，强调要以邓小平同志建设有中国特色社会主义理论为指导，进一步加强和改进学校德育工作，在实践中不断创造改革开放条件下学校德育工作的新经验，把德育工作提高到一个新水平。

1993年6月，国家教委思政司召开了新形势下高校思想政治教育课程建设座谈会。此次会议达成以下共识：第一，把“思想教育课”的名称改为“思想政治教育课程”；第二，根据形势发展需要，对课程进行“改革”；第三，根据高校教学整体改革的大框架要求，在对“思想政治教育课程”建设调研的基础上，将原设的“大学生思想修养”和“人生哲理”两门课合并调整为一门课，叫作“思想道德修养”课，作为必修课，在大学一年级开设；第四，第一次把思想政治教育课与马克思主义理论课并提，共同称为高校思想政治教育（德育）的主渠道和主阵地。这次会议的纪要都以国家教委思政司的文件形式做了转发。

1994 年，中央召开了第二次全国教育工作会议，会后印发了《爱国主义教育实施纲要》和《中共中央关于进一步加强和改进学校德育工作的若干意见》。为贯彻落实此次会议精神，国家教委于 1995 年 10 月下发了《关于高校马克思主义理论课和思想品德课教学改革的若干意见》（简称《若干意见》）。《若干意见》充分阐述了“两课”教学的重要意义，提出要适应新形势对“两课”进行改革，改革的重点是以邓小平同志建设有中国特色社会主义理论为中心内容，进一步加强马克思主义教育。《若干意见》对 1985 年以来高校马克思主义理论课和思想品德课的改革做了认真总结，第一次明确将高校“马克思主义理论课”和“思想品德课”简称为“两课”；强调要通过教学改革，逐步形成结构合理、功能互补的“两课”课程体系，并首次对“两课”设置做了统一的规定：四年制本科马克思主义理论教育课程仍设置为“马克思主义基本原理”“有中国特色社会主义建设”和“中国革命史”；思想品德教育课程仍设置“思想道德修养”“法律基础”和“形势与政策教育”课程。文科类专业还应开设“世界政治经济与国际关系”课程。《中国普通高等学校德育大纲（试行）》规定本科马克思主义理论课应设置“马克思主义基本原理”“有中国特色社会主义建设”“中国革命史论”；思想品德课应设置“思想道德修养”“法律基础”和“形势与政策”。文科类专业应开设“世界政治经济与国际关系”。《若干意见》还对“两课”教学方法的改革、师资队伍建设、“两课”的科学研究和学科建设以及“两课”教学的领导与管理做出了详细规定，提出要把“两课”教学的状况作为评估学校工作和各级领导干部工作实绩的重要条件，作为学校办学水平和“211 工程”评估的标准之一。此文件的印发，对思想品德课的改革建设进一步起到了巨大的推动作用。

1995 年 11 月，为贯彻落实《中共中央关于进一步加强和改进学校德育工作的若干意见》和《中国教育改革和发展纲要》，保证高等学校德育工作的有效实施，根据《教育法》，国家教委正式颁布了《中国普通高等学校德育大纲（试行）》，这是我国第一部全面系统规范高等学校德育工作的大纲。该大纲的颁布和实施，对思想品德课的建设提出了新的更高要求。

为落实《若干意见》提出的主要任务，1996 年 3 月，国家教委颁发了《关于落实“两课”教学改革〈若干意见〉几项重要工作的实施计划》，强调要积极、稳妥地进行马克思主义理论课新课程设置方案的制定工作。1996 年 6 月，全国高校“两课”管理工作座谈会在广州召开，会议指出，国家教委关于“两课”教学改革的文件已适时地提出了争取在 1997 年确定新教学方案的要求，积极稳妥地完成这一任务对于深化高校“两课”教学改革具有重要的意义。会议还提出了新的课程设置方案制定的原则，强调要认真贯彻党中央关于“两课”教学改革要以邓小平同志建设有中国特色社会主义理论为中心内容来加强和改进高校马克思主义理论教育的指示。

1997 年，党的十五大把邓小平理论确立为党的指导思想，写进了党章。党的理论创新和指导思想的与时俱进，对高校思想政治理论课教育教学提出了新的任务和新的要求。党中央高度重视邓小平理论教育，提出了邓小平理论要“进课堂、进教材、进学生头脑”的“三进”要求。1998 年 4 月 28 日，中宣部、教育部下发了《关于普通高等学校开设〈邓小平理论概论〉课的通知》，要求从 1998 年秋季开始，普通高校都要以“中国社会主义建设”课程为基础，开设“邓小平理论概论”课，并把“马克思主义原理”中“科学社会主义论”的课程内容和“中国革命史”中关于 1956 年以后的课程内容融合到这一课程中统一进行讲授。邓小平理论作为“两课”教育教学中心地位的确立，标志着新课程方案设置的制定迈出了关键的一步。

“85 方案”实施时间较长，这一方案有如下特点：

第一，经过几年的摸索，我国已经初步形成了对大学生进行思想政治教育的课程体系。这一课程体系基本包括了马克思主义基础理论，中国化马克思主义和运用马克思主义世界观、方法论解决大学生思想认识问题三个层面的内容。课程体系越来越完善，课程内容也越来越多。

第二，在改革开放中逐步形成的邓小平同志建设有中国特色社会主义理论开始进入教学体系之中，先是在“中国社会主义建设”，后调整到新设的“邓小平理论概论”中，教学内容日益贴近社会发展实际和大学生思想实际。

第三，大学生思想政治教育的管理越来越规范。党和国家对高校思想政治理论课教学越来越重视，各个高校都普遍建立了从事思想政治教育的专门机构，配备了专门教师，建立了一整套管理体系。思想政治理论课的教学基本要求、示范教材、教学参考书陆续编写出来，教材建设呈现出多层次性，适应多媒体教学要求的多媒体课件也逐步开发出来。

第四，思想政治理论课逐步纳入学科建设之中。进入20世纪80年代，我国开始建立独立的隶属于法学门类政治学一级学科下的二级学科“马克思主义理论与思想政治教育”，思想政治教育学科有了明确的学科归属。马克思主义理论与思想政治教育学科的建设，对思想政治理论课的师资培养、课程建设、教材建设、方法创新等起到了重要的推动作用。

3. 世纪之交的思想政治教育课（1998—2004年）

为贯彻党的十五大和《中共中央关于进一步加强和改进学校德育工作的若干意见》精神，进一步完成好邓小平理论“进课堂、进教材、进头脑”这一主要任务，1998年4月，中央政治局常委会专题讨论了教育部党组关于“两课”课程设置的报告，并做了重要指示。

1998年6月，中宣部、教育部印发了《关于普通高等学校“两课”课程设置的规定及其实施工作的意见》，该意见规定：二年制专科开设“马克思主义哲学原理”和“邓小平理论概论”两门课程；三年制专科开设“马克思主义哲学原理”“毛泽东思想概论”和“邓小平理论概论”三门课程；四年制本科开设“马克思主义哲学原理”“马克思主义政治经济学原理”“毛泽东思想概论”“邓小平理论概论”和“当代世界经济与政治”（文科类开设）五门马克思主义理论课，同时开设“思想道德修养”“法律基础”两门思想品德课；硕士研究生开设“科学社会主义理论与实践”、“自然辩证法概论”（理工类）和“马克思主义经典著作选读”（文科类）；博士研究生马克思主义理论课开设“现代科学技术革命与马克思主义”（理工类）、“马克思主义与当代社会思潮”（文科类）。同时，还规定，各层次各科类学生都要开设“形势与政策”课程。这就是思想政治理论课改革进程中的“98方案”。

新的“两课”课程方案大体分为三个层面：一是以马克思主义基本原理教育为主体的课程设置，如“马克思主义哲学原理”“马克思主义政治经济学原理”，属于基础理论教育的内容；二是以马克思主义与中国实际相结合过程中两次理论飞跃的成果为主题的课程设置，如“毛泽东思想概论”“邓小平理论概论”，体现马克思主义理论的发展性和时代性；三是以运用马克思主义的立场、观点和方法认识当代世界和人生，树立正确的人生观和价值观为主题的课程设置，如“当代世界经济与政治”“思想道德修养”和“法律基础”。这三个层面是一个整体，以邓小平理论为中心内容，统一于对大学生进行马克思主义基本原理和爱国主义、集体主义、社会主义的教育。

“98方案”的最大特点是，体现了马克思列宁主义、毛泽东思想、邓小平理论一脉相承而又与时俱进的关系。根据“98方案”关于实施新课程方案的时间安排，各高校按照中宣部、教育部《关于普通高等学校开设〈邓小平理论概论〉课的通知》精神，在1998年秋季普遍开设“邓小平理论概论”课；其他几门课程，一些条件具备的高校在1998年秋季入学的新生中开始实行，所有高校在1999年秋季入学的新生中开始实行。

进入新世纪新阶段，以江泽民同志为核心的党的第三代中央领导集体，在总结历史经验的基础上，提出了“三个代表”重要思想。2001年，江泽民同志在庆祝中国共产党成立80周年大会上的讲话中全面阐述了“三个代表”重要思想的科学内涵。为推动“三个代表”重要思想的“三进”工作，同年，教育部下发了《关于普通高等学校“两课”教育教学中贯彻江泽民同志“七一”重要讲话精神的通知》，强调“积极推进‘三个代表’重要思想进课堂、进教材、进学生头脑工作，是当前和今后一个时期高校‘两课’教育教学工作的重要任务”。

党的十六大的胜利召开，特别是把“三个代表”重要思想同马克思列宁主义、毛泽东思想、邓小平理论一道确立为我们党必须长期坚持的指导思想，对高校思想政治理论课教育教学用科学理论武装大学生提出了新的更高的要求。为在高校思想政治理论课教育教学中全面贯彻党的十六大精神，进一步深化“三个代表”重要思想“三进”工作，2003年2月12日，教育部下发了《关于进一步深化“三个代表”重要思想“三进”工作的通知》。该通知将“邓小平理论概论”课调整为“邓小平理论和‘三个代表’重要思想概论”课，支持思想政治理论课教育教学条件和基础较好的高校以单独形态开设“‘三个代表’重要思想概论”课试点。该通知还要求在开设的其他思想政治理论课中，全面渗透“三个代表”重要思想，将“三个代表”重要思想的基本精神和主要观点与各门课程的学科内容有机结合起来。

“98方案”对“85方案”的调整，主要表现在以下几个方面：

第一，突出了邓小平理论在“两课”教学中的重要地位。“98方案”要达到的最重要的教学目标，就是“以邓小平理论为中心内容”。经过调整后，“中国社会主义建设”课不再单独开设。

第二，“98方案”把“85方案”中的“马克思主义原理”课分设为“马克思主义哲学原理”和“马克思主义政治经济学原理”两门课。

第三，“98方案”把“85方案”中的“中国革命史”课调整为“毛泽东思想概论”课，形成了从“毛泽东思想概论”到“邓小平理论概论”再到“‘三个代表’重要思想概论”的课程逻辑，突出了马克思主义中国化的两次历史性飞跃所产生的理论成果以及几大成果之间的密切联系。

第四，为思想政治理论课提供学科支撑的马克思主义理论与思想政治教育学科得到了进一步发展。1990年，中国人民大学被批准设立全国第一个马克思主义理论教育博士点。1996年，国家正式批准武汉大学、清华大学设立马克思主义理论与思想政治教育博士点。2002年，中国人民大学、武汉大学、中山大学的该学科点被确立为国家级重点学科，这标志着马克思主义理论与思想政治教育学科建设开始进入又一个新的发展时期。

4. 新世纪新阶段思想政治理论课的改革与“05方案”的形成

党的十六大以来，以胡锦涛同志为总书记的党中央对加强和改进大学生思想政治教育做出战略部署，高校思想政治理论课程的新一轮改革成为实施这一战略部署的重要环节。

2002年党的十六大以来，在全面建设小康社会的新的实践中，党中央全力贯彻“三个代表”重要思想，着力于马克思主义理论的新发展，提出了科学发展观等重大战略思想。与此同时，党中央对思想政治建设，特别是对意识形态领域工作做出了重大决策。2004年初，党中央发布了《中共中央关于进一步繁荣发展哲学社会科学的意见》，对新形势下繁荣和发展哲学社会科学的指导方针、总体目标和主要任务做了新的部署，做出了实施马克思主义理论研究和建设工程的重大决策。

2004年初，胡锦涛同志对加强和改进大学生思想政治教育以及高校思想政治理论课教育教学先后做出了重要批示。这充分体现了党中央对大学生全面发展的重视和关心，同时，也对大学生思想政治教育和高校思想政治理论课教育教学提出了更高的要求。根据胡锦涛同志的重要批示精神，中宣部、教育部、共青团中央联合进行了全国大学生思想政治教育暨高校思想政治理论课调研，形成了调研报告，报送党中央。

在调研中，各地各高校反映“两课”课程设置和教材内容存在的主要问题是：第一，课程体系不尽合理，各门课程之间的相互衔接不够，缺乏内在逻辑联系和统一整体性思路。第二，课程内容重复较多。高校思想政治理论课的内容不仅与中学课程的内容重复，而且各门课程之间及各门课程与专业课程之间也存在重复现象。第三，课时过多，在教学实践中很难操作。

根据形势发展对思想政治理论课教学提出的新要求，针对思想政治理论课教学中存在的问题，2004年8月，中共中央、国务院颁发了《关于进一步加强和改进大学生思想政治教育的意见》（简称《意见》）。《意见》深刻分析了我国大学生思想政治教育面临的形势和任务，全面阐述了加强和改进大学生思想政治教育的指导思想、基本原则、基本要求、主要途径和方法，并对高校思想政治理论课的改革和建设提出了明确的要求。《意见》强调，加强和改进大学生思想政治教育的指导思想是：以马克思列宁主义、毛泽东思想、邓小平理论和“三个代表”重要思想为指导，深入贯彻党的十六大精神，贯彻党的教育方针，解放思想，实事求是，与时俱进，立足于帮助大学生树立正确的世界观、人生观、价值观，深入开展马克思主义立场、观点、方法的教育，开展党的基本理论、基本路线、基本纲领和基本经验教育，开展科学发展观教育，开展中国革命、建设和改革开放的历史教育，开展基本国情和形势与政策教育，不断增强高等学校思想政治理论课教学的针对性、实效性和吸引力、感染力。《意见》对思想政治理论课程体系的设置，提出了三点基本要求：一要体现马克思主义与时俱进的理论品格，更好地适应时代发展的要求；二要突出重点，更好地吸收理论和实践发展的最新成果；三要有利于更好地用马克思主义武装大学生头脑。

为深入贯彻落实中共中央、国务院《关于进一步加强和改进大学生思想政治教育的意见》，经党中央同意，2005 年 2 月 7 日，中宣部、教育部下发了《关于进一步加强和改进高等学校思想政治理论课的意见》，该意见规定四年制本科的课程设置为："马克思主义基本原理"、"毛泽东思想、邓小平理论和'三个代表'重要思想概论"（后改为"毛泽东思想和中国特色社会主义理论体系概论"）、"中国近现代史纲要"、"思想道德修养与法律基础"四门必修课；同时，开设"形势与政策"课。另外，开设"当代世界经济与政治"等选修课。该意见还就加大学科建设、师资队伍建设、教学方法与教学手段改革、教材建设等方面的力度提出了明确的要求。这就是现在正在实施的"05 方案"。为了加强思想政治理论课教材建设，中宣部和教育部联合成立教材编写委员会，成立了教材编写小组，并将四门必修课的教材编写直接纳入中央实施的马克思主义理论研究和建设工程。

为了加强和改进高校思想政治理论课，《关于进一步加强和改进高等学校思想政治理论课的意见》还提出了设立马克思主义理论一级学科的任务。2005 年 12 月国务院学位委员会、教育部下发了《关于调整增设马克思主义理论一级学科及所属二级学科的通知》，正式设立马克思主义理论一级学科。马克思主义理论一级学科及其所属六个二级学科的建设，使高校思想政治理论课各门课程有了明确的学科依托，思想政治理论课也被直接纳入学科建设的领域，从而形成了学科与课程良性互动的局面。

为了配合本科生思想政治理论课改革，研究生思想政治理论课也进行了相应的调整。2010 年，中共中央宣传部、教育部联合下发《关于高等学校研究生思想政治理论课课程设置调整的意见》，将研究生课程调整为：

硕士研究生必修课为“中国特色社会主义理论与实践研究”，此课程主要是在当代世界和当代中国背景下，分专题研究和介绍当前中国特色社会主义实践中的重大问题，深化和拓展本科阶段思想政治理论课的学习，进一步掌握中国特色社会主义理论体系，坚定中国特色社会主义信念；选修课“自然辩证法概论”“马克思主义与社会科学方法论”，主要教学目的是让学生掌握马克思主义的立场、观点和方法，认识当代中国与世界，树立中国特色社会主义道路自信、理论自信和制度自信。博士生必修课为“中国马克思主义与当代”，主要是运用当代中国马克思主义的基本观点，深入分析当代世界重大社会问题和国际经济政治热点问题、当代科学技术前沿问题和科技社会问题、当代重大社会思潮和理论热点等，帮助博士生进一步提高运用马克思主义立场观点方法分析和解决问题的能力；博士生选修课为“马克思恩格斯列宁经典著作选读”，主要是选取马克思主义经典作家代表性的原著，通过对经典著作的研读和教师讲授，帮助博士生学习马克思主义基本原理，深化对当代中国马克思主义的理解和掌握。

“05 方案”反映了新世纪新阶段改革发展对高校思想政治教育提出的新要求。“05 方案”与“98 方案”相比，呈现出以下特点：

第一，“05 方案”正式以“思想政治理论课”来概括原来的“两课”各门课。这一新的概括较之“两课”来说，是一个很大的进步。它不仅说明了此类课程的性质，而且客观地反映了“马克思主义理论”和“思想教育”或“思想品德”这两类课程的内在联系，科学地综合了原来称作的“两课”的基本内涵。

第二，“05 方案”把“马克思主义哲学原理”和“马克思主义政治经济学原理”调整为“马克思主义基本原理”，同时强调要加入科学社会主义的有关内容。这一调整不是原有两门课程的合并或简单相加，更不是对“85 方案”的简单回归，而是对一个新的理论体系的构建。

第三，“05 方案”对“98 方案”中分设的“毛泽东思想概论”和“邓小平理论概论”（后调整为“邓小平理论和‘三个代表’重要思想概论”）课做了调整，形成“毛泽东思想、邓小平理论和‘三个代表’重要思想概论”这一门新的课程，突出了中国化马克思主义这一中心内容。

第四，“05方案”增加了“中国近现代史纲要”新课程。从思想政治理论课程体系的演化来看，这一调整明显是吸收了“85方案”中注重社会历史发展教育和“98方案”中注重理论发展教育的长处，实现了中国近现代社会发展和马克思主义中国化理论发展的统一，构成了较为全面的历史教育课程体系。

第五，“05方案”把“98方案”中的“思想道德修养”和“法律基础”课合并为“思想道德修养与法律基础”课。这种合并也不是两门课程的简单相加，而是教学内容的彻底整合。它在一定程度上解决了“98方案”课时较多、部分内容重复的问题，突出了“依法治国”和“以德治国”二者的结合。

三、高校思想政治理论课程体系演化的启示

从新中国成立到今天，思想政治理论课的发展已有60多年。从60多年思想政治理论课课程的演化来看，我们可以得出以下几点结论和启示：

第一，我们党对思想政治理论课教学极为重视。新中国成立以来，党和国家对高校思想政治理论课改革和建设给予了高度关注。虽然课程名称在发生变化，教学内容在进行调整，但党和国家一刻也没有放松对大学生的思想政治教育。实践证明，普通高校开设思想政治理论课是社会主义大学的本质特征之一，是对大学生系统进行思想理论教育的主渠道和主阵地，思想政治理论课程是我国高等教育教学内容和课程体系的重要组成部分。思想政治理论课对于培养社会主义建设者和接班人具有十分重要的意义。

第二，思想政治理论课的调整反映了时代发生的变化和新形势对人才培养的新要求。纵观新中国成立以来，尤其是改革开放以来思想政治理论课程的演变过程，几乎每一个课程体系都要反映时代的要求，都要受到各种因素的制约，诸如政治经济的变化、思想政治理论教育学科建设、高等教育大众化的进程等，其中影响高校思想政治理论课课程设置的主要原因，是国内外社会形势的变化和科学技术的进步，以及对思想政治理论课

性质认识的不断深入。20 世纪 50 年代全国高等学校各个年级普遍开设社会主义教育课程、60 年代开展反对修正主义的教育、80 年代开展关于改革开放的教育、90 年代开设“世界政治经济与国际关系”，以及自60 年代开始的形势与政策教育，都反映了时代变迁和新形势对人才培养的新要求。

第三，思想政治理论课特别突出地强调了马克思主义基础理论。从新中国成立初期的“辩证唯物主义与历史唯物主义”和“政治经济学”课程，到 1956 年开设的“马列主义基础”“政治经济学”和“辩证唯物主义与历史唯物主义”，到 1959 年开设的“马克思列宁主义基础”“政治经济学”和“哲学”，再到 1980 年开设的“政治经济学”“哲学”和文科专业开设的“国际共产主义运动史”“科学社会主义”，再到“85 方案”开设的“马克思主义原理”，再到“98 方案”开设的“马克思主义哲学原理”“马克思主义政治经济学原理”，最后到“05 方案”开设的“马克思主义基本原理”，这些课程都强调了对马克思主义基本原理，以及蕴含于基本原理之中的马克思主义立场、观点和方法的学习和掌握。这些既是对大学生进行科学的世界观教育的基本内容，也是大学生学习和掌握马克思主义中国化的历史与现实的理论基础。

第四，思想政治理论课的改革始终以发展的马克思主义，即中国化的马克思主义理论教育为中心。20 世纪 60 年代强调的毛泽东思想的教育、90 年代强调的邓小平理论教育和新世纪强调的“三个代表”重要思想和科学发展观的教育，这些课程突出了马克思主义科学世界观的时代性和现实性，进一步说明马克思主义与时俱进的理论品质。

第五，思想政治理论课始终坚持理论联系实际的原则，以培养大学生分析问题、解决问题的能力为重点。思想政治理论教育的目的，就在于社会现实中的实际运用。因此，在课程改革进程中，逐步完善了运用马克思主义基本立场、观点和方法认识客观世界和改造主观世界为重点的课程。改进进程中设置的“当代世界经济与政治”“思想道德修养”和“法律基础”等均属于此类课程。

第六，思想政治理论课始终坚持课堂理论教育与社会实践体验相统一的教育教学方法。早在20世纪50年代末，中共中央、国务院就提出“教育与生产劳动相结合”。当时中央强调：在一切学校中，必须把生产劳动列为正式课程。每个学生必须依照规定参加一定时间的劳动。改革开放以来，在几次较大的课程体系及其实施方案中，都设计了一系列的课堂理论教育和社会实践体验相结合的教育环节和教学内容。课堂理论教育与社会实践体验相统一的教育教学方法，实际上是理论联系实际的马克思主义学风的运用。

第七，思想政治理论课教育教学改革始终与学科建设相伴随。以马克思列宁主义和中国化马克思主义为主要教学内容的思想政治理论课建设为发展马克思主义相关学科，尤其是为我们设立马克思主义理论学科奠定了坚实的基础。新中国成立后逐步建立起来的马克思主义相关学科、20世纪80年代开始建立的“马克思主义理论与思想政治教育”学科以及现在正在建设的马克思主义理论一级学科，为思想政治理论课提供了学科支撑。

总之，一部高校思想政治理论课的发展史就是一部改革史，它折射着我国在社会主义现代化建设过程中的辉煌与挫折。它昭示我们，坚持并不断加强高校思想政治理论课是我国高等教育事业沿着正确方向发展的保证，是我们培养中国特色社会主义建设者和接班人的保证。它也提示我们，要搞好思想政治理论课，就必须明确肯定其学科性，充分发挥其实践性，不断增强其实效性。

第二章　将立德树人贯穿于学科与课程建设全过程

我之所以在这里谈这一问题，主要原因有三个：一是在思想政治理论课“05方案”实施十周年之际，2015年1月中共中央办公厅、国务院办公厅印发了《关于进一步加强和改进新形势下高校宣传思想工作的意见》（本章简称《意见》），2015年7月中宣部、教育部又联合下发了《普通高校思想政治理论课建设体系创新计划》（本章简称《计划》），对马克思主义理论学科建设和思想政治理论课程建设如何创新做了新的部署，需要很好地学习、领会和贯彻。二是2016年12月，中共中央、国务院下发《关于加强和改进新形势下高校思想政治工作的意见》。与此同时，中央召开全国高校思想政治工作会议，在会上习近平同志发表重要讲话。习近平同志强调，高校思想政治工作关系高校培养什么样的人、如何培养人以及为谁培养人这个根本问题。要坚持把立德树人作为中心环节，把思想政治工作贯穿教育教学全过程，实现全程育人、全方位育人，努力开创我国高等教育事业发展新局面。贯彻习近平同志重要讲话精神和中央文件精神，需要我们对立德树人进行深入的思考。三是自思想政治理论课新课程和马克思主义理论学科建立以来，学科建设和课程建设都取得了较大的成绩，但在很多高校仍然存在“两张皮”的现象，如何处理好二者关系，促使其协调发展，仍然是一个需要认真思考和加以解决的问题。我们认为，要使学科建设上新台阶，课程建设取得更大实效，必须将立德树人贯穿于学科建设和课程建设全过程。

一、马克思主义理论学科建设和思想政治理论课教育的根本目标是培养人

东欧剧变、苏联解体之后，面对世界社会主义发展处于低潮这一现实，有的学者曾提出，人类的希望在社会主义，社会主义的希望在改革，改革的希望在创新，创新的希望在人才。由此可见，对于社会主义复兴和民族国家的复兴来说，人才是最为重要、最为宝贵的资源。正如党的十八大报告所指出的："中国特色社会主义事业是面向未来的事业，需要一代又一代有志青年接续奋斗。"① 习近平同志也强调："千秋基业，人才为先。实现中华民族伟大复兴，人才越多越好，本事越大越好。我国是一个人力资源大国，也是一个智力资源大国，我国13亿多人大脑中蕴藏的智慧资源是最可宝贵的。知识就是力量，人才就是未来。"② 在全国高校思想政治工作会议上，习近平同志再次强调："我国高等教育肩负着培养德智体美全面发展的社会主义事业建设者和接班人的重大任务，必须坚持正确政治方向。高校立身之本在于立德树人。只有培养出一流人才的高校，才能够成为世界一流大学。办好我国高校，办出世界一流大学，必须牢牢抓住全面提高人才培养能力这个核心点，并以此来带动高校其他工作。"③ 因此，培养什么样的人、如何培养人，这是现代教育必须面对和解决的重大理论和实践课题。新中国成立以来，尤其是改革开放以来，中国共产党对培养什么样的人、如何培养人给予了高度重视，进行了艰辛的理论探索和实践创新，为推进改革开放和现代化建设培养了大批创新型人才。中国改革开放

---

① 胡锦涛．坚定不移沿着中国特色社会主义道路前进　为全面建成小康社会而奋斗：在中国共产党第十八次全国代表大会上的报告．北京：人民出版社，2012：56.

② 习近平．在中国科学院第十七次院士大会、中国工程院第十二次院士大会上的讲话．北京：人民出版社，2014：17.

③ 习近平．把思想政治工作贯穿教育教学全过程　开创我国高等教育事业发展新局面．人民日报，2016-12-09.

30多年的快速发展凝聚着这些创新型人才的积极奉献。面向未来，面对世情、国情、党情的新变化，面对实现“两个百年”目标的艰巨任务，培养创新型人才，建设人力资源强国，依然是我们教育战线不变的主题。

马克思主义理论学科建设的根本目的到底是什么？根据中央文件以及国务院学位办有关文件精神，建立这一学科的根本目的和任务是从整体上研究马克思主义，同时把马克思主义研究成果运用于马克思主义理论教育、思想政治教育和思想政治工作，培养德智体全面发展、政治素质高、理论方向正确、具有比较高的马克思主义素养和理论功底，并能用马克思主义立场、观点和方法分析研究当代现实问题的人才。

高校思想政治理论课建设的根本目的又是什么呢？从教育的根本目的来看，根据党的十八大精神，发展中国特色社会主义教育事业，就是要“坚持教育为社会主义现代化建设服务、为人民服务，把立德树人作为教育的根本任务，培养德智体美全面发展的社会主义建设者和接班人”①。就大学生思想政治教育来说，其根本目的是提高他们的思想政治素质，把他们培养成中国特色社会主义事业的建设者和接班人；单就思想政治理论课来说，其根本目的和任务是帮助大学生树立正确的世界观、人生观、价值观，培养德智体美全面发展的社会主义建设者和接班人。由此可见，思想政治理论课作为大学生思想政治教育的主渠道，其根本目的是促进大学生的全面发展，为改革开放和社会主义现代化建设培养高素质的人才。

我们之所以在此特别强调要将立德树人、培养德智体美全面发展的社会主义建设者和接班人作为学科建设和课程建设的根本目的，是因为现在的学科建设和课程建设有不注重立德树人，忽视人才培养的现象存在。

首先，从学科建设方面看，马克思主义理论学科自成立以来，在马克思主义理论研究、教材建设、课程建设、人才培养方面做了积极探索，也取得了丰硕成果。但不得不承认，有一些学科建设单位并没有把立德树人作为根本任务。不少高校在学科建设过程中，注重课题申报、科学研究，忽视人才培养，存在着为课题而课题、为研究而研究、为学科而学科的现

① 胡锦涛．坚定不移沿着中国特色社会主义道路前进　为全面建成小康社会而奋斗：在中国共产党第十八次全国代表大会上的报告．北京：人民出版社，2012：35.

象，科学研究的成果并没有转化成为人才培养的资源。而在学科建设的考核标准方面，人才培养并没有被放到十分重要的位置或被湮没在众多的考核标准之中。

其次，就思想政治理论课程建设来说，“05 方案”实施以来，经过多方面的努力，思想政治教育教学在课程设置、教材建设、方法改革、师资培养和学科发展等方面取得积极进展。思想政治教育课程体系建设不断完善和规范，教材建设逐步得到加强，教学方法和教学手段改革取得积极进展，师资队伍建设取得了较好成效，高校思想政治教育教学领导和管理体制步入正规化建设的轨道。高校思想政治理论课在立德树人方面发挥了重要作用，但也确实存在着许多需要改进的地方，正如《计划》所说：“思想政治理论课建设自身也还存在许多困难和不足：一些地方和高校对思想政治理论课仍然重视不够，政策条件保障尚未落实到位，思想政治理论课在高校考核评价体系中的地位和作用不够突出；统筹推进教材修订完善、教师队伍建设、教学方法改革的意识不强，思想政治理论课建设体系尚未完全形成；教师队伍建设不适应思想政治理论课改革发展需求，整体素质亟待提升；改革创新的手段不多，制约思想政治理论课针对性实效性的瓶颈亟待突破；有效整合全社会资源的力度不够，思想政治理论课建设全员全方位全过程育人的格局仍需巩固。”尤其值得注意的是，有一些高校并没有把思想政治理论课在立德树人、培养高素质人才方面的特殊地位凸显出来，而是将思想政治理论课等同于一般公共课程；也有不少思想政治理论课老师在课程建设中，更加注重教学方式和教学形式的创新，教学内容严重脱离大学生思想实际，思想政治理论课的育人功能没有很好体现出来。

最后，就马克思主义理论学科建设和思想政治理论课建设的关系来说，二者存在相互脱节的现象。从理论上说，马克思主义理论学科和思想政治理论课在指导思想、建设目标上是基本一致的，建设内容也存在交叉，二者是相互联系、相互促进的关系。但目前，在有一些高校，马克思主义理论学科建设和思想政治理论课建设并没有很好地统一起来，具体表现在：一是在建设内容上，马克思主义理论学科建设脱离大学生思想政治教育实际，没能很好地为课程建设提供必要的支撑；二是在管理机制上，不少高校马克思主义理论学科建设和思想政治理论课课程建设分属不同的建设单位，有两支不同的建设队伍，参加学科建设的人并不承担思想政治理论课教学任务，思想政治理论课专任教师也并不承担学科建设的任务，未能形成全员育人的体制机制。因此，推进学科建设和课程建设体系创新，必须把立德树人、培养高素质人才贯穿其中。

二、学科建设和思想政治理论课建设在人才培养方面面临的新形势分析

马克思主义理论学科和思想政治理论课课程建设，经过十多年的探索和积累，无疑取得了巨大的成绩，高校思想政治教育教学工作也有了根本性的改观。那么，中共中央办公厅、国务院办公厅为何印发《意见》，强调巩固马克思主义在意识形态领域的主导地位？中宣部、教育部为何又联合下发《计划》，提出思想政治理论课建设体系创新计划？中央又为何专门召开高校思想政治工作会议，专门颁发加强和改进新形势下高校思想政治工作的意见呢？这主要是因为，不论是马克思主义理论学科建设，还是高校思想政治工作和思想政治理论课建设，都面临着新形势和新任务。

冷战结束后，尤其是进入新世纪以来，国际形势已经和正在发生的广泛而深刻的变化及国内全面深化改革中出现的许多新情况、新特点，对马克思主义理论学科建设和高校思想政治理论课课程教学提出了许多新的挑战，对培养中国特色社会主义建设者和接班人提出了新的要求。

从国际上看，经济全球化深入发展，世界多极化趋势进一步加强，科学技术酝酿新突破，信息技术特别是互联网影响深远。尤其是国际范围内思想文化交流交融交锋更加频繁，文化与经济、政治的联系日益紧密，国际思想文化领域斗争依然深刻而复杂，越来越多的国家把提高国家文化软实力、维护意识形态安全作为重要发展战略。西方国家对我国加紧实施“西化”“分化”的战略图谋，极力通过多种途径加紧进行思想、文化和意识形态渗透，把和平演变的希望寄托在青年一代。它们借苏东剧变后社会

主义处于低潮这一事实，鼓吹“马克思主义过时了”“社会主义失败了”等，企图用反马克思主义和反社会主义的思想占领社会主义的意识形态阵地，搞乱人们的思想。中国是一个以马克思主义为指导的社会主义国家，如何积极培育和践行社会主义核心价值观，提高青年大学生的政治道德素质，如何巩固马克思主义在意识形态领域的指导地位，帮助青年学生坚定马克思主义信仰，坚定中国特色社会主义道路自信、理论自信、制度自信和文化自信，事关国家前途和民族命运，事关社会主义事业的成败。

从国内来看，随着经济体制改革和其他各项改革的深入发展，经济成分和经济利益多样化、社会生活方式和社会组织形式多样化、就业岗位和就业形式多样化日趋明显，而且还将进一步发展。多种经济成分的共同发展和多种利益群体的出现，反映到意识形态领域，表现为：多种思想观念会相互碰撞，矛盾斗争更加错综复杂，社会成员包括当代大学生不同程度地出现思想困惑或混乱。尤其值得注意的是，近几年来，伴随经济进入新常态，国内意识形态领域内的斗争也十分激烈，新自由主义、历史虚无主义、西方宪政民主等思潮在青年中广泛传播，质疑马克思主义科学性、质疑社会主义制度优势和质疑改革开放成就的一些论调也有一定程度的泛滥，致使部分青年学生中不同程度地产生了“信仰危机”和认同危机，有的甚至还动摇了走中国特色社会主义道路的决心和信心。

从当代大学生的思想实际来看，我国正在进行的伟大而深刻的社会变革对尚处在成长期的当代大学生影响很大。当代大学生是一个规模巨大且十分复杂的群体。“90 后”与“00 后”不一样，东部与西部学生不一样，城市与乡村学生不一样，家庭条件不一样。但也有一些共同特点，如：他们都处于世界观、人生观、价值观的形成时期，容易受到各种思潮的影响；他们思想活跃，没有权威观念，崇尚自由，但对自由并没有理性的认知；他们好奇心强、求知欲旺、接受新鲜事物快、知识面广，但在许多领域却缺乏常识，对许多知识一知半解；他们崇尚所谓“小时代”消费主义文化，主张再不疯狂就变老了，但由于没有稳定的收入来源而处于“拼爹”状态；他们独立意识强，但缺乏顽强的拼搏精神，有部分学生甚至缺少必要的生活能力；他们关注社会公益事业，亲近自然，关心生态环境，但有不少学生却缺少感恩之心和社会责任。思想政治理论课要提高实效，必须紧密联系当代大学生的思想实际，为此必须研究当代大学生的思想状况，掌握他们的接受心理，在充分了解当代大学生的思想状况的基础上，使思想政治理论课教育教学具有现实针对性。而在学科建设和课程建设中，如何坚持立德树人，德育为先，着力培养青年学生的社会责任感、创新精神和实践能力，如何培育学生的健全人格，提高青年学生的综合素质，使之成为德智体美全面发展的社会主义建设者和接班人，是学科建设和课程建设面临的时代课题。

总之，在日趋复杂的国际国内环境下，如何继续推进马克思主义理论创新，增强对重大理论和现实问题的阐释力，如何用马克思主义特别是中国化的马克思主义武装青年大学生头脑，在多元中确立主导，这是我们党的理论研究和思想政治建设面临和必须解决的重大课题，也是马克思主义理论学科和高校思想政治理论课必须认真研究解决的重大课题。也正是因为思想领域面临如此复杂的形势，人才培养面临如此严峻的挑战，习近平同志反复强调："全国高等院校要走在教育改革前列，紧紧围绕立德树人的根本任务，加快构建充满活力、富有效率、更加开放、有利于学校科学发展的体制机制，当好教育改革排头兵。"①

三、围绕立德树人推进学科建设和课程建设体系创新的主要任务

贯彻党的十八大精神和习近平同志有关高校思想政治工作的系列重要讲话精神，围绕立德树人推进学科建设和课程建设体系创新，必须着眼于完成以下任务：

第一，要充分认识马克思主义理论学科建设和思想政治理论课创新的极端重要性。我们必须清醒地认识到：无论是建设好马克思主义理论学科，还是办好思想政治理论课，都是为了巩固马克思主义在高校意识形态

① 习近平. 青年要自觉践行社会主义核心价值观：在北京大学师生座谈会上的讲话. 人民日报，2014-05-05.

领域的指导地位，都是为了落实立德树人的根本任务，培养中国特色社会主义事业的合格建设者和可靠接班人。搞好马克思主义理论学科建设，搞好思想政治理论课教育教学，事关意识形态工作大局和中国特色社会主义制度安全，事关“四个全面”战略布局的贯彻落实，事关中国特色社会主义事业后继有人，事关实现中华民族伟大复兴的中国梦，必须始终摆在突出位置，持之以恒、常抓不懈。

第二，马克思主义理论学科建设必须注重马克思主义基础理论创新，着眼于建立21世纪的中国马克思主义。应该在加强原有的马克思主义哲学、政治经济学和科学社会主义三个组成部分研究的基础上，不断拓展马克思主义理论创新的领域，以马克思主义理论学科之下的六个二级学科为依托，加强对马克思主义的整体研究，加强对马克思主义发展史的研究，揭示马克思主义发展的一般规律和在不同历史阶段上发展的特殊规律，特别是与各国实际相结合而不断发展的规律。要加强对国外马克思主义的研究，了解国外马克思主义研究的最新动态，吸收和借鉴当代国外马克思主义研究的最新成果，推进马克思主义理论创新。要加强对中国化的马克思主义的研究，深刻揭示马克思主义中国化和中国化的马克思主义不断发展的基本规律，不断增强中国特色社会主义道路自信、理论自信、制度自信和文化自信。在当前，尤其应该加强我们党在十八大以来的理论创新研究，弄清楚十八大以来以习近平同志为核心的党中央在治国理政方面提出的一系列新思想、新论断、新观点，弄清楚这些实践基础上的理论创新在哪些方面坚持、继承、丰富和发展了马克思主义。我们认为，只有不断加强马克思主义基础理论研究，真正搞清楚了什么是马克思主义，如何用科学的态度去对待马克思主义，才能使理论更加彻底、更能说服人，才能不断增强高校思想宣传工作的科学性，提高高校思想宣传工作的实效，培养德智体美全面发展的社会主义建设者和接班人。

第三，要加强马克思主义学科建设创新，切实把马克思主义理论学科建成优势学科。要按照《计划》精神，制定马克思主义理论学科发展规划，以马克思主义理论学科优先发展、优势发展、优质发展带动高校哲学社会科学繁荣发展，更充分地发挥高校哲学社会科学育人功能。学科建设必须着眼于立德树人，制定学科人才培养指导方案，规范马克思主义理论学科本科生、硕士生、博士生培养工作，探索建立本硕博相衔接的人才培养体系。通过“长江学者奖励计划”等人才计划，大力培养马克思主义理论学科领军人才。建设好一批马克思主义理论研究和建设创新基地，培养一批马克思主义理论学科领军人才，造就一批马克思主义理论教育家。推动建设马克思主义理论学科国家级协同创新中心，搭建高端马克思主义理论教育和研究平台。

第四，要加强思想政治理论课建设体系创新。要按照《计划》的要求，坚持高校思想政治理论课建设体系创新计划的指导思想、基本原则，坚持围绕《计划》确立的目标，科学实施高校思想政治理论课建设体系创新计划的主要任务。总体上，整体推进教材、教师、教学等方面综合改革创新；在教材建设方面，编写充分反映马克思主义中国化最新成果，教师好用、学生爱读的系列教材，形成思想性、科学性、可读性相统一的立体化教材体系；在师资队伍建设方面，建设一支对马克思主义理论真学、真懂、真信、真用，理想信念坚定，师德高尚，理论功底扎实，教学效果良好的教师队伍，形成专兼结合、结构合理的教学人才体系；在教学方法改革方面，培育推广理论联系实际，富有吸引力、感染力的多种教学方法，形成理念科学、形式多样、管理高效的思想政治理论课教学体系；在平台建设方面，重点建设一批教学科研皆强的马克思主义学院，有利于形成工作合力的思想政治理论课建设条件保障体系；在课程建设方面，逐步构建重点突出、载体丰富、协同创新的思想政治理论课建设体系；在教学内容方面，不断深化中国特色社会主义和中国梦教育，深入开展社会主义核心价值观教育，加强法治教育，坚持不懈地推动中国特色社会主义理论体系进教材、进课堂、进头脑，不断提高思想政治理论课的科学化水平，切实增强思想政治理论课的针对性、实效性和亲和力、感染力，把立德树人体现在课程建设的各个环节。

第五，要加强管理体制创新，形成马克思主义理论学科建设与思想政治理论课课程建设协调发展的体制机制。要建立健全科学的领导体制，切实加强对学科建设和课程建设的领导；建立健全与法律法规相协调、与高等教育全面发展相衔接、与大学生成长成才需要相适应的学科建设和课程建设的制度体系；建立相应的评价机制、激励机制和保障机制，建立专项评优奖励、职称评聘、科研管理、教师培训等制度；建立科学合理的投入机制，完善体系创新的条件保障，为学科建设和课程建设提供必要的物质保障；加强组织领导，正确处理好马克思主义理论学科建设与思想政治理论课建设的关系，改变学科建设和课程建设相互脱节的现状，把立德树人贯穿于学科建设和课程建设全过程，形成立德树人的合力机制。

总之，在全面建成小康社会的新阶段，在实现中华民族伟大复兴中国梦的伟大征程中，马克思主义理论学科建设和思想政治理论课建设既面临良好的发展机遇，也面临着严峻的挑战。只要我们坚持以中国化马克思主义为指导，认真学习贯彻中央文件精神，把握好学科建设和课程建设的基本规律，就一定能把马克思主义理论学科和思想政治理论课建设好，就一定能在立德树人方面取得新成绩。

第三章　充分发挥高校教师在大学生思想政治教育中的关键作用

办好中国的事情，关键在于中国共产党。因此，在过去的90多年时间里，中国共产党始终围绕着建设“一个什么样的党、怎样建设党”这一主题加强党的自身建设。2004年9月，党的十六届四中全会通过了《中共中央关于加强党的执政能力建设的决定》，从而构建了一个关于执政党建设的理论体系。党的十八大以来，我们党把全面从严治党当作事关国家和民族前途命运的大事来抓，党的十八届六中全会专门就如何全面从严治党做了部署，旨在确保我们党始终成为中国特色社会主义事业的坚强领导核心。

把握中国的未来，关键在于中国青年。因此，新中国成立以来，我们党始终围绕着“培养什么样的人，如何培养人”这一主题加强对大学生的思想政治教育。毛泽东曾将青年比作早晨八九点钟的太阳。邓小平曾指出，青年一代的成长，是我们的事业兴旺发达的希望所在。江泽民同志指出：“青年兴则国家兴，青年强则国家强，青年有希望，未来的发展就有希望。全党全社会都要从永葆中华民族生机与活力的高度，从确保我们祖国长治久安的高度，热情关心青年一代的成长，积极创造各种有利条件，促进青年人才脱颖而出。”① 2004年10月，中共中央国务院发布了《关于

① 江泽民论有中国特色社会主义（专题摘编）．北京：中央文献出版社，2002：420.

进一步加强和改进大学生思想政治教育的意见》，形成了一个完整的关于大学生思想政治教育的理论体系。党的十八大以来，以习近平同志为核心的党中央围绕加强和改进高校思想政治教育和思想政治工作，又发表了一系列重要讲话，为高校未来思想政治教育提供了基本遵循。

一、培养社会主义建设者和接班人的关键在教师

振兴民族的希望在教育，振兴教育的希望在教师。教师是教育改革和发展的最重要资源，是教育改革的主体和办学的依靠力量，是决定教育成功的重要因素。毛泽东同志说，教师是人类灵魂的工程师。邓小平同志曾指出："一个学校能不能为社会主义建设培养合格的人才，培养德智体全面发展、有社会主义觉悟的有文化的劳动者，关键在教师。"① 江泽民同志指出，教师是学生增长知识和思想进步的导师，其一言一行都会对学生产生影响，一定要在思想政治、道德品质、学识学风上全面以身作则，自觉率先垂范，这才能真正为人师表。《中华人民共和国教师法》规定："教师是履行教育教学职责的专业人员，承担教书育人，培养社会主义事业建设者和接班人、提高民族素质的使命。教师应当忠诚于人民的教育事业。"② 教师是科学文化知识的传播者，是社会主义精神文明的建设者。教师不仅要向学生传播文化科学知识，还要向学生传递生活经验，帮助他们树立正确的世界观、人生观和价值观，通过自身的道德修养去影响他们的理想、兴趣、情感、意志等。当代大学生科学文化素质的提高，正确世界观、人生观、价值观的形成，离不开高校思想政治理论课教师的教育活动；爱国主义情操的培育、基本道德规范的养成、民主法制意识的提高，离不开广大高校教师的思想政治教育活动。在教学活动中，教育方针能否贯彻，培养目标能否实现，教师始终起着至关重要的主导作用。新中国的教育事业为社会主义建设培养了大批熟练劳动者和各类专门人才，并积累了丰富的教育工作经验。长期以来，广大教师在教书育人方面付出了艰辛的劳动，

---

① 邓小平文选：第2卷．北京：人民出版社，1994：108.

② 中华人民共和国法律（2013年版）．北京：人民出版社，2013：934.

耗费了大量的心血，为我国社会主义现代化建设做出了不朽的贡献。对此，邓小平同志做了高度的评价："我们的科学家、教师发现人才，培养人才，本身就是一种成就，就是对国家的贡献。……尽管有些新人在科学成就上超过了老师，他们老师的功绩还是不可磨灭的。"① 广大教育工作者"为民族、为国家、为无产阶级立了很大功劳。为人民服务的教育工作者是崇高的革命的劳动者"②。"人民教师是培养革命后代的园丁。他们的创造性劳动，应该受到党和人民的尊重。"③ 进入新世纪，国际竞争日趋激烈，知识经济遍布国民经济各个领域，日益受到全社会的广泛重视。谁拥有高质量的教育，谁就拥有了人才，谁就能占据经济发展的主导地位。教育要造就数以亿计的高素质劳动者、数以千万计的专门人才和一大批拔尖创新人才，归根到底要依靠忠于事业、道德高尚、专业合格、勇于创新、无私奉献的广大教师。

广大教师必须充分认识到，不断加强和改进大学生思想政治教育工作，是我们党和国家的重要政治优势，也是高等学校教育改革和发展的一条重要经验。改革开放以来，党中央、国务院对高校大学生思想政治教育是十分重视的。党的第二代、第三代中央领导集体对在改革开放新时期如何加强和改进大学生思想政治教育做出了一系列重要论述。为改进和加强大学生思想政治教育，党中央、国务院、中组部、中宣部、教育部、共青团中央做出了一系列重要决定。1980 年，在我国改革开放初期，为了培养中国现代化建设的高层次人才，教育部、共青团中央发布了《关于加强高等学校学生思想政治工作的意见》；1985 年，我国经济体制改革全面展开之后，为了适应改革开放对广大青年学生提出的新要求，中共中央发出《关于改革学校思想品德和政治理论课程教学的通知》；1987 年，在国内部分高校出现大学生学潮之后，中共中央又做出《关于改进和加强高等学校思想政治工作的决定》；1993 年，在党的十四大提出中国经济体制改革的目标模式是建立社会主义市场经济体制之后，

---

① 邓小平文选：第 2 卷．北京：人民出版社，1994：96.

② 同①109.

③ 同①95.

为适应社会主义市场经济发展的要求，中共中央组织部、中共中央宣传部、国家教育委员会发布《关于新形势下加强和改进高等学校党的建设和思想政治工作的若干意见》；1994 年，中共中央发布《关于进一步加强和改进学校德育工作的若干意见》。20 多年来，高校思想政治教育在提高大学生思想政治素质，促进大学生的全面发展，推动高等教育改革发展，维护学校和社会稳定方面，在推进邓小平理论和“三个代表”重要思想与科学发展观“进教材、进课堂、进大学生头脑”方面，在培养中国特色社会主义事业建设者和接班人方面所起的作用是十分巨大的。实践证明，越是发展经济，越是改革开放，越要重视思想政治教育工作。“思想政治教育，在各级各类学校都要摆在重要地位，任何时候都不能放松和削弱。”①《中共中央、国务院关于进一步加强和改进大学生思想政治教育的意见》明确指出：“加强和改进大学生思想政治教育，提高他们的思想政治素质，把他们培养成中国特色社会主义事业的建设者和接班人，对于全面实施科教兴国和人才强国战略，确保我国在激烈的国际竞争中始终立于不败之地，确保实现全面建设小康社会、加快推进社会主义现代化的宏伟目标，确保中国特色社会主义事业兴旺发达、后继有人，具有重大而深远的战略意义。”② 历史经验表明，不断加强和改进大学生思想政治教育，是中国共产党的一大政治优势，不论什么时候，这个优势一定不能丢掉。广大高校教师应切记这一点。

广大教师必须充分认识到，在新世纪新阶段，面临新形势、新任务，加强和改进大学生思想政治教育是一项重大而紧迫的战略任务。进入新世纪，国际国内形势发生了深刻的变化，使大学生思想政治教育既面临有利条件，也面临严峻挑战。从国际形势看，世界多极化趋势继续发展，经济全球化进程日益加快，东西方思想文化相互激荡，社会主义处于低潮，国际敌对势力对我国加紧实施“西化”“分化”的战略图谋，与我们争夺青年一代的斗争更加尖锐，大学生面临着大量西方文化思潮和价值观念的冲击，某些腐朽没落的生活方式对大学生的影响不可低估。可以预见，在国

① 江泽民论有中国特色社会主义（专题摘编）. 北京：中央文献出版社，2002：264.

② 十六大以来重要文献选编：中. 北京：中央文献出版社，2006：177.

际局势深刻变动的情况下，国际敌对势力对我国推行和平演变的攻势会加强，我们与国内外各种敌对势力在渗透与反渗透、颠覆与反颠覆、分裂与反分裂、演变与反演变上的斗争会更复杂，在高校用马克思主义理论，特别是中国特色社会主义理论体系武装大学生头脑的任务将更艰巨。面对西方这场“没有硝烟的第三次世界大战”，我们必须加强对青年大学生进行马克思主义理论和思想政治教育，以增强他们抵制“西化”“分化”的能力。从国内形势看，改革开放的不断扩大和社会主义市场经济的深入发展，必然会引起人们的思维方式、思想观念、价值取向、人生态度等的一系列变化，对尚处在世界观、人生观、价值观形成中的大学生来说，影响会更大。一方面，它有利于大学生树立竞争意识、自强意识、创新意识、成才意识、创业意识、民主意识、平等意识、参与意识、法律意识。另一方面，它也带来一些不容忽视的负面影响。多种经济成分并存和多种利益群体的出现，尤其是利益集团的出现，反映到文化和意识形态领域，导致多种思想观念相互碰撞，社会成员包括当代大学生可能出现思想困惑或混乱；各式各样的生活观念和精神文化需求，使人们特别是青年大学生很容易接受形形色色的社会影响。一些大学生不同程度地存在着政治信仰迷茫、理想信念模糊、价值取向扭曲、诚信意识淡薄、社会责任感缺乏、艰苦奋斗精神淡化、团结协作观念较差、心理素质欠佳等问题。面对新形势、新情况，大学生思想政治教育工作还不够适应，存在不少薄弱环节。广大高校教师必须从关系社会主义事业兴衰成败、中华民族的前途命运、中国社会的长治久安的战略高度来认识高校思想政治教育的极端重要性。

二、高校所有教师都应自觉承担起对大学生进行思想政治教育的责任

高校思想政治教育课的教师应自觉提高自身素质，努力发挥自身在大学生思想政治教育中的关键作用。早在十八大以前，习近平同志在第二十次全国高校党建工作会议上就曾明确指出：“教师是人类灵魂的工程师，

是青年学生成长的引路人和指导者。他们的思想政治素质和道德情操，对青年学生具有很强的影响力和感染力，在思想传播方面起着十分重要的作用。这就要求我们的高校教师以高度的社会责任感坚持教书育人、为人师表，以良好的思想道德品质给大学生以潜移默化的影响。”[①] 从事高校思想政治理论课教学的教师承担着思想政治教育的特殊使命，在高校思想政治教育中起关键作用。高等学校思想政治理论课是大学生必修课，是对当代大学生系统地进行马克思主义理论教育和思想政治教育的主渠道和主阵地，是帮助大学生树立正确的世界观、人生观、价值观的重要途径，在把新一代大学生培养成为社会主义事业的建设者和接班人方面起着其他课程不可替代的重要作用。党的十三届四中全会以来，高校思想政治理论课教学得到重视，地位得到了提高；思想政治理论课课程体系、课程设置、课程内容进一步规范化；思想政治理论课的教材建设得到了加强；中国特色社会主义理论体系“三进”工作取得明显成效；思想政治理论课的教学效果得到了明显提高。但目前思想政治教育课中也存在思想政治教育教材建设滞后、教学内容与大学生思想实际结合不紧、教学方法呆板、教学形式单一等问题。这些问题的存在与思想政治理论课教师自身业务素质不高有较强的联系。因此，高校思想政治理论课教师必须认真学习、深刻领会、认真贯彻党中央关于加强和改进大学生思想政治工作的精神，努力提高自身的思想政治素质和业务素质，不断加强自身的马克思主义理论修养，积极探索思想政治教育规律，在思想政治教育课的学科建设、课程建设、教材建设和人才培养方面做出应有的贡献。要联系改革开放和社会主义现代化建设实际，联系大学生的思想实际，切实改革教学内容，改进教学方法，丰富教学手段，不断提高思想政治教育课的教学实效。

高校哲学社会科学教师必须自觉承担起对大学生进行思想政治教育的重任。哲学社会科学，主要是帮助人们解决世界观、人生观、价值观问题，解决理论认识和科学思维问题，解决对社会发展、社会管理规律的认识和运用的科学。哲学社会科学是人们认识世界、改造世界的重要工具，

---

① 第二十次全国高校党建工作会议在京召开　习近平会见会议代表并讲话. 人民日报，2012-01-04.

是推动历史发展和社会进步的重要力量。党的十五大报告曾明确指出："积极发展哲学社会科学，这对于坚持马克思主义在我国意识形态领域的指导地位，对于探索有中国特色社会主义的发展规律，增强我们认识世界、改造世界的能力，有着重要意义。"① 进入新世纪后，党中央进一步强调："哲学社会科学中的绝大部分学科都具有鲜明的意识形态属性，对于帮助大学生坚定正确的政治方向，正确认识和分析复杂的社会现象，提高思想道德修养和精神境界具有十分重要作用。"② 从事哲学社会科学教育教学工作的教师必须充分认识到哲学社会科学在大学生思想政治教育中的地位和作用，应按照我们党的要求，坚持和巩固马克思主义在意识形态领域的指导地位，在哲学社会科学教学中充分体现马克思主义中国化的最新理论成果，用科学理论武装大学生，用优秀文化培育大学生。要积极参与马克思主义理论研究和建设工程，努力形成以当代中国马克思主义为指导的具有中国特色、中国风格、中国气派的哲学社会科学学科体系和教材体系。从事哲学社会科学教学的教师应以高度负责的态度，率先垂范、言传身教，以良好的思想、道德、品质和人格影响大学生，抓住教育的各个环节加强思想政治教育，使学生在学习科学文化知识过程中，自觉加强思想道德修养，提高政治觉悟。

高校各门课程的教师都负有育人职责，都应自觉对大学生进行思想政治教育。过去人们一直认为，对大学生进行思想政治教育主要是思想理论课教师及思想政治教育工作者的事，思想政治教育课以外的其他课程仅是传授专业知识，提高学生技能。针对此种认识误区，江泽民同志曾明确指出："各级各类教育都要把全面推进素质教育，提高受教育者的全面素质，作为教育工作的战略重点。既要重视和不断加强、改进文化知识教育，又要重视和不断加强、改进思想道德教育。通过思想道德教育，增强受教育者的思想政治素质和社会责任感，培养敬业爱岗和服务质量意识，养成既讲竞争进取，又讲团结合作的风气。"③《中共中央、国务院关于进一步加

① 十五大以来重要文献选编：上．北京：人民出版社，2000：37.

② 十六大以来重要文献选编：中．北京：中央文献出版社，2006：182.

③ 江泽民论有中国特色社会主义（专题摘编）．北京：中央文献出版社，2002：265.

强和改进大学生思想政治教育的意见》明确指出：“高等学校各门课程都具有育人功能，所有教师都负有育人职责。”[①] 我们认为，教师是学生增长知识和思想进步的导师，任何教师都肩负着教书育人、培养一代社会主义新人的任务。高等学校的广大教师应以高度负责的态度，在对学生进行专业知识教育的同时，把思想政治教育融入大学生专业学习的各个环节，渗透到教学、科研和社会服务的各个方面。广大教师要当好学生健康成长的指导者和引路人，为学生树立学习的榜样；要在思想政治上、道德品质上、学识学风上，全面以身作则，自觉率先垂范；要为人师表，成为热爱祖国、热爱人民、热爱社会主义的模范；对待学生，既要严格要求，又要平等待人，要努力成为学生的良师益友。

总之，对当代大学生进行思想政治教育是一个庞大的系统工程，高等学校的所有教师都应自觉承担起对大学生进行思想政治教育的重任。

三、面对新形势新任务，必须不断加强教师队伍建设

高素质的教师队伍，是高质量教育的一个基本条件。有了高素质的教师队伍，才能培养出全面发展的合格人才。邓小平同志曾指出：“教育战线任务愈来愈重，各级教育部门不能不努力提高现有教师队伍的教学能力和教学质量。”[②] “要研究如何提高教师的水平。”[③] “要提高教师的水平，包括政治思想水平、业务工作能力以及改进作风等。”[④] 江泽民同志指出，教育者必先受教育。教师不但要学专业知识、科学文化知识，还要学政治知识、实践知识，以不断提高教书育人的水平。要把造就具有正确的世界观和教育思想，掌握现代教育内容、方法和技术，善于从事素质教育的教师队伍，作为教育工作的一项根本任务来抓。高素质的教师队伍，是高质量教育的一个基本条件。没有一支数量充足、思想业务素质良好的教师队伍是不行的。

---

① 十六大以来重要文献选编：中. 北京：中央文献出版社，2006：182.

② 邓小平文选：第2卷. 北京：人民出版社，1994：109.

③④ 同②55.

第一，不断提高教师的思想道德素质。东汉扬雄在《法言》中说：师者，人之模范也。教育家叶圣陶先生曾说过：教育工作者的全部工作就是为人师表，凡希望学生去实践的，自己一定实践，凡劝诫学生不做的，自己一定不做。教师的道德素质直接影响和决定着学生的思想品德。教师只有首先具备了共产主义的思想道德，才能把学生培养成共产主义的一代新人。大量事实证明，学生的思想品德、科学文化、身体心理等素质的提高，必须建立在教师素质的提高之上。教师的为人师表以及能否成为学生的表率、楷模，决定于教师自身的素质、教师的职业道德修养。教师的自我修养愈深，他在学生中的威信也愈高，教育效果也就愈好。我们很难想象一个自身思想品德素质不高、科学文化知识贫乏、有心理缺陷的教师，能够培养出思想品德高尚、科学文化知识丰富、心理健全的学生来。因此，学校应该大力加强教师思想教育，充分调动教师内在的积极性。高等学校要以马克思列宁主义、毛泽东思想、邓小平理论、“三个代表”重要思想和科学发展观为指导，坚持理论联系实际，了解和解决好教师思想认识上的难点问题、实际生活中的热点问题。坚持“以人为本”的思想，把提高教师的思想素质作为提高教师整体素质的核心和灵魂，作为发挥教师全部教育教学潜能的内部驱动力，不断更新教师的思想观念。要加强对教师进行革命理想教育、为人民服务教育，鼓励教师为振兴中华民族培养人才，帮助教师树立正确的人生观、世界观、价值观，并将思想道德信念内化为教师的自觉工作要求和愿望，外化为积极主动的工作行为，树立教师职业的光荣感、责任感和使命。

第二，加强师资培训工作，不断提高教师的业务水平。教师自身业务水平的高低，直接关系到教学的成败。邓小平同志要求教师“要善于教”，“只有老师教得好，学生才能学得好”①。从事思想政治教育的教师，除了具有良好的思想道德素质，还必须具有深厚的理论功底和广博的知识储备。高校教师必须具有良好的理论素质，在理论上不断对自己提出更高的要求，既要站在历史上思想巨人的肩上，又要站在当代理论学术前沿，更

① 邓小平文选：第2卷. 北京：人民出版社，1994：55.

要有异常活跃的理论思维，善于对实践中遇到的新问题进行理论思考，这样才能以坚实丰厚的理论功底和令人叹服的逻辑分析去说服崇尚真理的大学生，实现“以科学的理论武装人”的教学目的。因此，各类高校应把师资培训工作纳入规划、列入任务。应本着全面规划、规范管理、普遍提高、重点培养的原则，建立系统化、规范化的高校教师培训体系。要不断提高教师的专业素质，不断完善广大教师知识结构，努力提高教师教育教学水平；要着力培养教师的教学能力、学习能力、创新能力、交往能力；要采取切实措施，努力培养一批坚持以马克思主义为指导，政治坚定、思想过硬、理论功底扎实、知识渊博、品格高尚、精于教书、勤于育人、献身教育事业的教师队伍，使他们在大学生思想政治教育中发挥更大的作用。

广大教师应具备求真务实、勇于创新、严谨自律的治学态度和学术精神，努力发扬优良的学术风气和学术道德；应自觉地加强自身的理论学习，同时还要学习与理论相关的各种背景知识、前沿知识、边缘知识和交叉知识，不断完善自己的知识结构，厚积薄发，使得对理论的阐述深刻到位；应坚持与时俱进，不断以新的知识充实自己，成为热爱学习、学会学习和终身学习的楷模；应自觉地从事本专业的理论研究、比较研究、实践研究等，以较强的科研创新能力，用现代化的教育手段，促进教学水平的提高。

第三，建立和完善师资管理运行机制。要加快学校师资管理运行机制的改革与完善，建立优胜劣汰的竞争机制、物质与精神奖励相结合的激励机制、按劳分配的利益机制，完善考核评价体系，形成有利于教师成长和教师资源开发的新氛围。要按照党中央关于加强和改进新时期大学生思想政治工作的一系列文件精神，建立和完善大学生思想政治教育专职队伍的激励和保障机制。完善思想政治教育队伍的专业职务系列，从思想政治教育专职队伍的实际出发，解决好他们的教师职务聘任问题。鼓励他们安心本职工作，成为思想政治教育的专家。要建立专项评优奖励制度，定期评比表彰思想政治教育工作先进集体和个人，树立、宣传、推广一批先进典型。要坚持抵制各种有害文化和腐朽生活方式对大学生的侵蚀和影响。

21世纪是高科技发展的世纪，人类正朝着经济全球化、科技网络化的方向发展。世界各国之间的竞争实际上是综合国力的竞争，而综合国力的竞争归根到底又在于教育的竞争和人才的竞争，担负培养人才使命的教师队伍决定着21世纪人才的质量。只有高水平的教师，才能培养出高质量的人才。建设一支高素质的教师队伍，已成为当务之急。

第四章　社会转型期高校思想政治教育遇到的挑战

普通高校对当代大学生系统地进行马克思主义理论和思想政治教育，是把新一代大学生培养成为社会主义事业的建设者和接班人的重要途径。改革开放30多年来，高校思想政治教育无论在内容上还是在方法上，都有了许多新的突破，取得了较为显著的成效。然而，我们也必须看到，自20世纪90年代苏东剧变以来，国际形势已经和正在发生的广泛而深刻的变化及国内改革和建设中出现的许多新情况、新特点，对高校思想政治教育也提出了许多新的挑战。高校思想政治教育必须面对这些挑战，积极进行理论创新、体制创新，努力提高思想政治教育的实效。

一、当今世界的国际环境和国际政治斗争对思想政治教育提出了新的挑战

进入新世纪，世界形势发生了广泛而深刻的变化，经济全球化进程日益加快，世界多极化趋势继续发展，东西方思想文化相互激荡，社会主义伴随苏东剧变而处于低潮，西方敌对势力对我国加紧实施“西化”“分化”的战略图谋，对高校思想政治教育提出了新的挑战。

自十月社会主义革命以来，西方国家就一直不遗余力地对社会主义国

家发动各种攻势，其中很重要的就是进行意识形态渗透。尼克松在《1999：不战而胜》一书中宣称：在同社会主义的斗争中，“最终对历史起决定作用的是思想，而不是武器”。“……我们在意识形态领域斗争的失利，我们所有的武器、条约、外援和文化交流都将毫无意义。”因此，西方国家把在社会主义国家周围设置电台，看得比设置导弹更为重要。他们梦寐以求的就是“用和平演变的潮水冲垮社会主义的堤坝”。东欧剧变、苏联解体，就同西方国家长期进行的意识形态渗透有密切关系。

苏东剧变、冷战结束后，和平与发展成为当今时代的主题，但冷战思维、霸权主义仍然存在，意识形态领域的斗争仍然十分复杂。对此，邓小平判断十分清醒。他说：“可能是一个冷战结束了，另外两个冷战又已经开始。一个是针对整个南方、第三世界的，另一个是针对社会主义的。西方国家正在打一场没有硝烟的第三次世界大战。所谓没有硝烟，就是要社会主义国家和平演变。”① 以美国为首的西方国家在经济、科技和军事领域占据明显的优势，“西强东弱”“南强北弱”“资强社弱”的格局短期内不会发生根本改变。中国是世界上最大的社会主义国家，也是最大的南方发展中国家。面对正在不断崛起的中国，西方敌对势力必然加紧以各种手段和方式对我施行“西化”“分化”的政治战略，以期达到颠覆中国共产党的领导和中国的社会主义制度的目的。他们极力通过多种途径加紧进行思想和文化渗透，利用所谓人权、民主、自由、宗教、民族等问题，与国内极少数人相互勾结，遥相呼应，制造事端，妄图同我们党和政府进行政治上的较量，同我们争夺青少年一代。他们搞和平演变，“把希望寄托在我们以后的几代人身上”②。

近几年来，西方敌对势力对我国推行的和平演变战略发生了新的变化，除了继续对我国实施“西化”和“分化”战略，即搞全盘西化和分裂主义外，还采取了一些新的手法：一是“淡化”策略，即在全球范围内借用冷战的结束极力宣扬“淡化意识形态”，企图让我们淡化政治，淡化共产主义理想，淡化马克思主义在意识形态领域的指导地位。我们国内的一

① 邓小平文选：第3卷．北京：人民出版社，1993：344．

② 同①380．

些人，受到西方这种思想的影响，也在极力散布“淡化意识形态”“意识形态多元化”和“指导思想多元化”等论调。散布这种论调，不管主观愿望如何，实际上适应了西方淡化马克思主义意识形态的图谋。二是“腐化”策略，即利用市场经济的负效应和我国给外资的优惠政策，钻中国法规的空子，赚中国人的钱，腐蚀中国共产党的干部，企图搞垮社会主义经济基础，进而搞垮社会主义的上层建筑。三是“丑化”策略，即利用少数共产党员的工作失误和少数腐败分子的腐败行为，添枝加叶，对中国共产党的领导和中国的社会主义制度加以丑化，甚至无中生有，造谣中伤党的领袖人物和领导骨干，使其在民众中威信下降，进而脱离群众，失去民心。四是“溶化”策略，即通过意识形态的渗透，通过鼓吹“马克思主义过时了”“社会主义的历史终结了”“毛泽东有错误”“邓小平没有理论”等，企图用反马克思主义和反社会主义的思想占领社会主义意识形态阵地，用所谓的“普世价值”及“公民社会”“新自由主义”“历史虚无主义”等思潮搞乱人们的思想。他们还与流亡在国外的所谓“民运分子”和我国境内的敌对分子相勾结，企图联手行动。西方敌对势力推行“和平演变”的新策略，要害是要动摇人们对马克思主义的信仰和对共产主义的信念，以实现人们对共产党信任的丧失和对社会主义信心的丧失。

在新世纪，伴随国际金融危机影响的加剧和西方国家经济的衰退、民主的衰败和价值观的错乱，国际范围内思想文化领域的斗争更为激烈，西方敌对势力对我国推行和平演变的攻势在不断加强，我们必须认真研究反对和防止“和平演变”的总体战略和措施，加强对青年大学生进行当代中国马克思主义理论教育，提高他们的思想免疫力，增强他们抵制“西化”“分化”的能力。

二、社会主义发展处于低潮对高校思想政治教育提出了严峻挑战

20世纪80年代末90年代初，东欧剧变，苏联解体，社会主义制度由15个国家缩小为5国，陆地面积由占全球的24%缩小为占7%，共产党

和共产党员大量减少，共产党执政的社会主义国家的力量和影响明显减弱，社会主义遭受了震惊世界的严重挫折，马克思主义的发展遇到了严峻挑战。

社会主义发展的历史证明，每当社会主义处于低潮时，其内部必然会出现“低潮时期综合征”，出现多种不利于社会主义发展的不良情绪：有的人会出现“悲观失望情绪”，即对马克思主义信仰不坚定，对社会主义事业和共产党的领导丧失信心；对于一些错误思潮和当代资本主义错综复杂的新变化，不识其害，不得其解。有的人会出现“消极颓废情绪”，即厌倦政治而崇拜金钱、权力、美色和享乐，因而造成腐败滋生泛滥。还有的人会出现“背叛情绪”，轻者背叛自己入党时的誓言，不愿再为社会主义和共产主义奋斗，重者则叛党叛国，公开投向资产阶级怀抱，为资产阶级出谋划策，分化瓦解党的队伍。这也是党的十八大以来我们党特别强调理想信念教育的重要原因。

这种“低潮时期综合征”，在当前我国思想理论界、在我们共产党内部、在当代大学生中都有不同程度的表现。首先，我们必须看到，苏东剧变后，我们有些人对世界社会主义的前途和命运的确存在这样那样的忧虑，在我们的一些党员、干部和群众中也不同程度地产生了“信仰危机”，有关“马克思主义、社会主义失败了”“马克思主义不灵了”“马克思主义过时了”等论调不时出现，有的甚至还动摇了走中国特色社会主义道路的决心和信心。这种情况的存在，对于我们对当代大学生进行马克思主义理论和思想政治教育，帮助大学生树立共产主义远大理想，坚定走中国特色社会主义道路的决心和信心十分不利，对新时期的高校思想政治教育提出了严峻挑战。其次，我们也必然看到，在我们党员和干部中，的确有一些人出现了消极颓废情绪，一些领域道德失范，拜金主义、享乐主义、个人主义滋长，腐败现象在一些地方蔓延，党风、政风受到很大损害；一部分人国家观念淡薄，对社会主义前途发生困惑和动摇。最后，我们也必须清醒地看到，在思想领域里，也不时出现一些错误的思想观点。比如，有的鼓吹历史虚无主义，歪曲、否定我们党和人民的奋斗历史；有的鼓吹西方的民主和自由，公开否定党的领导和社会主义制度，主张实行“全盘西化”；有的主张淡化意识形态，主张指导思想多元化，否定马克思列宁主义、毛泽东思想和中国特色社会主义理论体系在我国的指导地位；有的主张私有化，否定社会主义初级阶段的基本经济制度；还有的无视我国经济、政治、文化、社会、生态建设的主流，抓住我们前进中发生的问题和社会上的一些消极现象，否定党的方针政策和改革开放。

高校历来都是各种不同的理论学术观点、思想政治观点交汇、融合、争斗的阵地。在这样复杂的形势下，高校能否坚持社会主义方向不动摇，坚持用马克思主义理论培养中国特色社会主义事业的建设者和接班人，关系到中国社会的前途命运。在社会主义运动处于低潮的形势下，如何正确认识社会主义发展的历史进程，如何认识资本主义发展的历史进程，如何用马克思主义特别是邓小平理论武装青年大学生头脑，这是我们党的理论研究和思想政治建设面临和必须解决的重大课题，也是高校思想政治教育必须认真研究解决的重大课题。

三、信息网络化对高校思想政治教育提出了新的挑战

21 世纪无疑是一个高度信息化的世纪。随着高新技术特别是信息技术的迅猛发展，互联网络的触角正以惊人的速度延伸到社会的各个层面，网络已成为传播思想文化的新阵地和开辟舆论斗争的新舞台。

我国从 1994 年 4 月获准接入互联网，近几年来网络发展显示出旺盛的生命力。根据 2016 年 8 月中国互联网络信息中心发布的《第 38 次中国互联网络发展状况统计报告》，截至 2016 年 6 月，中国网民规模达 7.1 亿，其中手机网民规模达 6.56 亿，占比达 92.5%。同年 9 月，根据国际电信联盟的报告，全球互联网人数 2016 年已达 35 亿，约等于全球人口的 47%，其中中国网民达 7.21 亿，是全球网民人数最多的国家，远胜于网民数量第二的印度（3.33 亿）和第三的美国。互联网越来越成为人们学习、工作、生活的新空间，越来越成为获取公共服务的新平台，已深刻地影响到了中国普通人的生活。正如习近平同志所说：“当今世界，信息技术革命日新月异，对国际政治、经济、文化、社会、军事等领域发展产生了深

刻影响。信息化和经济全球化相互促进，互联网已经融入社会生活方方面面，深刻改变了人们的生产和生活方式。我国正处在这个大潮之中，受到的影响越来越深。”①

互联网是一个社会信息大平台，亿万网民在上面获取信息、交流信息，这会对他们的求知途径、思维方式、价值观念产生重要影响，特别是会对他们对国家、对社会、对工作、对人生的看法产生重要影响。在数以亿计的网民中，受网络文化影响最深、最广的莫过于有较高文化水平且对网络一“网”情深的大学生。由于近几年来大学生上网人数的急剧飙升，网络文化对他们的思想观念、价值取向、思维方式、行为模式、个性心理等都产生了十分广泛和深刻的影响。单从高校思想政治教育来讲，互联网既带来了良好的机遇，也带来了严峻挑战。

第一，网络文化的多样性易导致大学生思想混乱。网络信息是一种开放的超越民族和国家的公用信息，由于各种社会政治力量都力图在网络上占据一席之地，不同文化的传播和碰撞在网上更加激烈。同时，网络信息又是一种多元快变的信息，每一个问题都是多维的、变化的，试图直接给出一个问题的具体答案或者仅用一种价值观念去评判是非几乎不可能。由于了解信息的渠道更宽、接触面更广、接触的观点更多，当代大学生很难再简单按照教育者事先设计的思想和目标去理解和领会信息。同时，在理解信息方面，他们也更加主动，不会像以往那样被动地接受教育者的灌输和安排。这样一来，教育者在学生传播、接受信息中的权威地位被打破了，学生自我判断是非标准的自主性、独立性更强，世界各国，特别是东西方价值观念在学生头脑中的碰撞、冲突更加直接、更加激烈，当代大学生的价值取向更加多样，价值选择更加困难，树立正确的世界观、人生观和价值观更不容易。

第二，文化的西方强势地位和东西方文化的冲突对大学生的健康成长构成威胁。互联网目前已作为资本主义超级大国谋求跨世纪战略的思想政治工具，它更加广泛、多样而便捷地渗透到我国政治、经济、文化、教育

① 习近平．习近平谈治国理政．北京：外文出版社，2014：197.

和人民生活其他各个领域。由于目前互联网上90%以上的信息是英文信息，加之美英等西方发达国家网点多，上网信息量大，因而美英等西方发达国家的网站成为网民经常访问的地方。属于美国籍的互联网，在其操纵下将其创制的网络标准推广为全球标准，向全世界全方位、全时空、全天候地推销自己的价值标准、意识形态、商业理念、外交政策和社会文化，疯狂“入侵”世界各个角落，使西方得以利用网络文化传播方式的超地域性、快捷性倾销自己的文化和价值观念，并对其他地区和民族的文化产生覆盖、销蚀作用。只要我国加入国际互联网，网络世界的文化冲突就不可避免地呈现在网民面前。随着我国网络化进程的加快，这种冲突将呈现范围扩大、形式多样和发生频繁等特点。当代大学生思想活跃、好奇心强、求知欲旺、接受新鲜事物快，容易受到这种“西化”的影响，受其蒙蔽，甚至迷失方向。我们对于其他媒体的马克思主义理论宣传的研究与实践经验较为丰富，但对于在互联网上建设马克思主义阵地的研究和实践却相当薄弱，从而使得高校思想政治教育面临严峻挑战。

第三，互联网上的信息垃圾及“染毒”信息对学生思想和行为产生误导作用。互联网的发明者宣称：网络是一个“自由、平等”的世界，是一个“没有政府、没有警察、没有军队、没有贫贱、没有歧视”的世外桃源。正因为如此，各种社会思潮，不同国家、民族、政党的意见，往往在网上激烈交锋，甚至一些下流庸俗的信息和反动的言论也会在网上畅行无阻，造成严重信息污染。以往学生们接触的大量信息主要来源于广播、报纸、电视等传媒和教育者的灌输，大众传媒掌握在党和政府手中，教育者的教学内容都十分规范，经过党、政府和教育者的层层把关过滤，不正确、不恰当的信息已被删除。而网络使学生们了解信息的渠道更多更广。在互联网上，不良信息泛滥，其种类和数量触目惊心。网上充斥的色情、暴力以及种族主义宣传、宗教仇恨、法西斯思想、民族歧视和低级下流语言等文化垃圾，对于那些辨别力还不高，人生观、价值观正在形成中的学生们的思想影响极其有害。

第四，网络的虚拟化特征，易导致青年人际交往的障碍。互联网技术将地球浓缩在一张无形的网络之中，“一网打天下”的网络弥补了其他联络方式的不足。在网络中，行为主体的人际交往大都是在“虚拟实在”的情形下进行的，人人都可以在网络中成为“隐形人”（不知道对方性别、年龄、种族等）。这种交往方式的形成，消解了现实世界人际交往的一些缺陷，人们很容易获得为人处世的成就感和满足感，甚至感受到自身价值的极大化和他人对自己的热情关怀。但是，这种情况长期下去，必然会影响和改变人们的生活方式，产生新的人际障碍，使行为主体冷漠，人际关系淡漠，人际距离疏远，使人产生孤独、苦闷、焦虑、压抑之感，甚至情绪低落、消沉、精神不振等。此外，由于时常可在网上碰到诸如发布虚假信息、网上恶作剧、网上欺骗、网上偷窃、传播病毒、侵犯知识产权等网络犯罪和不道德行为，也会使人觉得交往安全感下降，真实可信的人际关系难以存在，因而容易产生多疑、恐惧、防范等心理，最终加剧个体行为的麻木、冷漠，产生更多心理疾病。

总之，信息传播业正面临着一场革命，互联网的应用使信息达到的范围、传播的速度与效果都显著增长和提高，大学生学习的环境、接受教育的内容都发生了巨大的变化。面向未来的高校思想政治教育将越来越多地受到这种文化环境的影响。怎样加强对信息网络的监控与管理，防止有害信息对大学生思想的侵蚀，怎样加强互联网上的马克思主义阵地建设，构筑坚固的“精神防线”，替在信息高速公路上行驶的当代大学生系上“安全带”，将是面向未来加强和改进高校思想政治教育的重要任务。

四、社会转型期的各种矛盾和问题对思想政治教育提出了严峻挑战

目前，我国社会正经历着一场极其深刻伟大的变革，正在“进行具有许多新的历史特点的伟大斗争”。经济上，我们要跨越“中等收入陷阱”；政治上，我们要跨越“塔西佗陷阱”；外交上，我们要跨越“修昔底德陷阱”。从经济社会形态看，中国正处于并将长期处于社会主义初级阶段，正在实现从传统计划经济向现代市场经济的转型；从技术社会形态看，我国正处于从农业社会向工业社会的转型时期；从主体社会形态看，中国正

处于从“物的依赖关系”阶段向“人的自由全面发展”阶段的转型时期；从交往社会形态看，中国正处于从半封闭社会向开放社会转型时期。从发展中国家的政治发展经验来看，不管历史文化、经济社会发展水平有什么差异，在这一特殊的阶段，一般都会呈现五个共同的现象：一是社会动荡导致政治衰败；二是利益分化导致利益纷争；三是分配不公导致公平失序；四是人口无序流动导致犯罪上升；五是权力膨胀导致腐败加剧。这种快速的社会转型及其带来的后果，从根本上会引起人们的行为习惯、心理状态和思维方式、价值观念和生活态度的重大变化，从而给社会转型时期的高校思想政治教育既带来新的机遇，也带来前所未有的挑战。

首先，社会的急剧变迁所带来的各种社会问题会对思想政治教育提出挑战。从世界各国现代化的历程来看，一个国家在现代化最激烈的阶段，往往会出现人们价值失落、道德错位、行为失范，社会出现混乱和无序。目前，我国不仅处在现代化最激烈的阶段，而且处在两大历史变革时期，社会的急剧变迁必然引起经济社会生活的许多变动，而体制、法律、政策、管理的完善需要一个较长的过程。我们采取的渐进改革，既符合中国国情，给我们带来了巨大的成就，也造成了双重体制长期并存的局面。原有的计划经济体制已经不能有效运转，新的市场经济体制虽然建立起来但还极不完善。市场的整合作用还很有限，政府的宏观整合手段又尚不完备，造成人们收入差距和社会差别的扩大，带来了群体间心理的冲突和人们的行为失范。双重体制造成的空隙，助长了腐败的蔓延，影响了人们对社会共同价值取向的认同。所有这些，将给整个社会的理想教育和高校的思想政治教育造成极大困难。

其次，建立社会主义市场经济体制，是一场深刻的社会革命，在引起生产方式、生活方式变化的同时，必然会引起人们思维方式、思想观念、价值取向等方面的一系列变化，对世界观、人生观、价值观处于形成中的大学生来说，影响会更大。一方面，市场经济体制的建立会引导他们树立竞争意识、民主意识、平等意识、参与意识、效益意识、法律意识、新的德行等；另一方面，市场本身也直接存在消极的方面，其突出表现在：用金钱来衡量一切的市场价值，会越出市场的范围而造就拜金主义。这一点连今天的西方学者也是承认的。曾任美国总统经济顾问委员会主席的阿瑟·奥肯指出："市场范围内的一切都以金钱尺度来衡量。""市场价值的这种扩张性不仅说明了市场的功劳，同时还暴露了它对其他社会领域的威胁。它可以毁坏除市场价值之外的所有其他价值。"① 实践证明，这种消极作用并不会因为我们建立的社会主义市场经济而全部消失。因此，在建立社会主义市场经济体制过程中，资本主义腐朽思想文化的渗透，我国历史遗留下来的剥削阶级腐朽思想文化的沉渣泛起，以及市场经济条件下拜金逐利思想的滋长，不可避免地会给某些大学生带来负面影响，使他们陷入困惑之中，甚至致使他们的价值观产生混乱，从而对大学生树立正确的世界观、人生观和价值观造成负面影响。

最后，改革开放过程中出现的一些消极腐败现象及社会上的坏风气，会严重影响青年学生的心灵。在全面深化改革进程中，社会成员格外关注自己的经济利益，并由此引发一系列的利益矛盾、利益冲突、利益纷争。人人都想坐上现代化的第一班车，但总有先有后，这就引发一系列的利益矛盾、利益冲突。我们当前最大的问题就是缺乏利益的均衡机制和利益整合机制。改革的实质是对人们经济政治利益关系进行调整，随着改革的深化，我国社会呈现出了利益主体多元化、利益来源多样化、利益差别敏感化、利益表达公开化、利益矛盾复杂化、利益冲突尖锐化的局面。随着社会主义市场经济体制的逐步建立和完善，一系列新观念正在深入人心，在社会、政治、经济、文化等方面掀起了前所未有的热潮，推动着中国社会向现代化迈进。从青年学生的思想状况来看，越来越多的人对于新思想、新事物更容易表现出极大的热忱，喜欢用他们的好奇、探求的心理和不成熟的思维方式来分析问题，审视社会。虽然他们的视野开阔了，但辨别是非的能力还比较差。社会生活中的积极与消极、美好与丑恶、文明与愚昧、传统与现代、东方与西方、先进与落后、规范与不规范等矛盾冲突，必然使青年学生单一的思想、思维结构以及价值体系产生裂痕，引发困惑，使青年学生的心理和行为失去平衡。那些庸俗、低级的处世哲学更直

① 阿瑟·奥肯．平等与效率．成都：四川人民出版社，1988：16.

接、更深刻地冲击着当代青年的心灵，腐蚀着青年学生，使部分学生迷茫、困惑，偏离了正确的政治方向，使他们不加批判地接受了社会的不正之风，从而对当代大学生的健康成长产生不利影响。

总之，在新世纪新阶段，高校思想政治教育既面临良好的机遇，也面临着严峻的挑战，我们必须保持清醒的头脑，一定要从时代和历史的高度，充分认识高校思想政治教育的重大意义，用强烈的紧迫感和高度的责任心，抓住机遇，迎接挑战，认真做好高校思想政治教育工作。

第五章　提高思想政治理论课教学实效的基本途径

为贯彻中央〔2004〕16号文件（《中共中央、国务院关于进一步加强和改进大学生思想政治教育的意见》）精神，2005年2月7日，中共中央宣传部、教育部出台了《关于进一步加强和改进高等学校思想政治理论课的意见》（本章简称《意见》）。根据《意见》精神，此次高校思想政治理论课的课程设置为四门，即“马克思主义基本原理”、“毛泽东思想、邓小平理论和‘三个代表’重要思想概论”（后调整为“毛泽东思想和中国特色社会主义理论体系概论”）、“中国近现代史纲要”和“思想道德修养与法律基础”。如何使思想政治理论课改革更加深入，不断提高思想政治理论课教学实效，是我们迫切需要解决的问题。我们认为，提高思想政治理论课教学实效，除了提高思想认识外，最主要的是要抓好以下几个方面：

一、教材建设是提高思想政治理论课教学实效的基础

根据中央文件精神，“思想政治理论课是大学生的必修课，是帮助大学生树立正确世界观、人生观、价值观的重要途径，体现了社会主义大学的本质要求”①。高校思想政治理论课作为对大学生进行思想政治教育的主

① 十六大以来重要文献选编：中. 北京：中央文献出版社，2006：181.

渠道，在把新一代大学生培养成为社会主义事业的建设者和接班人方面起着其他课程不可替代的重要作用。

教材是从事教学的主要依据。教材建设是学校教育教学工作的重要组成部分，是衡量学校办学水平的重要标志，是提高教学质量的基础性工作。思想政治理论课教学实效的提高，离不开高质量教材的编写。

从新中国成立以来思想政治理论课教材编写的经验来看，一本高质量的思想政治理论课教材，至少应具备以下几个要件：一是教材体系结构严谨；二是内容全面准确；三是语言通俗易懂；四是表现形式活泼。

而要保证编写出高质量的教材，又必须具备以下几个条件：第一，必须建立教材编写准入制度，教材编写必须由学术造诣深、科研成果显著、教学经验丰富的教师编写；第二，必须建立严格的教材编写审查制度，严把教材质量关；第三，必须建立教材研究与评价机制，推荐优秀教材，淘汰劣质教材。

改革开放以来，我国逐步建立和完善了思想政治理论课（“两课”）教材的教育部和省级教育部门二级管理的体制，从教育部到各省、自治区、直辖市，对教材的编写都极为重视，精心组织力量编写了高质量的教材，形成了包括教育部社政司组编本、推荐本和示范本，各省（自治区、直辖市）组编本、推荐本和示范本在内的思想政治理论课教材体系，满足了不同类型高校的需求，从而也使高校思想政治理论课的教学效果得到了提高。

但必须承认，以往的教材编写还存在不少问题，具体表现在：一是教材过于重体系，内容庞杂，各本教材之间及与中学生教材内容重复比较严重；二是理论联系实际不够，对重大的理论和现实问题研究不够，不能反映国内外经济、政治、文化等方面的最新实际，不能反映学生思想变化的实际，因而缺乏针对性；三是教材内容阐释晦涩，不够深入浅出、通俗易懂；四是普遍存在形式呆板、缺乏可读性和生动性等缺陷；五是教材品种单一，没有形成立体的教材结构。

究其原因，主要有以下几个方面：一是教材定位不准确。教材是为学生而编写，还是为教师而编写？如果是学生读本，则应简单、明了、生动，具有较强的可读性和较大的吸引力；如是教师用书，则应具备一定的学术性和理论深度。目前使用的教材定位不明，对学生太深而对教师又太浅，缺乏适用性。二是教材建设管理体制存在较大问题。什么样的人可以编教材、什么样的教材可以出版使用、什么样的教材应该淘汰，缺乏明确的规定。由于经济利益的驱动、职称评定的需要，不少并不具备教材编写资质的教师也出版了一些粗制滥造的教材。在中央实施马克思主义理论研究和建设工程，将思想政治理论课教材统一起来后，又出现了教材品种单一的问题。三是对教材建设缺乏相应的研究。教材编写应该坚持什么样的原则，思想政治理论课教材应该具有什么样的特性，教材的体系结构与理论本身的体系结构和课堂教学的体系结构到底是什么关系，等等，人们并不十分清楚。

进入新世纪新阶段，面对新形势，如何把马克思主义的最新成果贯穿到思想政治理论课教材建设中，编写高质量的思想政治理论课教材，是我们面临的紧迫任务。为了实现这一任务，首先应加强对教材编写工作的研究，同时在教材编写中要注意把握以下几点：

第一，要正确确定思想政治理论课教材的定位。我们认为，教师教学主要应依据教学大纲或教学基本要求，同时参照教学参考资料。教材的定位主要是学生，教材的主要使用者也应是学生，所以编写教材应以学生为本，要密切联系时代特点和大学生的思想实际，既要注意内容的“少而精”，又要注意形式的多样性、语言的生动性和可读性。

第二，要注意教材建设的稳定性与科学性。思想政治理论课教学内容必须与时俱进，教材也必须随着内容的与时俱进而不断修订。但内容的与时俱进不应影响教材的稳定性。我们认为，教材要坚持共同性，把握普遍性，应当抓住最基本的原理和为大多数人所接受的并经实践检验的成熟的理论成果，而非反映学术前沿知识，更非反映编写者个人的学术观点。学术前沿知识和某些最新学术成果应是教师在备课和授课过程中加以补充的知识。

第三，要处理好理论体系的科学性、严肃性和教材的生动性、可读性之间的关系，做到教材内容理论联系实际，贴近大学生思想实际。我们认为，思想政治理论课中的每一门课程所反映的内容各有其理论体系，这种理论体系具有科学性、完整性和严肃性。但教材体系不能简单等同于理论体系，教材编写虽然要反映理论体系的科学性和严肃性，但更重要的是要遵循教学规律，应当以教学为主，以学生的接受性为主，重视教学体系的完备，增强教材的生动性和可读性。

第四，要坚持教材编写与学科调研、学术研讨相结合。要开展各学科基础理论热点难点问题的专题研究、资料研究、教材和教学的调研，为编写教材打下坚实的基础。要通过多种形式的专题研讨和学术交流，集思广益，在充分讨论的基础上形成教材编写体系。要充分考虑大学生的思想实际，了解大学生关心的问题，适应他们的特点和需要，征求他们对教材编写的意见。

第五，正确处理继承和创新的关系。既要坚持经典作家的基本观点，不忘本来，又要坚持与时俱进，在理论上有所创新，体现中国特色和时代特点。在内容和总体框架设计上，既有历史传统，又有时代新意，体现创新的精神。还要认真总结教材编写的经验，借鉴以往教材编写的成功经验，同时，认真研究国内外教材编写的新趋势、新经验，做到教材内容与呈现形态的完美统一。

第六，要彻底解决教材内容的重复问题。不同思想政治理论课之间、思想政治理论课与中学生政治课和专业课教学内容的重复是高校思想政治理论课中比较严重的问题之一。我们认为，编写教材要保证教材体系的完整性，内容重复是不可避免的，但在教材编写过程中应注意以下几点：一是在内容上要正确处理高校教材与中学教材的衔接问题。中学教材注意知识性，突出“是什么”；高校教材应注意政治性和科学性，应把政治性渗透在科学性之中，突出“为什么”；二是思想政治理论课不同课程之间可能交叉的内容应在表述方式上注意有所区别、有所侧重；三是在理论深度上注意不要把思想政治理论课教材写成专业课教材。

第七，要建立立体化教材体系。目前，思想政治理论课教材虽然种类繁多、版本各异，但形式过于单一、内容雷同。所有的教材几乎是一种模式，教材体系、结构、内容及表述方式千篇一律，缺少创新。我们认为，要提高思想政治理论课教学实效，必须编写立体化的教材，即除编写高质量的、供不同层次学生使用的示范教材或统编教材外，还应编写与教材配套的供学生课后复习的学生用书、供教师教学用的教师用书、能够运用现代化教学手段的多媒体课件和从事网上教学的网络教材等，要加强教学参考书和教学辅导资料建设，较快形成比较完善的、与教学实际需要相符合的立体化教材体系。

第八，必须规范教材编写的管理，建立思想政治理论课教材的评价机制。为了避免教材编写的重复、规范教材建设，我们认为，全国和地方教育主管部门应设立教材编写审查机构，引入竞争机制，对教材编写者的资质、各门课程的教材体系，以及教材的内容、形式进行审查，保证高质量的教材能得到推广普及、劣质教材能够迅速淘汰，使教材编写形成一种良性运作机制。

二、高质量的师资培养是提高思想政治理论课教学实效的关键

“教师是立教之本、兴教之源，承担着让每个孩子健康成长、办好人民满意教育的重任。”① 教师是教育改革和发展的最重要资源，是决定教育成功的重要因素。中共中央几代领导集体对教师在教育改革发展和人才培养方面的地位和作用都有过重要论述。对于高校思想政治理论课教育教学来说，教学实效的高低、效果的好坏，关键在教师的素质的好坏和能力的高低。

思想政治理论课新的课程方案除“中国近现代史纲要”外，其他课程均为综合性课程，“马克思主义基本原理”包括了马克思主义的三个组成部分，要把三个组成部分完全整合起来讲好这门课并不容易。“思想道德修养与法律基础”也是一门综合性较强的课程，包括德与法两个部分。“毛泽东思想和中国特色社会主义理论体系概论”更是一门综合性很强的课程，它包含马克思主义中国化的两大理论成果，涵盖了马克思主义三个

① 习近平向全国广大教师致慰问信. 人民日报，2013-09-10.

组成部分的重要内容，涉及政治、经济、文化、社会，革命、改革、发展、稳定，内政、外交、国防、党建，可谓一个博大精深的科学体系。故要讲好思想政治理论课是一件十分困难的事，需要教师具有极为丰富的知识储备。

一个优秀的思想政治理论课教师既要具有教学领域的基础知识，又要具有本研究领域的高深知识，还要有治学方面的知识及满足求知兴趣的知识。因此，要提高思想政治理论课教学实效，当务之急是抓好教师的培训，提高教师的素质。

第一，不断提高教师的思想道德素质。在全国高校思想政治工作会议上，习近平同志强调："高校教师要坚持教育者先受教育，努力成为先进思想文化的传播者、党执政的坚定支持者，更好担起学生健康成长指导者和引路人的责任。要加强师德师风建设，坚持教书和育人相统一，坚持言传和身教相统一，坚持潜心问道和关注社会相统一，坚持学术自由和学术规范相统一，引导广大教师以德立身、以德立学、以德施教。"① 为此，学校应该大力加强教师思想政治教育，把提高教师的思想道德素质作为教师整体素质的核心和灵魂，作为发挥教师全部教育教学潜能的内部驱动力。

第二，加强高水平师资培训工作，不断提高教师的业务水平。从事思想政治教育的教师，要把立德树人贯穿教育教学全过程，除了应该具有良好的思想道德素质，还必须具有深厚的理论功底和广博的知识储备。因此，普通高校应把思想政治理论课师资培训工作纳入规划、列入任务。应本着全面规划、规范管理、普遍提高、重点培养的原则，建立系统化、规范化的教师培训体系。目前，要继续通过以下几种方式做好教师培训工作：一是学位培训，即主要通过普通高校思想政治理论课教师在职攻读硕士学位的方式提高教师的综合素质；在条件成熟的时候，应该举办高校思想政治理论课教师在职攻读博士学位的学位培训。二是课程培训，即举办全国范围和各省范围内的课程培训班，对四门课任课教师进行全面的培

---

① 习近平. 把思想政治工作贯穿教育教学全过程 开创我国高等教育事业发展新局面. 人民日报，2016-12-09.

训，不断改善广大教师的知识结构，努力提高教师教育教学水平。三是通过进修访学的方式提高教师的素质，着力培养教师的教学能力、学习能力、创新能力、交往能力。四是要按照中央精神和习近平同志系列重要讲话的要求，采取有效措施，组织思想政治理论课教师积极参加社会实践，不断提高他们的工作能力和水平。

第三，广大思想政治理论课教师应通过自身努力，提高自身素质。当前，关键是要按照习近平同志要求的那样："牢固树立中国特色社会主义理想信念，带头践行社会主义核心价值观，自觉增强立德树人、教书育人的荣誉感和责任感，学为人师，行为世范，做学生健康成长的指导者和引路人；牢固树立终身学习理念，加强学习，拓宽视野，更新知识，不断提高业务能力和教育教学质量，努力成为业务精湛、学生喜爱的高素质教师；牢固树立改革创新意识，踊跃投身教育创新实践，为发展具有中国特色、世界水平的现代教育作出贡献。"①

此外，还应建立和完善师资管理运行机制，要通过各种途径，力争使思想政治理论课教师成为思想政治教育方面的专家。

三、加强科研是提高思想政治理论课教学实效的核心

科研和教学相结合是人才培养的主要途径，也是大学区别于科研机构的特征。在高等院校，科研与教学的主体一样，内容一致，目标相同，二者相辅相成，相互促进，密切结合。因此，提高教师的素质，不仅要着力于完善和提高教师的知识结构和教学水平，而且更重要的是提高教师的科研能力。思想政治理论课教师，只有不断加强科研，提高科研能力，才能全面掌握思想政治理论课教学必备的专业基础知识，才能使自己具备扎实丰厚的"专""精""博""深""新"相结合的学术理论功底；只有不断加强科研，提高科研能力，才能在教学实践中对各种理论与实际问题进行研究和探索，从而解决学生思想中存在的问题，达到释疑解惑的目的，逐步

① 习近平向全国广大教师致慰问信．人民日报，2013-09-10.

提高教学质量；只有不断加强科研，才能逐步使自身具有敏锐深邃的学术洞察力，即要对政治问题、学术问题特别敏感，对研究对象格外关注，对影响学生成才的各种因素特别留意，从而使思想政治理论课教学更具有针对性。从某种意义上说，教师的科研能力的强弱决定着教学实效的好坏。因此，我们认为，提高思想政治理论课的教学实效，必须着力培养教师的科研能力，广大教师也必须把科研放在更加突出的位置。高校思想政治理论课教师不应该只把教学当成单纯的谋生手段、以传授某种现成理论成果为职业的“教书匠”，而应是引导学生学会对现实问题做独立思考的导师，应该是“理论研究型”的专门人才。

思想政治理论课教师科学研究的内容是十分广泛的，既包含一般人文社会科学研究的内容，还包括思想政治理论课教学所涉及的一些特殊的研究内容。思想政治理论课应坚持以发展了的马克思主义为指导，坚持解放思想、实事求是的思想路线，发扬理论联系实际的优良学风。当前，要着力研究以下内容：

第一，加强对基础理论的研究，尤其是马克思主义基础理论研究。要熟识马克思主义经典著作和党的重要文献，掌握正确的研究方法；要结合实际运用马克思主义的基本原理，努力解决存在的实际问题，推动马克思主义向前发展。在当代中国，加强马克思主义研究，最重要的是对当代中国马克思主义的研究，并运用发展着的马克思主义理论研究回答我国改革开放和社会主义现代化建设中的重大理论问题和现实问题，为思想政治理论课教学奠定强有力的基础。

第二，加强对思想政治理论课程体系的综合研究，探索思想政治理论课教学的基本规律。思想政治理论课教学有自身的规律。如果说此类课程教学的内容分散于其他学科并有其他专家学者在进行研究的话，那么，关于思想政治理论课教学规律方面的研究则是承担此类课程教师特有的研究对象。思想政治理论课教师除了要研究课程教学涉及的基础理论之外，还要对课程体系进行研究。应重点加强对各门课程的教学目的、主要内容及理论体系和教学体系的研究，加强各门课程之间以及与中学相关课程之间相互关系的研究。要研究各门课程的层次性，合理安排思想政治理论课教学的内容和教学时序。要加强教学方法的研究，优化教学手段。

第三，深化思想政治理论课教学中热点难点问题研究，从理论上寻求解决各种理论问题和现实问题的科学答案。马克思曾深刻地指出，“主要的困难不是答案，而是问题。……问题就是时代的口号，是它表现自己精神状态的最实际的呼声。”① 当今时代的飞速变革对我们用马克思主义占领高校思想阵地，用马克思主义武装青年大学生提出了严峻挑战。当代大学生思想活跃，关注社会，他们普遍关注和提出的热点、难点、疑点问题，在本质上是我国改革开放和社会主义现代化建设实践中遇到的某些困难和问题的反映，也是教师要认真研究和回答的重大问题。因此，思想政治理论课教师必须注意对教学中的热点、难点、疑点问题的研究。

第四，加强对当代大学生思想状况的调查和研究，了解大学生的思想实际，使思想政治理论课教学有更强的针对性。我国正在进行的伟大而深刻的社会变革对尚处在世界观、人生观、价值观形成时期的大学生影响很大，思想政治理论课教师在教学中要联系当代大学生的思想实际，就必须适应新形势的变化，研究当代大学生的思想状况，掌握他们的接受心理，在充分了解当代大学生思想状况的基础上，使思想政治理论课教学具有现实针对性，不断提高教学质量。

第五，必须积极参加学术活动，加强学术交流，不断接触各种新的学术思想。从事学术研究，离不开必要的学术交流。国外名牌大学在师资队伍建设工作中，总是十分重视各种学术交流。他们认为，通过学术交流，可以使教师们扩大视野，开拓知识领域，活跃学术思想，从而不断提高学术水平和教学水平。实践证明，教师参加学术交流不仅可使学校不断获得新的学术思想，活跃学术气氛，而且也可以提高自身的教学、科研水平。因此，思想政治理论课教师要提高自身的科研能力和教学水平，必须创造条件，尽可能多地参加各种学术交流活动。

---

① 马克思恩格斯全集：第40卷．北京：人民出版社，1982：289-290.

四、学科建设是提高思想政治理论课教学实效的依托

过去，思想政治理论课依附于不同的学科，有不同的学科背景。如“马克思主义哲学原理”依托于马克思主义哲学学科，“马克思主义政治经济学原理”依托于政治经济学学科，“毛泽东思想概论”依托于中共党史学科，“邓小平理论和‘三个代表’重要思想概论”依托于科学社会主义与国际共产主义运动学科，“大学生思想道德修养”依托于马克思主义理论与思想政治教育学科或伦理学学科，“法律基础”依托于法律学科，“当代世界经济与政治”依托于国际政治学科。目前，马克思主义理论一级学科已正式设立，一级学科之下的六个二级学科也已经明确，全国普通高校的马克思主义理论一级学科点、二级学科博士学位授予点、一级学科和二级学科硕士学位授予点已初步建立起来。马克思主义理论一级学科的建立，使思想政治理论课教学已有了明确的学科归属。但马克思主义理论一级学科毕竟是一个新设立的学科，在未来的发展过程中面临着许多挑战。因此，广大教师要积极投入学科建设之中去，以学科建设为平台，提升自身的素质，提高教学质量。

第一，充分认识到加强马克思主义一级学科建设的极端重要性，大力推进马克思主义理论的学科建设。根据马克思主义理论学科政治性强的特点，凝练学科方向，建立导向平台，强化马克思主义综合性和整体性研究，出一批精品，积极为实施高校思想政治理论课新课程方案服务。

第二，积极探索马克思主义理论学科建设的规范体系。当前的当务之急是组织专家学者对马克思主义理论学科进行专门研究，确定本学科的学科性质、学科归宿和功能定位，明确本学科的研究对象和主要内容，划清本学科与相关学科的学科边界，正确处理本学科与相关学科的关系，尽快形成具有中国特色的马克思主义理论学科特有的研究范畴、研究体系和研究范式。

第三，制定马克思主义理论学科的发展思路和总体规划。应以马克思主义为指导，遵循学科建设的一般规律，参照与本学科联系紧密的相关学

科的做法，结合当今世界和当代中国实际，制定科学的学科发展规划，包括长远发展规划和近期发展规划，对马克思主义理论学科建设做出全面部署和总体安排。

第四，加强马克思主义理论一级学科之下五个六级学科的建设。深入研究马克思主义基本原理、马克思主义发展史，深入研究马克思主义的立场、观点和方法，深入研究马克思主义与时俱进的理论品质，深入研究国外马克思主义发展的最新态势，深入研究马克思主义中国化的历史进程和马克思主义中国化的理论成果，深入研究回答干部群众关心的重大理论和实际问题，积极推进马克思主义理论创新，促进马克思主义理论学科发展。

第五，建立马克思主义理论一级学科的管理体制，力争使马克思主义理论一级学科在新世纪有一个新的发展。要建立健全科学的领导体制，加强对马克思主义理论学科建设的领导；建立健全与法律法规相协调、与高等教育全面发展相衔接、与大学生成长成才需要相适应的思想政治教育和管理的制度体系；还应建立专项评优奖励制度、职称评聘制度、科研管理制度等，力争在几年内使马克思主义理论学科建设取得良好成绩。

五、加大投入是提高思想政治理论课教学实效的基本保证

提高思想政治理论课教学实效，必须有必要的投入。这里的投入首先是资金的投入。资金投入是提高思想政治理论课教学实效的物质保障。思想政治理论课教师购买必备的研究资料和教学参考资料，需要投入；编写高质量的教材，尤其是编写立体化教材，形成科学化的教材体系，需要投入；加强马克思主义理论学科建设和人才培养，需要投入；进行社会调查或引导学生参加社会实践，需要投入；进行科学研究，组织重大课题的攻关，需要投入；参加国际国内学术活动，开展学术交流，需要投入；利用新的教学手段，组织多媒体教学研究，开发多媒体教学软件，探索多样化的教学模式，需要投入；建立思想政治理论课教育教学资料数据库，需要投入；进行师资培训，培养教师综合素质，需要投入；对大学生思想状况

进行调研，及时了解大学生思想实际，需要投入；培养思想政治理论课教育教学后备人才，需要投入。一句话，要提高思想政治理论课教学实效，非增加资金投入不行。我们一定要按 16 号文件规定的那样：“要加大大学生思想政治教育工作的经费投入，教育行政部门和学校要合理确定思想政治教育工作方面的经费投入科目，列入预算，确保各项工作顺利开展。”

但仅有资金投入是绝对不够的，除了必要的资金投入之外，更重要的是思想政治理论课教师在教学科研方面时间和精力的投入。从某种意义上讲，时间和精力的投入比资金的投入更为重要。目前，高校思想政治理论课教学和研究中两个方面的投入都十分不够，因此，要提高思想政治理论课教学实效，提高思想政治理论课教师的科研与教学水平，还必须加大教师在时间和精力这两方面的投入。

总之，提高高校思想政治理论课教学实效，是一项复杂的系统工程。只要我们坚持科学理论的指导，认真贯彻中央文件精神，提高思想认识，编好高质量教材，搞好师资培训，加强科学研究，着力学科建设，加大资金和人力的投入，营造良好的环境，切实加强领导，思想政治理论课的教学状况就一定会有一个明显的改观。

第六章　用中国化马克思主义武装青年大学生

用中国特色社会主义理论体系武装全党、教育人民是我们党新时期思想政治工作和宣传工作的一项重要任务。实现当代中国马克思主义进教材、进课堂、进头脑是高校思想政治教育的一项重要内容。在今天普通高校开设的思想政治理论课中，“毛泽东思想和中国特色社会主义理论体系概论”（本章简称“概论”）是用当代中国马克思主义教育青年大学生的一门必修课。因此，在高校思想政治理论课中，“概论”课在培养中国特色社会主义事业建设者和接班人方面具有特殊重要的意义。鉴于“概论”课在思想政治理论课中的特殊地位，这里我们主要谈“概论”课教学中的几个问题。

一、准确把握“概论”课教学目的、教学内容和教学基本要求

根据中央文件精神，“概论”课着重讲授中国共产党把马克思主义基本原理与中国实际相结合的历史进程，充分反映马克思主义中国化的理论成果，帮助学生系统掌握毛泽东思想和中国特色社会主义理论体系基本原理，坚定中国特色社会主义道路自信、理论自信、制度自信和文化自信。我们认为，搞好“概论”课教学，首先必须把握以下几个重要方面：

1. 准确把握“概论”课的教学内容和教学目的

用中国特色社会主义理论体系教育广大青年，“概论”课应着重讲授以下内容，达到以下教学目的：

第一，讲授中国共产党把马克思主义基本原理与中国实际相结合的历史进程，即结合中国共产党领导人民在对中国特色的革命道路、社会主义改造道路和社会主义建设道路的探索中所进行的艰苦实践和理论总结，反映中国共产党成立90多年来不断推进马克思主义中国化的历史进程。目的是帮助学生准确把握马克思主义与时俱进的理论品质、马克思主义中国化的科学内涵和重要意义，把握马克思主义中国化的基本规律及基本经验，充分认识在当代中国坚持和发展马克思主义，开辟马克思主义发展新境界的重要意义。

第二，讲授中国特色社会主义的“中国特色”。根据党的文献和习近平同志系列重要讲话精神，“宣传阐释中国特色，要讲清楚每个国家和民族的历史传统、文化积淀、基本国情不同，其发展道路必然有着自己的特色；讲清楚中华文化积淀着中华民族最深沉的精神追求，是中华民族生生不息、发展壮大的丰厚滋养；讲清楚中华优秀传统文化是中华民族的突出优势，是我们最深厚的文化软实力；讲清楚中国特色社会主义植根于中华文化沃土、反映中国人民意愿、适应中国和时代发展进步要求，有着深厚历史渊源和广泛现实基础。中华民族创造了源远流长的中华文化，中华民族也一定能够创造出中华文化新的辉煌。独特的文化传统，独特的历史命运，独特的基本国情，注定了我们必然要走适合自己特点的发展道路”①。

第三，讲授马克思主义中国化进程中的理论成果，目的是帮助学生系统掌握毛泽东思想、邓小平理论、“三个代表”重要思想、科学发展观的基本原理和基本观点，科学理解毛泽东思想、邓小平理论、“三个代表”重要思想和科学发展观的历史地位和指导意义，坚定在党的领导下走中国特色社会主义道路的理想信念，增强推进中国特色社会主义事业发展的自

---

① 习近平．习近平谈治国理政．北京：外文出版社，2014：155.

党性，使学生正确认识所肩负的历史使命，努力成为德智体美全面发展的中国特色社会主义事业的合格建设者和可靠接班人。

第四，讲授党的十八大以来马克思主义中国化的最新理论成果。党的十八大以来，以习近平同志为核心的党中央在治国理政新的实践中，把握时代大趋势，回答实践新要求，顺应人民新期待，围绕改革发展稳定、内政外交国防、治党治国治军发表一系列重要讲话，形成一系列治国理政新理念新思想新战略，进一步丰富和发展了党的科学理论。习近平总书记系列重要讲话，内涵丰富、思想深邃、博大精深，是一个系统完整的科学理论体系。习近平总书记系列重要讲话，是中国特色社会主义理论体系最新成果，是马克思主义中国化最新成果，是指导具有许多新的历史特点的伟大斗争的鲜活的马克思主义。“概论”课教育教学必须把讲授习近平总书记系列重要讲话精神，讲授十八大以来党中央治国理政新理念新思想新战略当作一项重要任务。

2. 准确把握“概论”课的逻辑主线

“概论”课的逻辑主线是马克思主义中国化的理论与实践，即马克思主义中国化的历史进程。这一进程从马克思主义传入中国开始，一直延续到现在，并将进一步往下延伸。马克思主义传入中国既是马克思主义中国化的历史起点，又是马克思主义中国化的逻辑起点。因此，在教学中，必须充分展示马克思主义中国化这一主线。

首先，我们必须在基本原理层面上分析马克思主义与各民族实际相结合，即马克思主义民族化、本土化的历史必然性和现实可能性，说明马克思主义只有同不同国家的具体实际相结合才能发挥其指导作用。同时，还要结合马克思主义与时俱进的理论品质，分析马克思主义时代化的历史必然性，从理论上说明马克思主义只有随着时代的发展而发展，才有生命力。

其次，我们必须结合中国实际，分析马克思主义中国化的历史条件，分析马克思主义中国化每一个历史阶段的特殊历史背景。要结合中国历史和现实，充分说明毛泽东思想是在什么样的社会历史条件下形成的，它面临的主要矛盾是什么，它着重要解决的主要问题是什么，围绕着要解决的中心问题它提出了哪些新思想、新论断、新观点，它在哪些方面丰富和发展了马克思主义。同样道理，在教学中，我们也必须分别讲清楚中国特色社会主义理论体系中包含的邓小平理论、“三个代表”重要思想、科学发展观各自产生的社会历史条件，它们各自解决的主要问题，提出的新思想、新论断、新观点。

最后，还必须结合中国共产党领导人民探索适合中国国情的民主主义革命道路、社会主义改造道路、社会主义建设和改革道路所进行的艰苦实践和理论总结，反映党的三代中央领导集体不断推进马克思主义中国化的历史进程，阐述马克思主义中国化理论成果的精神实质，总结马克思主义中国化的基本经验，揭示马克思主义中国化的基本规律。

3. 准确把握“概论”课的主题

马克思主义中国化的历史进程是主线，是“概论”课的纵向延伸。而“概论”课的主题是指课程围绕主线展开的主要理论问题，是课程内容的横向拓展。“概论”课究竟应该围绕什么样的主题展开，这是学术界并未完全达成共识的问题。在“概论”课大纲的设计过程中，有几种不同的观点：

一是将党领导人民实现中华民族的伟大复兴及其理论成果作为主题。理由是：其一，实现中华民族的伟大复兴是中国共产党人的历史使命；其二，马克思主义之所以能在中国传播并生长出中国化的重大理论成果，就是因为它能够解决中国人民在争取民族复兴的斗争中所遇到的问题，并指导中国人民在奋斗中不断取得胜利；其三，只有把握中华民族伟大复兴这一主线，才能把握马克思主义中国化两大理论成果的逻辑联系；其四，中华民族的伟大复兴包括“救中国”和“发展中国”两大任务，两大理论成果就是围绕此问题展开的。但是，中华民族的伟大复兴是一个重大的复合命题，不能只算作这一门课的主题。而“中国近现代史纲要”也可以此为主题。

二是将中国如何实现现代化作为理论主题。理由是：如何实现中国的现代化始终是中国共产党人的奋斗目标。马克思主义中国化就是围绕中国如何实现现代化展开的。分三个层次：一是求得民族解放，为中国现代化扫清道路，这是毛泽东思想着重解决的问题；二是中国必须走“中国式的现代化”道路，这是邓小平理论着重解决的问题；三是中国式的现代化只有进一步发展才能取得切实的成功，这是“三个代表”重要思想着重要解决的问题。但问题是：现代化不能凸显马克思主义与中国实际相结合的历史必然性，因而不能统贯中国共产党的两大理论成果。如果以现代化为主线，两大理论成果可能被演化成现代化的两大理论成果，而教学也必须围绕现代化来展开。

三是将中国革命、建设与改革作为理论主题。依据中国革命、建设和改革在各个历史时期的不同条件、特点、任务和中国特色社会主义新的实践的现实要求，展示马克思主义中国化的两大理论成果。我们认为，这一主题恰恰是“中国近现代史纲要”的主题。

四是将中国共产党人关于当代中国的发展理论作为主题。理由是：其一，以中国共产党人关于现当代中国的发展理论为主线，符合马克思主义中国化与中国化马克思主义的发展历程。只有以此为主线，才能把握两大理论成果作为一个整体的内在逻辑。其二，两大理论成果，都是以争取民族独立、人民解放、国富民强即以解决现当代中国的发展问题为中心展开的。两大理论成果围绕当代中国的发展前提、发展阶段、发展道路、发展战略、发展的内容、发展的领导核心、发展的思想路线等展开，以此为主题，有利于领会两大理论成果的精神实质。其三，从现当代中国发展高度看，只有中国共产党领导人民建立社会主义制度才能救中国；只有建设中国特色社会主义才能发展中国；只有在解决中国发展问题过程中把马克思主义与中国实际相结合，才能产生既一脉相承又与时俱进的中国化的马克思主义。其四，可以把科学发展观等党的十六大之后马克思主义理论新发展成果放进来。但问题是：就当今时代的主题而言，发展是全人类共同的主题，并不是马克思主义中国化的主题，用发展作为主题，课程的外延太宽。就国内而言，把发展作为两大理论成果共同的主题，没有形成共识，且显得太窄。

我们认为，“概论”课的主线是马克思主义中国化，主题是建设中国特色社会主义。理由是：其一，马克思主义中国化的主要目的是探索像中国这样的经济落后国家如何建设社会主义、如何巩固和发展社会主义的问题，与中国实际相结合的社会主义只能是“中国特色社会主义”。只有走中国特色社会主义革命道路才能救中国，只有走中国特色社会主义建设、改革道路才能发展中国。因此，把中国特色社会主义确立为“概论”的主题，符合马克思主义中国化的精神实质。其二，在马克思主义中国化的历史进程中，建设中国特色社会主义实际上构成两大理论成果的共同主题。毛泽东领导的中国特色革命道路为建立中国特色社会主义扫清道路；新中国成立后，毛泽东关于社会主义建设的早期探索为中国特色社会主义理论的形成奠定了基础；邓小平创立了中国特色社会主义理论，开辟了中国特色社会主义建设的崭新道路；“三个代表”重要思想的理论主题就是建设中国特色社会主义，它进一步丰富和发展了中国特色社会主义理论，科学发展观的提出就是为了推动中国特色社会主义的进一步发展。马克思主义中国化的理论成果科学地回答了为什么中国只能选择社会主义、什么是社会主义、怎样建设和发展社会主义的问题。其三，这一主题可以概括现阶段和将来相当长一个时期内我们党和国家的主要任务，因为现阶段的中心任务是建设、巩固和发展中国特色社会主义。其四，确立这一主题作为教学内容符合人才培养目标，因为我们要培养的就是中国特色社会主义事业的建设者和接班人。

4. 准确把握教学内容的逻辑结构

任何理论都是有层次的，毛泽东思想、邓小平理论、“三个代表”重要思想、科学发展观也是如此。从教材编写组提交，并经中宣部和教育部审定的“概论”教材大纲来看，本门课共分六大部分：

第一部分，属于总论部分，分设两个专题：一是概述马克思主义中国化的历史进程、马克思主义中国化两大理论成果及其相互关系，以及党的十八大以来马克思主义理论创新的最新成果，强调用发展着的马克思主义指导实践的重要意义；二是讲授马克思主义中国化的精髓，侧重讲党的思想路线，通过对以实事求是为核心的思想路线的历史和理论的阐述，为本门课程做哲学层面的总结，揭示贯穿于毛泽东思想和中国特色社会主义理论体系的精髓。

第二部分，毛泽东思想体系中的两个特殊内容，分设两个专题：一是讲中国新民主主义革命的理论，阐述中国特色社会主义革命道路是如何开辟的、中国革命是如何取得胜利的、这一胜利有何重要意义；二是讲中国社会主义改造的理论，阐述中国社会主义改造的特殊道路及经验教训。毛泽东思想理论体系中的其他内容都可以与邓小平理论和“三个代表”重要思想理论体系中的有关内容打通来讲，而这两个内容比较特殊，所以应该单列两章，否则会影响学生对毛泽东思想丰富内容的认识。

第三部分，主要讲中国特色社会主义的几个基本理论问题，主要包括三个专题，即社会主义本质与根本任务、社会主义初级阶段、社会主义的改革开放。这部分主要是介绍社会主义的根本任务、发展阶段和发展动力。从这一部分开始，都要贯彻把毛泽东思想和中国特色社会主义理论体系打通来阐述的原则。让学生了解中国共产党对中国特色社会主义建设和改革规律进行的艰苦曲折探索的历程，了解马克思主义中国化两大理论成果之间一脉相承和与时俱进的关系。

第四部分，主要讲建设中国特色社会主义“五位一体”的总布局，主要包括建设中国特色社会主义的经济、政治、文化、社会和生态文明。需要说明的是，“概论”教材最初是将“五位一体”分五个专题讲的，后考虑要避免与研究生“中国特色社会主义理论与实践研究”的重复，将原来的五个专题合并为一个专题。这一部分虽然只有一个专题，但涉及的内容比较多，在教学过程中需要结合学生实际，分小专题进行讲授。

第五部分，主要讲国家统一和外交政策，分两个专题：“实现祖国统一的战略构想和实践”主要阐述我们党对实现祖国统一的长期思考，着重认识“一国两制”构想的理论和实践意义；“国际战略和外交政策”主要阐述二战后国际形势的新变化，尤其是冷战结束后国际格局的新特点，阐述我国的国际战略和外交政策的有关问题。

第六部分，主要讲中国特色社会主义事业的依靠力量和领导核心，列两个专题。

二、正确处理“概论”教学中的几个重大关系

1. 正确处理“概论”与其他几门课程的关系

我们认为，调整后的四门课程具有十分紧密的联系。它们都围绕着培

养中国特色社会主义合格建设者和可靠接班人这一目标。作为系列课程，它的功能主要在于帮助大学生弄清楚：什么是马克思主义，如何坚持和发展马克思主义，中国人民为什么选择了马克思主义、选择了社会主义、选择了中国共产党，马克思主义为什么必须中国化，什么是中国化的马克思主义，如何用中国化的马克思主义指导中国社会主义建设的实践等问题。这四门课程是对普通大学生进行思想政治教育的主阵地。在教学过程中，必须很好地处理"概论"课与其他三门课程之间的关系。

第一，与"马克思主义基本原理"（本章简称"原理"）的关系。"原理"主要是帮助学生掌握马克思主义的世界观和方法论，从整体上把握马克思主义的科学内容和精神实质，为了解和把握马克思主义中国化的两大理论成果奠定理论基础。而"概论"主要展示马克思主义中国化的两大理论成果。不了解马克思主义基本原理，就难以了解中国化马克思主义的理论贡献；不了解中国化的马克思主义，就难以了解马克思主义的现实指导意义。

第二，与"中国近现代史纲要"（本章简称"纲要"）的关系。按照中央文件的精神，"纲要"主要讲授中国近代以来抵御外来侵略、争取民族独立、推翻反动统治、实现人民解放的历史，帮助学生了解国史、国情，深刻领会历史和人民怎样选择了马克思主义、选择了中国共产党、选择了社会主义道路。"概论"与"纲要"的联系十分紧密，如果在教学过程中不能正确处理好二者的关系，必然会产生重复。我们的建议是，"纲要"主要讲"史"，"概论"侧重讲"论"。"纲要"主要说明"概论"的历史背景、历史的选择、历史的必然和历史的逻辑，而"概论"侧重讲中国近现代史上中国共产党的理论创新及其理论成果。

第三，与"思想道德修养与法律基础"（本章简称"基础"）的关系。"基础"主要进行社会主义道德教育和法制教育，帮助学生增强社会主义法制观念，提高思想道德素质，解决成长成才过程中遇到的实际问题。我们认为，只有马克思主义基本原理和中国化的马克思主义理论才能为解决大学生成才过程中遇到的各种问题提供正确的理论指导，而掌握"基础"的内容也为学习"概论"提出了新要求。

2. 正确处理“概论”与中学思想政治课之间的关系

目前，《普通高中思想政治课程标准》设计的必修课共 8 个学分，分 4 个模块，包括经济生活、政治生活、文化生活和马克思主义哲学常识等；选修课共 12 个学分，分 6 个模块，包括经济学常识、国家形式和国际组织专题、科学思维专题、生活中的法律专题、公民道德与伦理专题、科学社会主义专题。中学期间的思想政治课已经让学生初学了一些毛泽东思想、邓小平理论和“三个代表”重要思想的基本知识点。但也必须承认，中学生对这些内容的学习一是不太系统，缺乏逻辑联系；二是理解大多属于“是什么”层面，缺乏理论深度。考虑到这种情况，我们认为“概论”应更多地侧重于理论层面，要引导学生往“为什么”层面去思考。为了保证教学内容的系统性和完整性，必要的“重复”在所难免，但应注重理论性，注重培养学生的理论思维。

3. 正确处理两大理论成果之间的关系

毛泽东思想和中国特色社会主义理论体系是马克思主义中国化的两大理论成果，虽然两大理论成果同属于中国化的马克思主义，是一脉相承而又与时俱进的理论体系，但毕竟不是一个成果。同时必须指出，“概论”是一门课程，而不是三门课程。在“概论”课将两大理论成果合并之前，有的学校开的是两门课程甚至是多门课程。将马克思主义中国化的理论成果整合成一门课后，如何处理两大理论成果之间的关系，是一个必须解开的难题。我们认为，“概论”课不应该是两大理论成果的简单相加，而应该是两大理论成果在一门课程内的有机整合。在教学中，要把握“总”“分”“合”三个关键词。所谓“总”，即必须对两大理论成果做总体论述，简述各个理论成果的形成背景、过程、科学内涵、理论体系、主要内容、历史地位和指导意义，并科学阐释两大理论成果一脉相承的关系；所谓“分”，即必须把毛泽东思想关于新民主主义革命理论和社会主义改造理论单独切分出来，讲毛泽东在此方面的独特理论贡献；所谓“合”，即必须以建设中国特色社会主义为主题，将两大理论成果及党的十八大以来的理论创新有机整合起来。新编教材在此方面做了一些尝试，相信会对教学有所帮助。

4. 正确处理两大理论成果与十八大以来的最新理论成果之间的关系

在教材大纲及教材编写过程中，中宣部、教育部领导一再强调：教材必须反映最新的理论成果。我们认为，所谓“反映最新的理论成果”，主要指两个方面：一是要注意充分反映学术界关于两个理论成果研究方面的最新成果，二是要反映党的十八大以来以习近平同志为核心的党中央理论创新的最新成果，如中国梦、“四个全面”治国方略、新发展理念、“一带一路”倡议、人类命运共同体，等等。因此，在教学过程中，一方面要注意吸收学术界关于中国化马克思主义理论研究的最新成果，以此来充实教学内容；另一方面，要特别关注马克思主义中国化的最新理论成果，当前要特别加强科学发展观的教学与研究。

5. 正确处理理论与实际的关系

“概论”作为一门思想政治理论课，既要以两大理论成果本身的内容为主体，又要注意理论联系实际。我们认为，这里要联系的实际包括几个方面：

一是联系历史实际。恩格斯曾明确指出：“我们对未来非资本主义社会区别于现代社会的特征的看法，是从历史事实和发展过程中得出的确切结论；不结合这些事实和过程去加以阐明，就没有任何理论价值和实际价值。”① 因此，我们讲解马克思主义中国化和中国化的马克思主义，必须联系历史发展的实际，必须把马克思主义中国化的两大理论成果放到当时的社会历史条件下，放到20世纪整个世界历史的大背景下去阐述，否则就难以理解两大理论成果对马克思主义的新贡献，也难以把握两大理论成果的精神实质。

二是联系当今国际社会实际。这里的当今国际社会，主要是指冷战结束后尤其是国际金融危机爆发以来的国际社会。要关注冷战结束后国际形势的新变化给中国特色社会主义建设带来的机遇和挑战，关注国际形势新变化给学生思想认识带来的新问题，帮助大学生正确认识世界形势，把握中国特色社会主义的历史方位。

---

① 马克思恩格斯选集：第4卷．北京：人民出版社，2012：582.

三是联系国内改革开放和社会主义现代化建设实际，关注改革开放和现代化建设给青年学生思想认识带来的新挑战，尤其要关注社会主义市场经济建设给学生思想认识带来的新问题，澄清学生思想认识上存在的一些糊涂观念，坚定学生走中国特色社会主义道路的自觉性。

四是联系学生的思想实际，关注学生关心的热点难点问题。要特别注意的是，在理论教学中理论联系实际，不是就事论事，而应当着眼于帮助学生在重大政治问题上明辨是非。因此，我们建议在教学过程中，应将联系实际的重点放在为什么必须坚持党的领导和社会主义道路，为什么必须坚持马克思主义在意识形态中的指导地位，为什么必须实行我们现在的国体和政体，而不能实行西方的三权分立和多党制等方面。努力做到以理服人，发挥马克思主义科学真理的力量去激发学生学习的积极性和主动性。

6. 正确处理理论与方针政策的关系

理论与方针政策既相互联系又有区别。“概论”课属于政治理论课，政治理论是由一定阶级的政治家、思想家从政治生活或政治关系中概括提炼出来的一种比较系统的、自觉的、抽象化的反映形式，具有较强的稳定性。路线和方针是政党、国家在理论指导下，在一定历史时期内制定的全局性政治活动的纲领和目标，它会随着形势的变化而不断调整，因而具有可变性。方针政策属于理论与实际相接壤的部分，理论要通过方针政策指导实践，通过方针政策指导的实践又反过来检验理论，推动理论的创新和发展。马克思主义中国化的两大理论成果主要应当分析介绍通过总结实践经验已经上升为理论的内容，但必然会涉及方针政策。问题是要注意分析方针政策的适用范围和程度，不能把方针政策当作理论去论证。

三、努力提高“概论”课的教学实效

我们认为，当前要提高“概论”课的教学实效，必须首先做好以下几个方面：

1. 充分认识用中国化的马克思主义武装青年大学生的重要意义

从事高校思想政治理论课教学的教师承担着思想政治教育的特殊使

命，在高校思想政治教育中起关键作用。“概论”课是用马克思主义特别是中国化的马克思主义武装青年学生的最重要的一门必修课，它不仅学分最多，而且内容也是最多的。因此，各级各类学校及广大“概论”课教师必须从关系社会主义事业兴衰成败、中华民族的前途命运、中国社会的长治久安的战略高度来认识“概论”课教学的极端重要性，要有强烈的使命感，认真负责地搞好“概论”课的教学与研究。

2. 认真领会“概论”教材的精神

教材是从事教学的主要依据。与以往教材不同的是，此次思想政治理论课教材是由中宣部、教育部联合组织编写的，教材的大纲是由中央审定的，教材建设已纳入中央正在实施的马克思主义理论研究和建设工程。虽然教材是由全国部分高校从事毛泽东思想和中国特色社会主义理论体系教学与研究的专家集中编写的，也充分反映了我国学术界在马克思主义中国化两大理论成果方面的最新研究成果，但整个教材编写并不是教材编写组成员的个人行为，而是属于国家行为，具有很高的权威性。所以，在教学中，广大教师首先必须充分领会教材的精神，把握教材的体系和逻辑结构，了解教材的主要内容，在充分领会教材精神的基础上，根据教学对象的实际组织科学的教学体系。

3. 熟悉原著和党的重要文献

马克思主义中国化的两大理论成果都体现在原著及党的重要文献中，毛泽东思想主要体现在毛泽东的重要著作（如《毛泽东选集》《毛泽东文集》《建国以来毛泽东文稿》等）和毛泽东时期党的重要文献之中；邓小平理论主要体现在邓小平的著述（如《邓小平文选》《邓小平年谱》《邓小平思想年谱》等）和党的十一届三中全会以来党的重要文献之中；“三个代表”重要思想主要体现在江泽民同志的有关论述（如《江泽民文选》《江泽民论党的建设》《江泽民论科学技术》《江泽民论“三个代表”》《江泽民论有中国特色社会主义（专题摘编）》等）和党的十三届四中全会以来党的重要文献之中；科学发展观主要体现在胡锦涛同志的有关论述（如《胡锦涛文选》《论构建社会主义和谐社会》）和党的十六大以来党的重要文献之中。十八大以来的理论创新主要体现在习近平同志系列重要讲话之中。因此，广大教师在教学过程中，广大学生在学习过程中，必须熟悉原著，必须掌握党的重要文献的精神。此外，要弄清楚毛泽东思想的主要内容，还必须学习《关于若干历史问题的决议》（1945 年）、《关于建国以来党的若干历史问题的决议》（1981 年）；要把握邓小平理论、“三个代表”重要思想和科学发展观的内容，还必须学习《邓小平同志建设有中国特色社会主义理论学习纲要》《“三个代表”重要思想学习纲要》和《科学发展观学习纲要》。

4. 抓好教师培训，提高教师综合素质

教师是发展教育事业的主要力量。“概论”课教学涉及的内容十分丰富，需要教师具有极为丰富的知识储备。一个优秀的“概论”课教师既要具有教学领域的基础知识，又要具有本研究领域的高深知识，还要有治学方面的知识及满足求知兴趣的知识。过去，我们并没有熟识两大理论成果的教师，绝大多数教师了解其中的一部分内容或者只是讲授过“概论”中的一部分。因此，要使“概论”课教学认真落实下去，当务之急是抓好教师的培训，着力培养高素质的“概论”课教师。

5. 加强科研，提高教师科研能力

要搞好“概论”课的教学，使“概论”课教学更具有针对性，还要求广大教师加强对教学中的热点难点问题的研究。当前，对于“概论”课教师来说，加强科研要特别注重以下几个方面：一是加强对马克思主义基础理论的研究，特别是加强对马克思主义中国化的两大理论成果的研究，并运用这一理论，研究回答我国改革开放和社会主义现代化建设中的重大理论问题和现实问题。二是深化“概论”课教学中热点难点问题研究，从理论上寻求解决各种理论和现实问题的科学答案。要回答马克思主义为什么要中国化、怎样科学把握马克思主义中国化的含义、如何评价中国独特的社会主义改造道路、如何认识和评价毛泽东个人的是非功过、如何科学把握中国特色社会主义理论体系的历史地位和指导意义等问题。三是要加强对“概论”课教学体系的研究，要研究“概论”课与思想政治理论课中其他课程的关系，处理各门课程的内容交叉与重复问题，既避免不必要的重复，又避免重要内容的遗漏；要研究“概论”课的理论体系、教材体系和教学体系三者之间的关系，在准确把握理论体系完整性、科学性的基础上，根据教学的要求和学生的实际来形成教学体系；要研究“概论”课教学内容的科学性、严肃性和教材的生动性、可读性及教学的针对性、实效性之间的关系。

6. 不断探索新的教学方法

思想政治理论课教学方法上的得失，直接影响教学效果的好坏。从目前思想政治理论课教学的实际来看，教学方法上的“滞后”现象确实存在，在有些方面还表现得比较突出。目前有很多新的教学方法（如讨论式教学、启发式教学、案例式教学、多媒体教学等）在学生中反应较好，但有许多教师不愿用或不会用，更重要的原因是思想政治理论课教师对新的教学方法缺乏研究，对新的教学模式缺乏探索。因此，“概论”课教师要不断探索新的教学方法，科学运用现代化的教学手段，积极组织多媒体教学研究，开发多媒体教学软件，不断提升教学能力。

此外，还要加强与“概论”课密切相关的马克思主义理论学科建设，加大经费投入和精力投入，加强对“概论”课教学的管理。

总之，“概论”课既是一门有很好教学与科研基础的老课程，也是一门面临许多困难的新课程。提高“概论”课的教学实效，需要多方面的配合，也需要广大教师的共同努力和辛勤劳动。

第四篇　学科体系与话语体系建设

第一章　马克思主义理论学科与思想政治理论课的关系

培养德智体美全面发展的社会主义事业建设者和接班人，是马克思主义理论学科在人才培养方面的一项重要任务，也是普通高校思想政治理论课的一项重要任务。2005 年春，高校思想政治理论课实施了新的课程方案；2005 年底，国务院学位委员会和教育部又正式在《授予博士、硕士学位和培养研究生的学科、专业目录》中增设马克思主义理论一级学科及所属二级学科。正确认识和处理马克思主义理论学科与思想政治理论课之间的关系，不论是对于马克思主义理论学科建设，还是对于加强思想政治理论课建设，都具有十分重要的意义。

一、马克思主义理论学科建设与思想政治理论课教学改革和发展是相伴相随的

中国共产党是以马克思主义为指导建立的无产阶级政党，有着思想政治教育的优良传统。党成立之后，就十分注意马克思主义理论宣传教育和思想政治教育，在长期的革命时期积累了十分丰富的经验。中国共产党领导的新民主主义革命是在马克思主义指导下取得胜利的。中国革命成功的实践证明，只有马克思主义才能救中国，只有马克思主义才能为中国人民

提供科学的世界观和方法论，引导中国赢得民族独立、人民解放。新中国成立之后，中国共产党和中国人民在思想文化方面承担着三重历史使命：一是在意识形态领域内确立马克思主义的主导地位；二是提高干部群众的思想政治素质和解决实际问题、从事建设新社会的能力；三是在广大人民群众中，尤其是在知识分子和青年学生中开展马克思主义理论教育，培养社会主义建设者和接班人。因此，新中国成立后，党和国家对马克思主义理论教育和思想政治工作给予了高度重视。在全国普通高校，有关马克思主义理论的学科建设和思想政治理论课建设得到了同样的重视，均取得可喜的成绩。

第一，以马克思主义基本理论为主要教学内容的思想政治理论课的发展为马克思主义学科建设奠定了坚实的理论基础。

思想政治教育是对学生系统进行思想理论教育的主渠道和主阵地，思想政治教育课是我国高等教育教学内容和课程体系的重要组成部分。新中国成立以来，高校思想政治课程曾多次调整，从新中国成立初期的“社会发展史”（后调整为“辩证唯物论与历史唯物论”）、“新民主主义论”和“政治经济学”，到改革开放初期的“辩证唯物主义与历史唯物主义”“政治经济学”“中国共产党党史”和“国际共产主义运动史”，再到 20 世纪 80 年代中期以来的一系列调整，其教学的基本内容主要是三个方面：一是对大学生进行马克思主义理论教育，帮助学生理解和掌握马克思主义，引导学生以马克思主义为指导，去认识世界、改造世界，观察问题、解决问题，如新中国成立以来先后开设的“辩证唯物主义与历史唯物主义”“马克思主义原理”“马克思主义哲学原理”“政治经济学”等课程；二是对大学生进行中国化的马克思主义理论教育，帮助学生认清马克思主义中国化的历史进程，了解党在不同时期的路线、方针、政策，如“新民主主义论”“中国共产党党史”“中国革命史”“毛泽东思想概论”“邓小平理论概论”“邓小平理论和‘三个代表’重要思想概论”等课程；三是以马克思主义为指导，对大学生进行思想品德教育，帮助学生树立正确的世界观、人生观和价值观，如“当代世界经济政治与国际关系”“当代世界经济与政治”“大学生思想道德修养”“法律基础”等课程。改革开放 30 多年来，全国普通高校思想政治理论课始终坚持马克思主义在意识形态中的指导地位，在思想政治教育教学中认真贯彻党中央一系列重要决定，坚持不懈地用马克思列宁主义、毛泽东思想、邓小平理论、“三个代表”重要思想和科学发展观等占领课堂，统领教材，武装青年学生的头脑。思想政治教育在提高大学生思想政治素质方面发挥了重要作用。思想政治理论课建设为发展马克思主义相关学科，尤其是为我们设立马克思主义理论学科奠定了坚实的基础。

第二，马克思主义相关学科和“马克思主义理论与思想政治教育”学科的建设，为思想政治理论课提供了学科支撑，为新设立的马克思主义理论学科的建设积累了丰富的经验。

新中国成立以来，虽然在相当长时间内全国并没有建立马克思主义理论一级学科，但并不等于说国内没有马克思主义理论研究方面的学科，也不等于说思想政治理论课没有学科支撑。新中国成立以来，马克思主义哲学、政治经济学、科学社会主义与国际共产主义运动、中共党史等学科对推进马克思主义理论研究和马克思主义人才培养起到了十分重要的作用，也为思想政治理论课教学提供了强有力的学科支撑。以马克思主义为指导的政治学、社会学、法学、民族学、伦理学、文学等学科的建设，也渗透着马克思主义理论学科建设的内容。进入20世纪80年代，马克思主义理论与思想政治教育学科建立之后，我国在部分高校逐步设立了思想政治教育本科专业及硕士点，思想政治教育学科开始正式建立起来。80年代中期，全国部分高校设立了马克思主义哲学基本原理硕士点、中国社会主义建设硕士点、中国革命史硕士点、世界政治经济与国际关系硕士点。1990年，全国第一个马克思主义理论教育博士点在中国人民大学设立。随后，上述硕士点学科逐步走向整合，原依托马克思主义理论教育师资力量设立的四个硕士点合并为马克思主义理论教育硕士点。此后不久，马克思主义理论教育硕士点与思想政治教育硕士点合并，正式设立为马克思主义理论与思想政治教育硕士点，是隶属于政治学一级学科内的一个二级学科。这个二级学科的正式设立，标志着马克思主义理论与思想政治教育学科开始步入正规化建设的阶段。这一学科在研究方向、研究内容、人才培养等方面做出的积极探索，也为马克思主义理论学科建设积累了丰富的经验。

第三，世纪之交国际国内形势的新变化，是建立马克思主义理论学科和改革思想政治理论课的共同背景。

自20世纪80年代末90年代初苏东剧变后，国际形势发生的广泛而深刻的变化及国内改革开放中出现的许多新情况、新特点，对马克思主义理论研究和高校思想政治教育也提出了许多新的挑战。从国际来看，先是苏东剧变之后社会主义处于低潮，后是东南亚金融危机，接着是进入新世纪之后美国发生的“9·11”事件，这一切带来了世界格局的变动，也带来了思想文化领域里的冲突。亨廷顿提出的“文明冲突论”既是对世界格局这种变动的一种反映，也是一种预言。从国内来看，最主要的影响因素有三个：一是中国在苏东剧变后确立了建立社会主义市场经济体制的目标模式，从计划经济向市场经济的转轨带来了思想文化领域的新变化；二是中国自2001年开始正式加入世界贸易组织，对外关系发生新的变化，与国外思想文化领域的交流更广泛、更直接，国内民众受国外思潮的冲击更大；三是2001年中国的人均国内生产总值突破1 000美元，进入所谓的“黄金发展期”和“矛盾凸显期”，我们称之为“一个必须紧紧抓住并且大有作为的重要战略机遇期”。适应这种世情、国情、党情的新变化，抓住战略机遇期，需要哲学社会科学的理论贡献和智力支持，而发展中国的哲学社会科学又必须始终坚持以马克思主义为指导，坚持正确的政治方向。

正是在这种背景下，2004年1月，《中共中央关于进一步繁荣发展哲学社会科学的意见》提出了加强马克思主义理论学科建设的重要任务，强调要“力争用十年左右时间，形成全面反映马克思列宁主义、毛泽东思想、邓小平理论和‘三个代表’重要思想的教材体系，形成具有时代特点、结构合理、门类齐全的学科体系，形成人尽其才、人才辈出的人才培养选拔和管理机制”①。同时，中央决定实施马克思主义理论研究和建设工程。2004年，《中共中央、国务院关于进一步加强和改进大学生思想政治

① 十六大以来重要文献选编：上. 北京：中央文献出版社，2005：687-688.

教育的意见》进一步提出："要全面加强思想政治理论课的学科建设、课程建设、教材建设和教师队伍建设。"根据此文件精神，中共中央宣传部和教育部提出《关于进一步加强和改进高等学校思想政治理论课的意见》，决定高等学校思想政治理论课的课程设置为"马克思主义基本原理""毛泽东思想、邓小平理论和'三个代表'重要思想概论""中国近现代史纲要""思想道德修养与法律基础"，另外开设"当代世界经济与政治"等选修课。根据《中共中央关于进一步繁荣发展哲学社会科学的意见》和《中共中央、国务院关于进一步加强和改进大学生思想政治教育的意见》精神，2005年底，国务院学位委员会、教育部发出了《关于调整增设马克思主义理论一级学科及所属二级学科的通知》，决定在《授予博士、硕士学位和培养研究生的学科、专业目录》中增设马克思主义理论一级学科及所属二级学科。新增设的马克思主义理论一级学科，下设五个二级学科，即马克思主义基本原理、马克思主义发展史、马克思主义中国化研究、国外马克思主义研究、思想政治教育。后又根据课程建设的需要，将中国近现代史基本问题研究增补为此学科下的二级学科。思想政治理论课程的调整和马克思主义理论学科的建立，反映了国内外形势的新变化对马克思主义理论研究和对大学生进行思想政治理论教育提出的新要求。党的十八大以来，习近平同志也特别强调了学科建设和思想政治理论课教育教学的重要性。2016年，他在哲学社会科学工作座谈会上谈到学科建设时明确指出："一是要加强马克思主义学科建设。二是要加快完善对哲学社会科学具有支撑作用的学科，如哲学、历史学、经济学、政治学、法学、社会学、民族学、新闻学、人口学、宗教学、心理学等，打造具有中国特色和普遍意义的学科体系。三是要注重发展优势重点学科。四是要加快发展具有重要现实意义的新兴学科和交叉学科，使这些学科研究成为我国哲学社会科学的重要突破点。五是要重视发展具有重要文化价值和传承意义的'绝学'、冷门学科。"[①] 在这里，习近平同志将马克思主义学科放在了哲学社会科学学科建设的首位，明确了马克思主义学科建设的重要地位。因此，在未来

① 习近平．在哲学社会科学工作座谈会上的讲话．人民日报，2016-05-19．

发展过程中，我们必须把马克思主义理论学科建设与思想政治理论课建设放在同等重要地位。

二、马克思主义理论学科建设与思想政治理论课建设是相互联系、相互促进的

马克思主义理论学科建设与思想政治理论课建设相互联系、相互促进，二者在许多方面具有一致性。

第一，指导思想相同。马克思主义揭示了人类社会历史发展规律，是我们认识世界、改造世界的强大理论武器。繁荣发展哲学社会科学，加强马克思主义理论学科建设，改进思想政治理论课，都必须坚持马克思主义的指导地位，坚持以马克思列宁主义、毛泽东思想、邓小平理论、“三个代表”重要思想和科学发展观为指导，坚持正确的政治方向。

第二，基本目标一致。建立马克思主义理论学科的根本目的和任务是从整体上研究马克思主义，同时把马克思主义研究成果运用于马克思主义理论教育、思想政治教育和思想政治工作，培养德智体全面发展、政治素质高、理论方向正确、具有比较高的马克思主义素养和理论功底，并能用马克思主义立场、观点和方法分析研究当代现实问题的人才。而高校思想政治理论课建设的根本目的是通过马克思主义特别是中国化的马克思主义理论教育，帮助大学生树立正确的世界观、人生观和价值观，培养中国特色社会主义合格建设者和可靠接班人。

第三，理论研究内容交叉。马克思主义理论学科建设与思想政治理论课建设的内容有相容性。马克思主义理论学科之下的六个二级学科建设，即马克思主义基本原理、马克思主义发展史、马克思主义中国化研究、国外马克思主义研究、思想政治教育、中国近现代史基本问题研究。其中，马克思主义基本原理学科旨在研究马克思主义主要经典著作和基本原理，从整体上研究和把握马克思主义科学体系；马克思主义发展史学科旨在研究马克思主义发展的历史过程，总结其发展经验，揭示其发展规律；马克思主义中国化研究学科旨在研究马克思主义中国化的基本经验和基本规律

以及马克思主义中国化的理论成果；国外马克思主义研究学科旨在研究当代国外马克思主义的相关理论、思潮、流派的发生、演进及其基本思想；思想政治教育学科旨在运用马克思主义理论与方法，专门研究人们思想品德形成、发展和思想政治教育规律，培养人们正确的世界观、人生观和价值观；中国近现代史基本问题研究学科主要围绕历史和人民怎样选择了马克思主义、中国共产党、社会主义道路和改革开放，即中国的发展举什么旗、走什么路、由谁来领导等中国近现代史的基本问题，是专门系统研究中国近现代的历史进程及其基本规律和主要经验的学科。中国思想政治理论课的四门课程，其研究和教学内容与马克思主义理论学科有一定的相容性。“马克思主义基本原理”着重讲授马克思主义的世界观和方法论，帮助学生从整体上把握马克思主义，正确认识人类社会发展规律；“毛泽东思想和中国特色社会主义理论体系概论”着重讲授马克思主义中国化的历史进程和理论成果，帮助学生系统掌握马克思主义中国化的两大理论成果；“中国近现代史纲要”主要讲授中国近代以来的历史，帮助学生了解国史、国情，深刻领会历史和人民是怎样选择了马克思主义，选择了中国共产党，选择了社会主义；“思想道德修养与法律基础”主要进行社会主义道德和法制教育，帮助学生增强社会主义法制观念，提高思想道德素质，解决成长成才过程中遇到的实际问题。

此外，马克思主义理论学科建设与思想政治理论课还具有科学性、政治性、意识形态性等共同特点。二者在发展规划、教材建设、队伍建设、人才培养、资金投入、学科管理与教学管理等方面还有许多相通之处。但我们绝不能将马克思主义理论学科建设与思想政治理论课建设完全等同起来，更不能用马克思主义理论学科建设去取代思想政治理论课建设或用思想政治理论课建设代替马克思主义理论学科建设①。具体原因如下：

第一，马克思主义理论学科建设并不完全是为思想政治理论课建设而建立起来的。虽然建立马克思主义理论学科适应了思想政治理论课建设的需要，为思想政治理论课建设提供了学科平台，但不能认为马克思主义理

① 有关此方面的研究成果，参见张雷声．试论思想政治理论课与马克思主义理论学科的关系：兼析认识与实践中的几种偏误．教学与研究，2006（10）．

论学科就是为思想政治理论课建立起来的。马克思主义理论学科建设更重要的是为了推进党的思想理论建设和巩固马克思主义在高等学校教育教学中的指导地位。马克思主义理论学科建设不仅为思想政治理论课提供了学科支撑，也会对哲学社会科学其他学科的建设产生极为深远的影响。如果把马克思主义理论学科建设仅理解为服务于思想政治理论课建设，将会有违于建立马克思主义理论学科的初衷。马克思主义发展史学科和国外马克思主义研究学科将会因为缺少对应的思想政治理论课而被淡化甚至边缘化，这很不利于马克思主义理论学科建设。

第二，思想政治理论课建设并不能只以马克思主义理论学科为学科支撑。思想政治理论课是大学生的必修课，是大学生思想政治教育的主渠道。高等学校哲学社会科学课程都具有思想政治教育的重要职责，哲学社会科学以外的其他各门课程都具有育人功能，所有教师都负有育人职责。就目前的思想政治理论课设置来说，“马克思主义基本原理”主要依托于马克思主义理论一级学科之下的马克思主义基本原理、马克思主义发展史和国外马克思主义研究学科，但哲学一级学科之下的马克思主义哲学学科、经济学一级学科之下的政治经济学学科、政治学一级学科之下的科学社会主义与国际共产主义运动学科，也在一定程度上为“马克思主义基本原理”提供了学科支撑；“中国近现代史纲要”和“毛泽东思想和中国特色社会主义理论体系概论”课程主要依托于马克思主义中国化学科，但政治学一级学科之下的中共党史学科也在一定程度上为其提供了学科支撑。“思想道德修养与法律基础”主要依托于思想政治教育学科，但伦理学、法学等学科也在一定程度上为其提供了学科支撑。如果思想政治理论课仅以马克思主义理论学科为支撑，将不利于思想政治理论课的建设。

第三，马克思主义理论学科建设和思想政治理论课程建设具有相对独立性，有其自身发展的特殊规定性，二者不能等同。学科建设有着比课程建设更为宽阔的视野和厚实的基础，它不仅包括课程建设的内容，还包括学科本身的内在体系结构的调整和优化，也包括科学研究、人才培养、资源投入等的建设。因此，在学科和课程建设过程中，要注意防止两种倾向：一是只注重学科建设，把主要人力、物力投入学科建设中，而淡化思想政治理论课课程建设；二是以课程建设代替学科建设，从而降低学科建设的地位，缩小学科研究的领域，使学科建设无法走上正轨。

总之，马克思主义理论学科建设和思想政治理论课建设具有十分紧密的联系，但又有其自身的特点和发展规律。

三、加强马克思主义理论学科和思想政治理论课建设的建议

当前，在学科建设和课程建设中，要注意把握好以下几点：

第一，要充分认识马克思主义理论学科建设和思想政治理论课建设的极端重要性，把二者放在同等重要的地位。要通过广泛的宣传，使全体社会成员必须认识到，加强马克思主义理论学科建设和改进大学生思想政治教育工作，是我们党和国家的重要政治优势，也是高等学校教育改革发展和人才培养的一条重要经验。加强马克思主义理论学科建设和思想政治理论课建设，对于推进马克思主义理论创新，对于保持马克思主义在意识形态领域的指导地位，对于培养中国特色社会主义的建设者和接班人，对于确保实现全面建成小康社会、加快推进社会主义现代化的宏伟目标，确保中国特色社会主义事业兴旺发达、后继有人，具有重大而深远的战略意义。

第二，要根据学科建设和课程建设的特点，制定各自的发展规划和建设思路。应以马克思主义为指导，遵循学科建设的一般规律和思想政治教育课程建设的特殊规律，参照与马克思主义理论学科联系紧密的相关学科的做法，借鉴和吸取国外思想政治教育的有益经验，结合当代中国实际，尤其是当代大学生的思想实际，认真研究当代大学生思想政治教育面临的新形势，制定科学的学科发展规划，包括长远发展规划和近期发展规划，对马克思主义理论学科和思想政治理论课建设做出全面部署和总体安排。

第三，积极探索学科建设和课程建设的规范体系。在马克思主义理论学科建设中，要正确处理本学科与其他相关学科及本学科内部六个二级学科之间的关系，尽快形成具有中国特色的马克思主义理论学科特有的学科体系、研究范畴和研究范式。在思想政治理论课建设中，要注意正确处理

思想政治理论课与其他哲学社会科学课程及思想政治理论课四门必修课的关系，切实加强教材建设，改革教学内容，改进教学方法，改善教学手段，努力提高思想政治教育的针对性、实效性和吸引力、感染力。

第四，加快教材建设的步伐，编写高质量的教材。教材建设是学校教育教学工作的重要组成部分，是衡量学校办学水平的重要标志，是提高教学质量的基础性工作。由于马克思主义理论学科刚刚建立起来，思想政治理论课新方案刚刚开始实施。因此，在当前，应适应马克思主义理论学科建设的需要，着力编写全面反映马克思列宁主义、毛泽东思想、邓小平理论和“三个代表”重要思想的属于马克思主义理论学科的高质量的专业课教材。同时，要充分吸收以往思想政治理论课教材编写的经验教训，着力编写高质量的思想政治理论课教材。

第五，进一步加强学科建设和课程建设的学术骨干队伍建设。教师是发展教育事业的主要力量。在当前，不论是学科建设，还是课程建设，都离不开高素质的教师队伍。我们应着力培养一支既能从事马克思主义理论学科建设，又能开展思想政治理论课教学的高素质人才队伍。

第六，建立学科建设管理体制和课程建设管理体制。建立健全科学的领导体制，加强对学科建设和课程建设的领导；建立健全与法律法规相协调、与高等教育全面发展相衔接、与大学生成长成才需要相适应的学科建设和课程建设的制度体系；建立相应的激励机制和保障机制；还应建立专项评优奖励制度、职称评聘制度、科研管理制度、教师培训制度；等等。通过以上措施，力争在几年内使思想政治教育学科建设取得良好成绩。

第七，建立健全本学科建设的投入支撑体系。学科建设离不开必要的投入，思想政治理论课建设也离不开资金投入。资金投入是加强学科建设和课程建设的物质保障。因此，在学科和课程建设中，一定要加大经费投入，教育行政部门和学校要合理确定学科建设和课程建设的经费投入科目，列入预算，确保学科建设和课程建设各项工作顺利开展。

第二章 关于马克思主义理论学科建设的保障机制

学科建设对于科学研究、人才培养具有十分重要的意义，是具有战略性、长期性、基础性的系统工程，需要必备的保障机制。由于马克思主义理论学科建设的时间并不长，相对于这一学科建设的特殊重要性以及该学科具有的特殊规范性，当前的马克思主义理论学科教学与管理体制还存在一些急需解决的问题。

一、马克思主义理论学科建设的保障机制方面存在的问题

当前，马克思主义理论学科建设的保障机制存在一些问题，主要有：

第一，管理体制不完善，缺乏组织保障。

目前，在普通高校，由于学科建设很不平衡，因而管理体制极不健全。主要表现在：

一是管理缺位。有的学校至今还没有真正意义上的学科建设管理体制，学科建设管理仅仅是学位授权点的申报。学科建设管理工作依托于学校的科研、教学等管理部门，没有从学科建设的角度开展实质性的工作。有的学校以前并没有学科点，通过建立马克思主义理论学科实现了学科点零的突破。这些学校建立学科点之后，并没有建立相应的管理机构，而将

管理职能分解或下放。所谓“分解”，即将学科建设的管理分布在不同单位，科研处管科研，教务处管教学，人事处管理人才培养，学生处管招生，就业处管分配，等等。这实际上是本科教学管理的一种延伸。所谓“下放”，就是学校并没有相应的管理机构，而是直接将学科建设的管理下放到学院一级单位或学科点建设单位。这种管理模式是一种放任自流的做法，既没有对学科建设进行统一规划，也没有开展对学科的具体建设工作，学科建设工作鲜有成效。这种情况大都发生在新设立学科或学科点较少的学校。

二是管理经验缺乏。有的学校虽然有学科管理机构，但对马克思主义理论学科建设缺乏管理经验。如理工农医院校，以前并没有哲学社会科学方面的学科点，马克思主义理论学科是最早设立的文科学科点，因此也没有管理此类学科的经验，往往只是把管理理工类学科的办法直接搬过来，用管理理工类学科的办法管理文科学科。虽然哲学社会科学与自然科学同等重要，但把管理自然科学学科和工科学科的办法直接照搬到哲学社会科学学科建设中来，显然是不妥的。

三是管理不善。有的学校虽然设有专门的学科建设管理部门，并制定了学科建设规划总体框架，在加强学术队伍、科学研究、人才培养和实验基地等方面形成了一种学科建设管理模式，但这种管理模式也存在许多问题，主要是对学科建设的管理缺少监控，同时还没有将责任制、竞争机制等有效引入学科建设之中。

第二，管理制度不健全，缺少制度保障。

关于马克思主义理论学科的管理制度目前还没有能够建立起来。

一是导师遴选制度不够健全。许多学校并没有建立完善的导师遴选制度，对于具有什么样能力和专业背景的教师才能担任马克思主义理论学科导师，并没有明确的规定，因此在学科建设队伍的配备上随意性较明显。有的学校为了弥补研究生导师数量的不足，不同程度地降低了研究生或博士生导师的任职标准；有的学校仅有马克思主义理论学科的硕士点或博士点，把其他专业如法学、社会学等学科的学者也纳入马克思主义理论学科中来；还有的学校领导虽然并非从事马克思主义理论研究，甚至从事理工科研究的，但由于在学校主抓高校党建或大学生思想政治工作，也因此到马克思主义理论学科中来担任导师。这种情况不只是在个别学校出现，在某些具有硕士点的学校还相当普遍。似乎马克思主义理论学科建设，任何人都可以参与，缺少严肃性和科学性，从而降低了马克思主义理论学科的地位。

二是教学管理制度不够严格。对于马克思主义理论学科之下的各个二级学科到底开什么课程、如何进行规范的教学、各个教学环节如何把握，缺乏相应的规定。因此，在教学方面，各个学科点也表现出较明显的随意性。在许多学科建设单位，由于学科点较少、导师人数不多，依然实行的是导师负责制。在招生、培养等环节，导师的权力较大，招什么人、讲什么课、采取什么形式授课、如何考核，全由导师个人说了算。这样做，严重影响了人才培养的质量。

三是招生培养制度不够规范。在招生环节，由于马克思主义理论一级学科所属的六个二级学科中，只有思想政治教育这一专业有本科生，其他专业均无本科生，因此，马克思主义理论学科的生源比较紧张，来源也比较复杂。随着马克思主义理论学科规模的扩大，生源紧张的问题更加突出。有的专业根本招不到学生，有的专业生源比较充足，但社会需求量不大，出现培养人才过剩问题。如何选拔人才，如何加强人才的培养，现在仍然是一个比较棘手的问题。在培养环节，许多新设立马克思主义理论学科点的高校还不知道如何制定科学的培养方案。有的学校虽然制定出了培养方案，但由于制定具有随意性，因而也没有严格执行。

第三，保障机制不健全。

一是领导机制不完善。马克思主义理论学科领导机制方面存在的问题在不同层次均存在。在国家一级，目前国务院学位办、教育部、中宣部均在参与管理。国务院学位办管学科点的布局和设立，教育部管学位点的建设，中宣部管学校发展的大政方针。目前，这三家并没有形成合力，既有管理内容的重叠，又存在管理内容的遗漏。在省市一级，现在并没有设立马克思主义理论学科的管理机构，也是多头管理。在学科所属单位，由于马克思主义理论学科具有不同于其他学科的特点，它同高校思想政治教育、高校党的建设等存在较强的联系，因此，各个高校现在并未建立相应的领导机制。有的学校由主管教学的校长负责，有的学校由主管学生工作的党委书记负责。学生培养方面，有的学校由教务处负责，有的学校由研究生院负责，有的学校甚至由学生处负责。在具体学科建设单位方面，有的建设单位由主管科研工作的副院长（副系主任）负责，有的由主管教学工作的副院长（副系主任）负责，有的由该学科点的学术带头人负责。到目前为止，规范的领导体制并没有建立起来。

二是监督考核机制不完善。目前，关于马克思主义理论学科建设的监督考核机制并没有建立起来。这种监督考核机制的缺失可以说表现在各个方面，在科学研究、课堂教学、教材建设、学科基础设施条件、人才培养的质量和数量等方面均缺少监督考核机制。目前，研究方向的不规范、师资队伍的杂乱、教材建设的滞后等问题，均与缺少监督考核机制有关。

三是经费投入机制不完善。资金投入是学科建设的物质保障。购买必备的研究资料和教学参考资料，编写高质量的教材，开展社会调查，引导学生参加社会实践，进行科学研究，参加国际国内学术活动，开发利用新的教学手段，建立学科建设的资料数据库，进行师资培训，对大学生思想状况进行调研，培养马克思主义理论学科建设后备人才，等等，都需要投入。一句话，学科建设没有资金投入是绝不可能的。当前，马克思主义理论学科建设的投入严重不足。客观方面的原因是，许多单位的资金投入本来就不多。主观方面的原因是，有许多学科建设单位并未对该学科建设给予足够的重视，甚至认为该学科建设不需要很多的投入。

由于科学的管理体制和管理机制在学科建设中具有十分重要的地位，因此，在马克思主义理论学科建设过程中，当前一项重要的任务就是要在国家、地方、普通高校及各个学科点建立科学的教学管理体制和管理机制。

二、建立切实可行的马克思主义理论学科建设保障机制

建立切实可行的保障机制是使马克思主义理论学科建设得以顺畅进行的重要前提。建立切实可行的马克思主义理论学科建设保障机制主要从以

下几个方面着手。

第一，提高认识，增强主动性，为马克思主义理论学科建设提供有力的思想保障。

目前，在意识形态领域内，我们面临着很多挑战，马克思主义在我国的意识形态领域的主导地位正面临着来自国内外的很多挑战。进入新世纪以来，西方敌对势力对我实施“西化”“分化”的政治图谋没有改变，力度不断加大，手法更加多样。它们始终把意识形态作为颠覆和控制别国、实现自身战略意图的重要工具，凭借经济、科技等优势推行文化霸权，加大文化输出和思想价值观念渗透。“藏独”“东突”“台独”等敌对势力在境外合流，已成为西方敌对势力对我实施“西化”“分化”的政治工具。抵制西方敌对势力的“西化”“分化”图谋，必须进一步增强我国文化软实力，对内增强民族凝聚力和向心力，对外增强国家亲和力和国际影响力。面对马克思主义遇到的挑战，我们必须从确保党和人民事业兴旺发达的高度，从巩固马克思主义在意识形态领域指导地位的全局高度，从提高国家文化软实力的战略高度，深刻认识在改革开放和社会主义市场经济条件下加强马克思主义理论学科建设的必要性和重要意义，大力增强马克思主义理论的说服力和感召力，用社会主义核心价值观引领社会思潮，用马克思主义中国化最新成果占领学术阵地，牢牢掌握哲学社会科学的话语主导权，切实把马克思主义理论学科建设的各项措施落到实处。

第二，建立相应的组织管理机制，为马克思主义理论学科建设提供组织保障。要改变目前马克思主义理论学科建设组织单位管理的混乱状况。

一是在国家级层面，应有专门的机构负责马克思主义理论学科建设。鉴于马克思主义理论学科建设的特殊重要性和此学科与其他学科的不同特点，在国家级层面，中宣部、国务院学位办和教育部应共同组建马克思主义理论学科建设的管理机制，明确各自的职责和权限，确定明确的分工。中宣部应发挥学科建设的指导作用，把握学科建设的方向；国务院学位办应发挥学科建设的管理职能，加强对该学科建设的组织管理工作；教育部应责成相关部门（如社会科学研究司）加强对该学科的具体管理。

在国家级层面，尤其要加快国家重点学科建设。国家重点学科的建设内容主要包括学科凝练、队伍汇聚、人才培养、科学研究和构筑基地建设等方面。国家有关部门在安排“211工程”“985工程”等相关建设项目时，应与国家级马克思主义理论重点学科相结合，并给予支持和倾斜；各地方（部门）教育主管部门应将国家重点学科纳入地方（部门）重点学科建设中统一规划，安排建设；教育部应负责对马克思主义理论重点学科建设的指导、协调和管理，不断完善管理制度和机制。

在国家级层面，还应完善检查考核制度。应建立马克思主义理论学科的定期检查、监督和激励机制。通过检查考核，引导有关部门和单位加强马克思主义理论学科建设。对建设成绩显著的学科，可确定为国家重点学科；对建设成效差，经整改后仍不符合要求的，予以淘汰。

二是在各省（自治区、直辖市），应建立相应的管理机构，负责马克思主义理论学科建设的管理、协调、监督、检查工作，并对管辖学校的学科建设进行指导。在学科建设和课程改革的起步阶段，各高校和各级教育行政主管部门要给予必要的政策支持，把马克思主义一级学科建设作为繁荣发展哲学社会科学的基础性工作来抓，要在重点学科建设、精品课程建设、教师队伍建设、教师职称评聘晋升和基层教学科研组织考核评价等方面加大政策力度，给予重点扶植。各地方（部门）教育主管部门应负责统筹管理本区域（部门）的马克思主义理论重点学科，对其建设情况进行管理和监督。

三是在各个高校，应改变目前马克思主义理论学科的各个二级学科分散管理的方式，成立独立的马克思主义理论研究和学科建设机构。应将各个高校的马克思主义理论学科和思想政治理论课建设单位实体化，在学科建设和思想政治理论课教学管理上保持相对独立性，基层教学组织与学院基层科研机构相融合，专门负责马克思主义理论学科建设和思想政治理论课建设，并建立一整套与此相适应的教学考核评价机制，保护教师从事教学的积极性，从而确保学科建设和思想政治理论课课程设置方案的顺利实施。学科建设所在单位应以学科建设为核心，整合各种资源，制定相关政策和具体建设措施，在师资队伍、科学研究、人才培养、国际合作与交流等方面，对国家重点学科给予人力、物力和政策的倾斜。各学科要根据不同时期学科发展要求和本学科自身特点，分析影响本学科水平的关键环节，有针对性地集中力量进行建设。

四是要建立管理协调机制。为搞好马克思主义理论学科建设，除了专门的学科与教学单位外，还必须与高校的其他职能部门，如教务管理部门、人事管理部门、科研管理部门、党委宣传思想工作部门相互协调，密切配合，构建一整套行之有效的宏观管理体制。

五是要建立多层次管理体制。为提高国家马克思主义理论学科的建设水平，调动各方面积极性，强化责任意识，国家应逐步构建一个国家、地方（部门）和所在单位相互支撑的三层次学科建设与管理体系。在马克思主义理论学科建设过程中，要明确国家、地方（部门）和所在单位的责任、权利、义务，逐步增强地方教育行政部门在国家重点学科建设和管理上的统筹力度。

第三，建立学科点内部的管理机制。主要有以下几个方面：

一是制定科学的学科建设与发展规划。学科建设与发展规划是学科建设的重要内容，是提高建设水平和建设效率的重要保证。国家有关部门要根据国家发展目标，规划马克思主义理论国家级重点学科的建设与发展；地方教育主管部门应根据本区域发展目标，规划本区域马克思主义理论学科的建设与发展；各马克思主义理论学科所在单位和每个二级学科要掌握本学科领域的最新发展趋势和国内外学术动态，要与国内高水平学科进行比较，紧密结合本单位实际，明确建设目标和发展思路，凝练学科方向，确定建设内容和实施措施。

二是加强对人才培养方面的管理。要根据国家发展的需要、学科建设的需要和社会对马克思主义理论人才队伍的建设需要，确定博士生、硕士生招生规模。过大，分配不出去，或分出去后并没有发挥本学科的专长，则会造成人才的浪费，也会影响本学科的声誉；过小，人才供不应求，则会降低人才培养的质量。建立马克思主义理论一级学科的主要目标是解决过去马克思主义人才奇缺的问题，进一步扩大招生与培养规模。目前，不同层次的学科点建立之后，面临的主要问题是防止规模过大，要从追求规模转变为追求质量。因此，当前不仅要求马克思主义理论一级学科要控制招生规模，而且马克思主义理论一级学科之下的各个二级学科也应该根据需要，确定本专业的招生规模。

三是完善内部管理制度。各建设单位应担负起学科建设的日常管理管理工作，在研究方向的确定、培养方案的制定、高素质人才的培养、日常教学的管理、国际国内学术交流、科学研究等方面制定相应的管理细则和考核办法，及时解决建设中遇到的问题，为学科建设提供保证。

第四，建立符合人才成长规律的人才培养机制。加强马克思主义理论学科建设，关键在于培养马克思主义理论研究与建设人才，也就是中央领导同志一再强调的“三个一批”，即着力培养一批学贯中西、享誉中外的马克思主义理论大家，一批政治方向正确、理论功底扎实、勇于开拓创新、善于联系实际的马克思主义学科带头人，一批中青年马克思主义理论研究与教学骨干。学科发展的过程实质是教师队伍质量提高的过程，其核心是学科带头人素质的提高。学科带头人的素质直接影响着所在学科建设水平的提高，乃至一所学校的办学质量与水平；而学科建设水平状况决定着学科带头人成长的学术研究环境的优劣。学科的影响力往往是由学科带头人的影响力决定的。学科建设是一所学校是否具有竞争力的核心内容，其建设水平取决于是否拥有高水平的学科带头人。但学科带头人个人的成功，在组织建制上，必须依赖于学科建设，基础在于学科，没有良好的学科平台，难以成就事业，学校也就难以形成人才高地。目前，特别需要建立培养创新人才的机制。

一是建立以业绩和能力为导向、科学合理的人才考核机制。对学科带头人进行必要和恰当的考核，是给学科带头人以压力，同时也是对学科带头人的一种约束。学科带头人的考核与一般专业技术人员考核应有所区别，我们应更多地关注其创新性成果的取得，而不应简单地看成果数量；应更多地关注其在同行中的影响力，而不应短视于其在日常生活中的一般表现；应建立较长的考核期限，不宜设定较短的考核周期，而应给予宽松的学术氛围，全面进行考评；要放弃完全依据 SCI、EI 等单一的学科评价指标，防止学科带头人出现浮躁心态和急功近利的思想倾向，助长学术腐败。在实施对科研考核的过程中，必须充分重视学科带头人在团队建设中发挥的重要价值，从而促进学科带头人队伍保持旺盛的创造力，造就一批具有真才实学、出类拔萃的学科带头人。

二是构建平等竞争、能者为先的激励机制。竞争能激发人挖掘潜能，激励能调动人的积极性和创造性，公平公正能使人心情舒畅。对于个性比较强，但学术造诣很高的学科带头人，要注意做好引导，避其所短，用其所长；对于具有学术潜能，有培养前途的学术骨干，应予以重视，创造必要条件，加大培养力度。通过公开招聘岗位、公开招聘条件、公开选拔程序、公开应聘人的业绩成果等，真正实现能者上、劣者汰，以此努力营造一种你追我赶、人人争先的良好氛围。

三是构建责任与利益相统一的责任机制。通过科学合理的设岗，将岗位的工作内容、岗位职责、工作目标与学科建设发展规划和教学科研任务有效结合起来，增强学科带头人的责任意识，激发其永葆勇攀科学高峰的韧劲。同时要建立重实绩、重水平、重贡献，向学科带头人倾斜的分配机制，并为学科带头人提供必要的科研启动或配套经费，配备办公用房、工作助手，协助组建研究小组，安排好家属子女就业、上学等，使学科带头人得到应有的"实惠"，从而促使学科带头人应负的责任与利益有机地统一起来，体现在工作中既有要求，在生活上又有组织关心，努力实现一流人才、一流业绩和一流报酬。

四是完善内部学术与人才管理机制。目前，学科带头人的待遇都比较高，吸引、留住、造就人才，更要靠机制，靠尊重人格、崇尚学术与真理、鼓励个人自身发展、营造倡导团结合作的充满活力与浓厚学术气息的良好氛围。人才建设特别是高层次人才队伍建设，要注意创造"尊重劳动、尊重知识、尊重人才、尊重创造"的软环境，树立"以人为本""人的价值高于一切"的用人理念，充分尊重人的价值，尊重人的内在需求，用体现人才价值的待遇、良好的事业发展平台、共同的使命追求与愿景，增强学术队伍的凝聚力，真正形成鼓励人才干事业、支持人才干成事业、帮助人才干好事业的良好局面。

五是要着力打造学术创新团队。学术队伍团结协作精神是学科建设与发展的动力。大量的事例表明，一个学术群体能否形成为和谐、合作的整体，是学科建设取得成效的前提。当前科学研究学科交叉融合程度越来越高，单凭一个人开展科学研究，往往一筹莫展。马克思主义理论学科是一门综合性极强的学科，更需要学科成员之间相互配合、优势互补，形成合力。一支学术队伍内部要积极提倡友谊、乐于奉献、勇于创新、谦虚自重、学会宽容、待人真诚，真正产生一种“群体动力”，从而构建一个学术民主、人际关系和谐、道德规范的学术集体。

第五，建立学术交流沟通体制与机制。目前，马克思主义理论学科的发展是不平衡的，有的学校建立马克思主义理论学科的时间比较早，建设周期较长，而且已经发展成为重点一级学科或发展了多个重点二级学科；有的学科的一级学科刚刚建立起来，有的学校二级学科刚刚申报成功；有的学校只有硕士点学科而没有博士点学科，有的学校只有个别二级学科硕士点。但比较遗憾的是，各个学科点之间缺少必要的沟通与交流，有一些成功经验和有效做法无法及时推广和借鉴。

面对马克思主义理论学科点急剧扩大的情况，凝聚力量，“联手作战”已成为一种迫切需求。在目前的状况下，“各自为战”的学科建设思路对学科发展不会有利，但完全统合起来既不可能也没有必要。在当前，应该广泛开展马克思主义学科建设的对话。

在国内，应该有不同学科的马克思主义的对话。在马克思主义理论一级学科建立之后，国内学术界特别强调对马克思主义进行整体性研究。但我们不能忽视一点：如果没有对马克思主义分门别类的研究，如果没有对马克思主义三个组成部分更深入的研究，如果没有对马克思主义其他领域的深入研究，马克思主义整体性研究就会成为空中楼阁，就没有根基。因此，我们必须把握马克思主义的开放性特点，不能在反对肢解马克思主义的呼声中用不同学科割裂马克思主义，不能采取封闭的态度进行学科建设和理论研究，不同学科应该广泛开展马克思主义研究的对话，应该就共同关注的问题进行集体攻关，应该在集体攻关中逐步形成马克思主义研究的学术创新团队，应该在学术团队中产生从事马克思主义研究的学术带头人和马克思主义理论家。

在国际范围内，应该有马克思主义不同学派的对话与争论。目前，我们同国外开展马克思主义的对话主要体现在党际之间，而党际之间关于马克思主义的对话主要集中在意识形态领域内。学者之间的对话，虽然也在陆续开展起来，但是比较零散的，没有产生有影响的理论成果。据统计，当今西方现有30个左右的马克思主义研究机构，出版刊物约有200种，有的刊物影响较大，如《新左派》。而没有依附于任何政党和组织的、从事马克思主义理论研究的学者，分布在世界各地，数量更大。鉴于此，我们认为，我们应该广泛开展马克思主义研究的国际对话。一方面，我们要采取“引起来”的方式，把国外学者请进来，把国外马克思主义、国外社会主义研究的成果引起来，充分吸收和借鉴国外马克思主义理论研究的积极成果；另一方面，我们要“走出去”，通过对话，积极宣传中国化的马克思主义，使中国化的马克思主义在世界范围内产生更大的影响。

第六，建立经费投入机制，为马克思主义理论学科建设提供经费保障。

其一，加强马克思主义理论学科建设，必须有足够的经费保障，为此应建立多元投入机制。对于国家级马克思主义理论重点一级学科和马克思主义理论之下的重点二级学科，其建设经费应该由国家、地方（部门）和所在单位共同筹集。经费投入应该有明确的规划，国家、地方和学科建设单位各应投入多少，如何投入，应该有明确的分配比例和投入的时间安排。对于省级重点学科，应由地方（部门）和所在单位共同筹集建设资金。各省（自治区、直辖市）也应该有相应的投入计划，同时对建设单位的资金投入应该有明确的要求和保障措施。应鼓励社会资金积极参与马克思主义理论学科的建设，各学科建设单位也应该通过为地方提供咨询服务和培养急需人才等途径，自主筹集学科建设经费。

其二，为提高建设经费的使用效率，应建立相应的财务管理制度。对于学科建设经费到底如何使用，各个学科建设单位应该有明确的计划和管理制度。如究竟有多少经费用于资助课题研究、多少经费用于高素质人才培养或引进人才、多少经费用于教学环节、多少经费用于学术交流、多少经费用于图书资料建设、多少经费用于学科建设所需要的硬件建设、多少经费用于教材建设、多少经费用于网络媒体建设，等等，各个建设单位应有明确规定。在经费使用过程中，哪些经费属于学科建设允许开支的，哪些是不允许开支的，也应该有明确的规定。

第三章　马克思主义理论学科的教学管理体制

加强马克思主义理论学科建设，除了掌握马克思主义理论学科形成的基础，掌握马克思主义理论学科体系的构成及其特点之外，除了培养强烈的学科意识，把握学科建设与教学规律，搞好师资队伍、人才培养、学术与交流之外，还必须根据本学科的特点和实际，努力建立本学科的教学管理体制和保障机制。

一、加强马克思主义理论学科教学管理体制和保障机制建设的紧迫性

马克思主义理论学科是进入新世纪以后才建立的一个新学科，要使这门学科迅速走上科学化、规范化的发展轨道，必须把建立具有中国特色的马克思主义理论学科的教学管理体制和保障机制作为一项十分紧迫的任务。

第一，马克思主义理论学科属于新建学科，特别需要建立起科学的教学管理体制和保障机制。

自马克思主义理论一级学科建立以来，各高校都对该学科建设的重要性有了更深入的认识，在建设过程中也采取了不少切实可行的措施。但目

前，马克思主义理论学科点刚完成了从重视申报到重视建设的转变，还处于初建阶段。有关马克思主义理论学科的教学管理体制和保障机制并没有真正建立起来，许多学科建设单位还没有来得及将该学科建设及其相应的合理机制有机地纳入学校的基本制度和管理体制的建设之中。

在教学管理体制上，从全国范围来看，学科建设管理部门并没有形成统一规范的教学管理体制。由于马克思主义理论各个学科点的研究方向较多，因而课程设置和教学内容也是比较繁杂，缺乏统一的规范。从学科建设单位看，各学科并没有对该学科的教学管理体制进行深入研究，存在课程设置不规范、因人设课、由课程定教学内容的现象。

导致这种情况的原因极为复杂，主要有以下几个方面：一是马克思主义理论学科具有其他学科不同的特点，它的政治性、科学性、学术性和整体性等特点是其他学科并不具备的，因此把其他学科的教学管理体制和保障机制照搬过来，完全不可行。二是在当今世界，具有马克思主义理论学科的国家并不多，除少数社会主义国家拥有与此相关的学科之外，绝大多数国家尤其是发达资本主义国家并没有此类学科，吸收国外同类学科教学管理体制和保障机制也不可行。三是马克思主义理论学科刚刚建立起来，学科建设还在实践中，马克思主义理论学科的教学管理体制和保障机制到底是怎样的、如何建立并不十分清楚。

第二，加强教学管理体制和管理模式创新是适应当前教育发展形势的重要举措。

当前，马克思主义理论学科在量上快速增长，主要表现在两个方面：一是学位授权点规模快速增长，二是博士研究生和硕士研究生的培养规模快速增长。应该说，马克思主义理论学科点的总体布局已经大致完成，当前最主要的任务是加强学科自身的建设，实现从规模扩张到注重内涵式建设的转变，因为学科快速发展的一个必然结果就是质量问题。目前，许多学科建设单位已出现导师年龄老化、后备力量不足，总体建设队伍人数不够、素质不高、结构不合理，研究生生源不足、基础较差，教学质量不高、教学科研条件亟须改善，学生思想管理跟不上等问题。马克思主义理论学科的快速发展及出现的种种问题，需要以一种超常规的思路来重新构思、重新规划；需要解放思想，开拓创新，实施学科建设教学体制和管理模式创新。

第三，建立规范的教学管理体制和必要的保障机制也是应对国际国内新形势变化对马克思主义理论学科建设提出的各种挑战的需要。

当前，我国正处于大发展的良好时机，迫切需要各学科建设单位对该学科建设给予足够重视。从国际上看，国外马克思主义研究正处于热潮阶段。尽管苏东剧变之后，国外有许多人在宣称“社会主义已经失败了”“马克思主义的历史已经终结了”，有人在鼓吹“告别马克思”“抛弃马克思”等论调，但也有不少有识之士在研究马克思，主张“走近马克思”“重读马克思”“回到马克思”。进入新世纪以来，国际范围内有关马克思主义的理论研讨会在世界各地频繁召开，会议规模越来越大，会议形式越来越灵活，参会人数越来越多，研讨领域越来越宽，讨论问题越来越深入，研究成果越来越丰富。这一切说明，马克思主义的历史并没有终结，马克思主义的影响并没有消除，马克思主义的生机并没有停止。马克思主义仍然是人们认识世界、改造世界的强大思想武器。尤其是国际金融危机爆发以来，国际范围内又兴起了“重读马克思”的热潮。从国内来看，随着中国特色社会主义事业的不断推进，落实科学发展观，构建社会主义和谐社会，对马克思主义理论研究提出了新的要求。改革开放和现代化建设，需要马克思主义理论学科建设者继续解放思想，大胆进行理论创新，不断开拓马克思主义发展的新境界；中央正在实施马克思主义理论研究和建设工程，马克思主义基础理论研究和建设正处在承前启后、继往开来、与时俱进的重要时期，面临着极好的机遇。马克思主义中国化一个又一个理论成果的形成和发展，为加强马克思主义理论研究和建设指明了正确方向，积累了宝贵经验，奠定了扎实的理论基础；建设中国特色社会主义的伟大实践，为马克思主义理论研究提供了坚实的实践基础。马克思主义理论一级学科只有紧紧抓住当前的良好时机，才能使马克思主义理论研究上新台阶。

要使马克思主义理论学科建设逐步走上正轨，必须加强该学科教学管理体制和保障机制的创新。

二、马克思主义理论学科教学体制存在的问题

教学体制创新是学科建设的重要内容，是人才培养的重要环节，是加强马克思主义理论学科建设的重要方面。由于马克思主义理论学科刚刚得以建立，因而该学科在基础建设方面还存在不够扎实的问题。在教学体制方面，目前存在的主要问题有：

第一，教学内容不规范。马克思主义理论专业学位点布局基本实现了全国（除西藏、宁夏等少数自治区和港、澳、台）“大覆盖”“大扩军”，实现了超常规发展。众多的学位点分布在不同的地区和不同类型、不同层次的学校中，因而在研究方向上存在较大差别。

从不同地区的学校来看，东部和西部不一样，或者发达地区和欠发达地区关注的问题很不一样，因而研究方向不一样。东部地区或发达地区由于建立学位点时间较长、研究力量较强，因而更关注深层次的理论问题，在现实问题方面，更关注社会全面发展、经济可持续发展、政治民主、和谐文化建设及高层次人才培养等问题，而西部地区或欠发达地区由于建设时间较短，更关注贫困地区、民族地区的发展问题、资源环境保护问题等。

从不同学校类型来看，目前马克思主义学科点分布在军队院校、普通院校和党校等不同学校。军队院校更关注军事人才尤其是军队思想政治工作人才的培养，普通院校更关注马克思主义理论人才和思想政治工作人才的培养，而党校系统更关注党政干部的思想政治工作。由于各类学校承担人才培养的任务不一样，因而研究方向存在较大差别，从而导致教学内容出现较大差异。

从不同层次的学校来看，现有的学科点分布在不同类型的学校，有的属于教育部直属院校，有的属于地方院校；有的属于国家“985 工程”建设学校，有的属于“211 工程”建设学校；有的属于重点大学，还有的学校属于地方一般院校。学校发展程度不同，水平差异较大，因而在人才培养的目标要求上也不一样。重点院校侧重于培养研究型人才，而一般地方

院校侧重于培养一般应用型人才。人才培养目标的不同，也导致研究方向和教学内容的不同。

第二，教师队伍不规范。目前，马克思主义理论学科研究方向的不规范与学科建设队伍的不规范有很大关系，在某种程度上可以说，教师队伍的不规范直接导致了研究方向的不规范。例如，有的学校在申报博士、硕士学位点时，为了整合力量，获得学位点，将马克思主义哲学、法学理论、政治学理论、政治经济学、科学社会主义与国际共产主义运动、中共党史、马克思主义民族学、伦理学等学科的教师及成果都纳入马克思主义理论方面来。等学位点审批下来后，有些教学研究人员迅速回到了原来的学科点，导致学科建设力量的严重不足。而只有马克思主义理论学科却没有其他学科点的学校，不同学科的研究人员全部集中在马克思主义理论学科，因而在设置研究方向时，往往根据研究人员研究方向定学科研究方向。还有部分院校申报学位点主要依靠思想政治理论课教师，因而研究方面主要是围绕思想政治理论课的内容来设置的。从学科点设置的情形看，教师队伍的不规范直接导致了研究方向的不规范，研究人员和研究方向的不规范又直接导致了教学内容的不规范。从学科建设的情形看，由于研究方向的不规范，又导致了一些新增的导师虽属马克思主义理论学科类教师但并不从事马克思主义理论研究。

第三，课程设置不规范。学科建设和课程建设是紧密相连的，虽然学科体系并不能简单等同于课程体系，但一般来说，课程建设是学科建设的体现，是学科建设基本内容的浓缩，学科体系要对课程体系中涉及的内容进行进一步的研究，课程体系要反映学科体系的内容。

当前，马克思主义理论学科的研究方向和研究队伍的不规范，直接导致教学课程设置的不规范。马克思主义理论学科的队伍多数是高校从事马克思主义理论研究和教学的教师，特别是从事高校思想政治理论课教学的教师，在理工农医院校更是如此。应该说，改革开放以来，这支队伍为高校教学及教学改革贡献了力量，取得了很大成绩。但是，这支队伍也存在一些问题，其中，知识结构不合理就是一个方面。其突出的表现是不能贯通马克思主义基本原理。20 世纪 80—90 年代，高校曾经开设“马克思主义原理”课，并出版了教材。但是，后来这门课的开设并不成功。不成功的原因是多方面的，教师的知识结构的不完善不能说不是重要原因。许多教师由于过去是分别讲授马克思主义哲学、政治经济学和科学社会主义课程的，所以不能贯通马克思主义原理。这就出现了一方面要求学生全面掌握马克思主义原理，另一方面却是教师不能贯通讲授马克思主义原理的问题。

值得注意的是，由于学科建设管理部门并没有统一的培养方案，加上各个学科点的研究方向不一样，因而现在马克思主义理论学科点的教学方案也显得十分混乱，许多学校存在严重的因人设课的情形，也有一些学校并没有根据马克思主义理论学科建设自身的要求确定相应的课程，而是根据现有的师资的研究专长开设相应的课程，因而导致各个不同学校在马克思主义理论学科建设方面开设出的课程五花八门。

第四，教材建设滞后。教材是从事教学的主要依据，是提高教学质量的基础性工作。马克思主义理论学科各门课程教学实效的提高，离不开高质量教材的编写。马克思主义理论学科自建立以来，由于各个学科的培养方案不一致、研究方向不统一，教材建设方面存在许多问题，具体表现在：

一是教材建设不平衡。马克思主义理论学科所属的六个二级学科之中，马克思主义基本原理学科、思想政治教育学科的教材建设相对成熟一些，主要原因是这些学科建设时间较长，以前已有相对合理的研究方向、相对稳定的建设队伍和相对科学的课程设置，因而在教材建设方面有很扎实的基础和很好的积累。但新增的几个学科现在缺少必要的教材，如马克思主义发展史、国外马克思主义研究、马克思主义中国化研究、中国近现代史基本问题研究这几个学科，目前教材建设还没有实质性地开展起来。

二是专业课教材缺乏。由于各个学科点研究方向不同、课程设置不同、人才培养的层次不同，因而马克思主义理论学科的专业课教材严重滞后。具体表现在：其一，缺少专业基础课统编教材。虽然全国范围内马克思主义理论学科招生规模在逐步扩大，但各个学科建设点的招生人数并不多。自编教材没有实力或没有必要；统编教材虽有必要，但缺乏组织者，因而各自为战，基本上用讲义充当教材。其二，缺少专业课教材。由于各个学科建设单位的专业课设置具有较大的随意性，开设课程五花八门，因而没有专业课教材。目前，各学科建设单位专业课教学主要依据指导老师的学术专著或借用相关学科的教材。

三是教材质量不高。从现有的尝试性编写的教材来看，存在体系结构不合理、教材质量不高等问题。对此，我们前面已做分析，主要原因是教材定位不准确、教材建设管理体制不健全、教材体系研究不够等。

三、建立科学的马克思主义理论学科的教学管理体制

针对当前马克思主义理论学科教学管理体制方面存在的问题，我们认为，要搞好本学科建设，当前应着重抓好以下几个方面的工作：

第一，确立规范的学科研究方向。

对于如此众多的学科建设单位来说，如何建立规范的学科研究方向是一项艰巨的任务。2006 年 6 月，国务院学位委员会委托当时的武汉大学顾海良教授负责“马克思主义理论一级学科建设和人才培养方案研究”项目，据此制定了《马克思主义理论学科各二级学科研究生培养方案》[1]，包括了学科概况、培养目标、研究方向、学制、课程设置、学位论文、其他学习项目安排、培养方式等内容。目前，需要对此方案进行更深入的研究和论证，并以学位委员会的名义下发，形成文件，以便高校各学科点参照实施。

在学科方向设置方面，有以下几点需要特别注意：一是研究方向应该有层次性，即博士生研究方向和硕士生研究方向应该有所区别。硕士生研究方向可以宽一些，适当突出其应用性；但博士生研究方向必须专一些，突出其学术性。二是各个二级学科应该有不同的研究方向。二级学科的研究方向应该充分反映该学科的特点，同时要兼顾社会发展的需要。三是各个学科建设单位应根据国家需要和本单位实际，进一步凝练学科方向，努

---

① 思想理论教育，2006 (10).

力形成自己的特色专业和特色研究方向。四是在各个学科建设单位，每一个学科建设者应明确自己的学科定位和学科发展方向。

第二，建立科学的课程体系。

目前，当务之急是根据马克思主义理论学科的特性，制定科学的课程体系。

制定课程体系，必须把握以下原则：其一，必须把握马克思主义理论学科的科学性原则。这是马克思主义理论一级学科的生命力之所在。该学科建设的实质就是要弘扬马克思主义理论的科学真理。要正确处理好该学科的政治与学术、科学性与意识形态性的关系。要通过深入的研究，挖掘马克思主义理论中的科学真理，并用这种科学真理武装青年学生。其二，要把握马克思主义理论学科的整体性特点。整体性是马克思主义理论学科的重要特征和科学规定性。这个整体性不仅体现在马克思主义原理上，而且也体现在马克思主义理论各个二级学科的有机联系上。从整体上把握马克思主义，既是该学科建设的需要，也是培养马克思主义理论人才的需要。其三，要把握马克思主义发展继承性和连续性。既要突出经典的马克思主义，也要突出发展了的马克思主义，尤其要突出马克思主义与中国实际相结合而产生的几大理论成果。其四，要紧密联系实际。既要联系马克思主义发展各个阶段的实际，也要联系当今世界实际；既要联系当代中国改革开放和现代化建设实际，又要联系当代大学生思想实际。

第三，编写中央满意、教师满意和学生满意的高质量教材，在教材编写准入、教材审读、教材评价和淘汰机制方面拿出新举措。

为了完成编写马克思主义理论学科教材的任务，我们认为，应加强对教材编写工作的研究，在教材编写中要注意把握以下几点：一是要正确确定不同类型教材的定位；二是要注意教材建设的稳定性与科学性；三是要处理好理论体系的科学性、严肃性和教材的生动性、可读性之间的关系，做到教材内容理论联系实际，贴近大学生思想实际；四是要坚持教材编写与学科调研、学术研讨相结合；五是正确处理继承和创新的关系，在坚持改革中创新；六是要建立主体教材和辅导教材、纸质教材和电子教材、教师用书和学生用书相结合的立体化教材体系；七是必须规范教材编写的管理，建立马克思主义理论学科教材的评价机制。

第四，落实教学管理，规范教学环节，为马克思主义理论学科的教学提供有力的制度保障。建立严格规范、科学合理、层次分明的教学管理体制，是提高学科水平和人才培养质量的重要保证。当前，要提高马克思主义理论学科的人才培养质量，必须在统筹规划的同时，实现管理创新，建立科学、正规、高效的教学管理机制。要把教学管理体制贯穿于学科建设和人才培养的全过程。

首先，以国务院学位委员会的法规制度为依据，根据各学科建设单位的实际，建立健全教学管理制度体系。建立涵盖教学工作、学科建设、课程建设、教材建设、教员授课质量、学员学习质量等方面的全方位、全过程的教学质量保证体系。要围绕培养高素质马克思主义理论研究人才，建立以人为本、以学为主、宽严适度、刚柔相济、有利于创新人才成长的管理运行机制。要以提高教学质量为根本，建立多元考评机制。多元考评指标体系要突出学术性、民主性和自学性等大学教育的特征，激励教员通过课程教学培养学员的学术和创新能力。加强学员、专家、同行、领导“四位一体”教学质量评价的科学性、权威性。要建立科学的学员综合素质考评机制，实行教考分离，根据课程特点实行笔试、答辩、实践操作等多种形式的考试方法，使更多的创新型人才脱颖而出。

其次，要着力规范教学环节。每一门课程的开设都会涉及教学环节的方方面面，要确保课程教学任务顺利完成，就要把好每一个环节、抓好每一项工作。为此，完善和加强马克思主义理论学科的教学工作，就要注意抓住以下几个环节，把每个环节的实施作为完成教学任务的前提，在教学环节上实现制度化、规范化。一是要加强管理和监督，确保教学方案设计的课程教学内容到位，克服教学环节的随意性；二是在培养人才的其他环节上，还可以采取举办博士生论坛、学术沙龙等方式，引导学生研究社会重大的理论问题和现实问题，提高学生关注重大理论和现实问题、分析问题和解决问题的能力；三是建立教学资源库，实现资源共享，方便教师教学和学生查阅，能方便、快捷地把握马克思主义理论学科建设的前沿；四是建立科学的考评机制，针对不同课程的特点，设计不同的考试方式，考查学生的真实能力和水平；五是加强教学研究工作。各学科建设单位应重点研究马克思主义理论学科之下各个二级学科的基本理论、基本观点，研究培养对象关注的热点、难点问题，密切关注学科发展前沿，及时准确把握学科动态，不断增强教育教学的敏锐性和时效性。学校应该鼓励和组织教师开展科学研究，对相关研究科研课题予以支持，并为研究成果的发表提供园地。

最后，要着力加强师资队伍建设。各学科建设单位要重视教师素质建设，坚持精选、重用、严育的原则，努力建设一支政治强、业务精、作风正的教师队伍。要做好教师培训工作，定期组织教师参加培训班学习、进修，有计划地组织马克思主义理论学科骨干教师参加国际国内学术交流，进行社会实践和实地考察，不断提高教师的教学和科研能力。

第四章　从整体上推进马克思主义研究和学科建设

从整体上研究马克思主义，从整体上加强马克思主义理论学科建设，是当前马克思主义理论研究和学科建设中比较时髦的话题。但到底如何从整体上推进马克思主义理论研究和学科建设，却很少有人谈及。我们认为，在当前，要推进马克思主义中国化、时代化、大众化，要加强马克思主义理论学科建设，必须深入贯彻落实科学发展观，在整体性建设上下功夫；必须坚持以人为本，调动各方面力量的积极性、主动性、创造性，形成理论创新和学科建设的合力；必须坚持全面协调可持续，整体推进，逐步形成全面协调可持续的发展格局。

一、建设内容上把握马克思主义理论和学科的整体性

就马克思主义理论研究和学科建设而言，当前，有三种倾向很值得注意：

其一，马克思主义被肢解。在马克思主义理论研究过程中，由于马克思主义的基本内容被分解在马克思主义哲学、政治经济学、科学社会主义、马克思主义民族理论、马克思主义法学等不同的学科之中，因而在某种程度上存在着用学科肢解马克思主义的倾向。由于马克思主义被分解到

不同学科，不同学科往往又按其自身特点对马克思主义的内容进行剪裁，对马克思主义的某些原理按本学科要求进行解读。最后出现了这样一种结果：马克思主义的许多原理是不一致的。如推动人类社会发展的动力到底是什么？马克思主义经济学告诉我们，人类社会的基本矛盾（生产力和生产关系的矛盾）推动社会向前发展；科学社会主义告诉我们，阶级斗争是推动阶级社会发展的动力；马克思主义哲学告诉我们，人民群众是推动社会发展的真正动力。这样，同一个问题，有三种不同的答案。结果，马克思主义的科学性遭到质疑。这是马克思主义遭遇整体性危机的一个重要原因。

其二，马克思主义被割裂。马克思主义在其发展过程中，出现了马克思恩格斯的经典马克思主义、马克思主义俄罗斯化的列宁主义、马克思主义越南化的胡志明思想、马克思主义古巴化的卡斯特罗主义，在中国还有马克思主义中国化的毛泽东思想、邓小平理论、“三个代表”重要思想和科学发展观等重大战略思想，在西方还有马克思主义之后的各种马克思主义流派。不同形态、不同流派的马克思主义存在一定的差异，因此，对马克思主义的理解产生了较大差异。于是，在马克思主义研究中，出现了这样几种情况：有人将青年马克思与晚年马克思（成熟马克思）对立起来，将“人本主义（人道主义）”的马克思与“唯物主义”的马克思对立起来[①]。有人将马克思与恩格斯对立起来。如美国学者诺曼·莱文认为，马克思和恩格斯的宇宙观是矛盾的，马克思的宇宙观是以人为中心的，恩格斯的宇宙观是以物质为中心的；马克思和恩格斯的历史观也是矛盾的，马克思的历史观是以人为中心的，他认为历史过程是多线发展的，恩格斯则是典型的经济决定论者，他认为自然界或经济力量才是历史的主体[②]。有人将马克思主义和列宁主义割裂开来、对立起来，声称列宁“修正”了马克思恩格斯的学说，而毛泽东又主要是学习列宁、斯大林的思想。还有人

① 有关材料，详见：庞世伟．论“完整的人”：马克思人学生成论研究．北京：中央编译出版社，2009.

② 杜章智．马克思与恩格斯的比较：莱文的《可悲的骗局：马克思反对恩格斯》一书的主要观点摘编//中共中央马克思恩格斯列宁斯大林著作编译局．马列著作编译资料：第14辑．北京：人民出版社，1981.

将经典马克思主义与中国化马克思主义（中国特色社会主义理论体系）对立起来，如：前者讲消灭私有制，后者讲多种所有制共同发展；前者讲按劳分配，后者讲按劳分配与按要素分配相结合；前者讲消灭商品货币、计划经济，后者讲市场经济。即使在中国化的马克思主义中，也有人将毛泽东思想与中国特色社会主义理论体系对立起来，如：在国际问题上，毛泽东讲“战争与革命”，中国特色社会主义理论体系讲“和平与发展”；在国内问题上，毛泽东讲“以阶级斗争为纲”，中国特色社会主义理论体系讲以经济建设为中心；等等。这样一来，马克思主义就出现了被割裂的倾向，马克思主义发展的历史逻辑、理论逻辑就出现了断裂。这些对立论，导致的直接结果是，马克思主义是自相矛盾的，是缺乏科学性的，因而是不可信的。这也是我们进行马克思主义理论教育实效性不强的重要原因。

其三，在马克思主义理论一级学科建立之后，大家初步形成一个共识，即马克思主义理论学科是从整体上研究马克思主义的学科。这是一件好事，容易弥补以往单一学科从某一方面对马克思主义进行研究的不足，但由此也带来了另外三个问题：一是好像只有马克思主义理论学科才对马克思主义进行整体研究，其他学科可以忽视马克思主义学科的整体性。这样，以往单一研究存在的问题仍然不可能很好地解决。二是好像只有马克思主义理论学科是研究马克思主义的，其他学科不研究马克思主义，这有可能导致原有的马克思主义理论学科出现“去马克思主义化”的倾向。三是好像马克思主义理论学科只要从整体上研究马克思主义就行了，马克思主义的各个组成部分就不需要研究了，这种脱离部分、只重整体的做法同样不利于马克思主义理论研究。

针对上述存在的问题，我们认为，推进马克思主义理论研究和学科建设，首先从建设内容上，就应注意把握马克思主义理论、马克思主义理论学科的整体性。

就马克思主义理论研究而言，当前特别需要加强整体性研究。因为：其一，马克思主义本身是一个整体。马克思主义诞生的标志——《共产党宣言》就是作为整体的马克思主义的一个代表作，因为人们无法说出它究竟是一部哲学著作、经济学著作还是社会主义著作。将马克思主义划分为不同的学科进行研究，不但与马克思主义的本意不相符，而且与时代潮流相背。其二，在全球化时代，世界越来越呈整体化的趋势。当今时代，我们面对的现实是全面的、综合性的、相互联系的，马克思主义要正确地解决现实问题，其理论也必然是整体的、综合性的。全球化带来的现实问题迫使我们求助于从整体上跨学科研究问题的马克思主义理论，而马克思主义要在当今世界上继续发挥其作用，就必须恢复其整体性的本意。仅就此次国际金融危机而言，虽然其深层次的原因需要依据经济学理论进行分析，但摆脱危机的出路——“信心”问题却是一个哲学命题。这说明，摆脱金融危机，需要多学科的探索。因此，对于马克思主义，我们既要从哲学、政治经济学、科学社会主义等方面进行分门别类的深入研究，更应该进行整体性研究，完整地把握马克思主义的科学体系。所以，我们建议，在马克思主义理论研究过程中，一要处理马克思主义理论之下各个组成部分的关系，把马克思主义当作一个整体进行研究，不能肢解马克思主义；二要处理马克思主义发展过程中不同理论形态的关系，把它们看成一个统一的、与时俱进的理论体系，不能割裂马克思主义。

就马克思主义理论学科建设而言，更应突出其整体性，因为这个学科就是一门从整体上研究马克思主义基本原理和科学体系的学科。因此，从整体上推进马克思主义理论学科建设，一是要正确处理马克思主义理论学科与其他相关学科的关系，要通过努力，逐步形成以马克思主义理论一级学科、二级学科为骨干，以哲学、政治经济学、科学社会主义等分领域研究为支撑的马克思主义理论学科体系；二是要正确处理马克思主义理论学科之下六个二级学科的关系，形成学科建设合力，整体推进马克思主义理论学科建设；三是要正确处理马克思主义理论研究和马克思主义理论学科建设的关系，把这两个方面的建设紧密联系起来，力争使各个方面的建设均取得实效。

必须注意的是：马克思主义理论研究需要注重整体性，但不能忽视各个部分的研究，没有各个部分的深入研究，不可能有整体性研究的深入；马克思主义理论学科建设需要注重其整体性，但也不能忽视各个二级学科的建设，只有各个二级学科搞好，才能使马克思主义理论学科建设水平得到整体提升。

二、建设主体上形成整体性的研究与建设力量

马克思主义理论研究和学科建设绝不只是马克思主义理论学科一个学科承担的建设任务，全国所有从事哲学社会科学的教师都承担着马克思主义理论研究或用马克思主义指导学术研究的任务。但不管怎样，马克思主义理论学科及其相关学科建设队伍是科学研究、学科建设和人才培养的主体力量。因此，在马克思主义理论研究和学科建设过程中，一要注意调动直接从事马克思主义理论学科建设的主体力量的积极性，形成学科建设的合力；二要注意调动从事马克思主义理论相关学科建设主体的积极性，形成马克思主义研究的合力；三要注意协调各种建设主体的力量，逐步形成马克思主义理论研究的创新团队、马克思主义理论学科的建设团队，并使之形成合力，从而产生更多数量、更高质量的研究成果，培养更多高素质的人才，整体推进马克思主义理论研究和学科建设。

此外，我们还想提出，应该加强中国马克思主义学者与国外马克思主义学者的合作，共同推进马克思主义理论的研究。

20世纪90年代中期，国外学者对马克思主义的研究并没有停止。按照美国学者伯特·奥尔曼教授的研究，国外还存在着分析学派的马克思主义、解构马克思主义、文化的马克思主义、社会运动的马克思主义、女权主义的马克思主义、解放神学的马克思主义、乌托邦的马克思主义、市场马克思主义、世界体系的马克思主义、管理学派的马克思主义十个马克思主义流派①。进入新世纪，国际范围内马克思主义研究在广阔的范围内展开。

因此，我们不能始终停留在国外马克思主义是不是马克思主义的争论上，尽管我们必须旗帜鲜明地回应各种反马克思主义者对马克思主义的诘难，但我们也应本着开放的精神，承认其他学者对马克思主义所进行的积

① 徐小苗，杨双．伯特·奥尔曼谈西方十大马克思主义流派．马克思主义研究，1995（1）．

极探索，充分吸收国外马克思主义研究的积极成果，借鉴国外学者研究马克思主义的方法。如果我们不承认其他马克思主义流派的存在，只认为我们才是正宗的马克思主义，那么，这就只会给人们一种印象：马克思主义作为全世界无产阶级的指导思想，只剩下中国马克思主义一家，马克思主义的生命力和影响力越来越弱了。

我们也不能始终停留在国外社会主义是不是社会主义的争论上，虽然我们对各种非社会主义的思想应该进行批判，但我们更应该本着科学的态度，仔细辨别真假社会主义，充分借鉴国外学者研究当代资本主义、研究经济全球化、研究全球性问题、研究社会主义未来等问题所产生的积极成果。如果我们拒不承认其他社会主义流派的合理成分，认为只有我们才是真正的社会主义，那只能说明社会主义发展的空间越来越小了，社会主义的前途真的很渺茫了。

所以，我们倡导，在加强国内马克思主义理论研究队伍的合作的同时，应加强国内马克思主义者与国外马克思主义者的合作，吸收国外马克思主义、国外社会主义研究的积极成果，与国外学者共同开展马克思主义理论研究和学科建设。

三、建设平台上着力搭建整体建设的平台

马克思主义理论研究和学科建设，既要服务于马克思主义自身的发展，还要服务于经济社会发展，更重要的是培养马克思主义理论人才。因此，马克思主义理论研究要为社会发展提供咨询，要为人才培养提供学理支撑。目前，在马克思主义理论研究和教学中存在着一些问题，在一定程度上阻碍了马克思主义理论研究与教学。这些问题表现在：一是理论与现实出现巨大反差，应然与实然之间出现尖锐矛盾。二是理论研究脱离大众生活，无法赢得大众的共鸣和理解，学术与大众之间“壁垒分明”。马克思曾说：“哲学家们只是用不同的方式**解释**世界，而问题在于**改变**世界。”①

① 马克思恩格斯选集：第1卷. 北京：人民出版社，2012：136.

可今天，在许多人看来，马克思主义理论已经无法对快速变迁的世界做出合理解释，更难说指导实践、改变世界了。三是理论研究脱离教学实际，存在“两张皮”的现象，具体表现在理论研究不能面对教学中的热点难点问题，不能面对接受者的思想实际，理论研究的成果不能直接运用于教学。四是理论研究中学院派作风与贵族化倾向浓重。当前我国马克思主义理论界盛行晦涩文风，“不好好说话”的现象已严重阻碍马克思主义理论的研究与教学。① 五是伴随着网络媒体的发展，网络上的马克思主义理论研究和宣传力度不够，网上各种不利于马克思主义理论研究和教学的杂音分贝较高，对网民影响较大。

产生这些问题的原因很复杂。有的是属于我们认识方法不科学造成的，有的是属于理论落后于实践、理论阐释力度不够造成的，有的是属于宣传教育方法不科学造成的，有的是属于发展不够造成的，有的是属于我们的科研教学体制有问题造成的，有的是属于学风不正造成的，有的是属于重视力度不够造成的。对于这些问题，靠单纯的理论研究、单一的理论宣传或单一的课堂教学等，都无法解决。为此，必须注意构建整体建设的平台。

因此，在马克思主义理论研究和教育中，我们要特别注意：

其一，理论研究要直面现实，要有“问题意识”。马克思主义理论研究，必须时刻关注当今世界形势的变化，准确把握当今世界的发展趋势。要深入研究国际形势的新变化给马克思主义发展新带来的机遇和挑战，不断推进马克思主义理论创新。要以我国改革开放和现代化建设的实际问题、以我们正在进行的建设中国特色社会主义事业为中心，着眼于马克思主义理论的运用，着眼于实际问题的理论思考，着眼于新的实践和新的发展，不断开拓马克思主义在中国发展的新境界。要把理论研究与社会实践紧密结合起来，用科学的理论解决实践中遇到的新问题，把社会实践中积累的经验上升到理论高度，提高理论创新的水平。

其二，理论研究要服务于理论宣传和理论教学，服务于马克思主义的

① 陈曙光. 直面学风问题：兼谈如何推进马克思主义大众化. 红旗文稿，2009（21）.

大众化。其实，马克思主义中国化、时代化、大众化，最关键、最核心的问题是要解决实际问题。这里的实际，既包括社会实际，也包括人们思想实际。理论宣传和理论教学，最关键的是解决思想实际问题。但理论宣传和教育不能脱离理论研究。理论只要说服人，就能被群众所掌握；而理论只要彻底，就能说服人。因此，在理论研究过程中，我们既要注意理论的彻底性，又要注意把理论研究的最新成果及时运用到教学中去，运用到马克思主义大众化的过程中去。与此同时，专业教学、理论教学也应该有科研意识、学科建设意识，要注意把课堂教学中遇到的疑点热点难点问题纳入科学研究之中，形成科研与教学相长的局面。

其三，要特别注意加强网络文化建设，利用网络等新兴媒体，加强网上马克思主义理论教育和思想政治教育，用当代中国的马克思主义占领网络文化阵地。

总的来说，我们要通过多种方式，搭建整体建设的平台，形成全方位、多层次的科研教学格局。

四、管理机制上形成齐抓共管的建设格局

马克思主义是我们立党立国的根本指导思想，属于国家意识形态。对于国家意识形态，无论是对其进行理论研究，还是围绕它开展学科建设、课程建设、人才培养，都不只是某一个管理层级、某一个部门的事。马克思主义理论研究、学科建设、课程建设和人才培养，离不开党和国家的高度重视，离不开宣传和教育主管部门的宏观指导，离不开高校、党校、科研部门党政领导的直接规划与部署，更离不开高校、党校、各科研机构和教学部门的日常管理。但目前在管理机制上，还存在管理体制不健全、管理制度不规范、保障机制不健全等问题。到目前为止，规范的领导体制、管理制度、保障机制并没有建立起来。

因此，我们应该根据马克思主义理论研究和学科建设特点，真正贯彻落实科学发展观，建立科学的管理体制，明确各个管理层级和各个管理部门的职责与权限，确定明确的分工；要完善各项管理制度，建立相应的监

督和激励机制，对于反马克思主义、反社会主义的思想和行为，理应依法加以监督，旗帜鲜明地加以反对。就高等学校和科研机构来说，教务管理部门、人事管理部门、科研管理部门、党委宣传思想工作部门应相互协调、密切配合，构建一整套行之有效的宏观管理体制。各马克思主义理论研究和学科建设单位，还应该根据自身的特点，整合各种资源，在科学研究、师资队伍、人才培养、国际合作与交流等方面，制定相关政策和具体建设措施。要通过这些措施，提高马克思主义理论研究、学科建设、课程建设、人才培养的统筹力度，使我们的管理水平整体提升，为推进马克思主义理论创新、学科建设提供组织、制度保障。

总之，我们觉得，在当代中国，研究马克思主义，从事马克思主义理论学科建设和人才培养，都十分重要。从事马克思主义理论研究和学科建设的专家学者，应该加强合作，加强联系，形成整体建设力量，搭建整体建设的平台，开展整体性的研究，共同推进马克思主义理论在中国的发展。

第五章　增强理论自觉与理论自信，构建中国特色话语体系

进入新世纪以来，我们党特别强调中国特色社会主义话语体系建设。2011年7月2日，在纪念中国共产党成立90周年理论研讨会上，时任政治局常委李长春同志指出，广大理论工作者必须做好如下工作：一是对中国道路进行深入透彻的研究和阐述；二是对中国特色社会主义伟大实践、崭新理念和现实成就进行系统梳理和研究；三是对中国的成功经验做出深刻揭示和阐释；四是对国际社会广泛关注的中国发展经验做出科学概括和论述；五是对中国道路进程中出现的重大现实问题进行深入的理论探讨；六是不断丰富我国哲学社会科学的学术思想和理论体系，不断概括出理论联系实际的、科学的、开放融通的新概念、新范畴、新表述，努力形成有中国特色、中国风格、中国气派的学术话语体系，为中国特色社会主义事业发展提供坚实的理论支撑，不断增强中国特色社会主义道路的感召力、吸引力和凝聚力。2012年6月，在马克思主义理论研究和建设工程工作会议上，李长春再次强调：如何在学习借鉴人类文明成果的基础上，用中国的理论研究和话语体系解读中国实践、中国道路，不断概括出理论联系实际的、科学的、开放融通的新概念、新范畴、新表述，打造具有中国特色、中国风格、中国气派的哲学社会科学学术话语体系，是理论界和学术界面临的重大而紧迫的时代课题。

党的十八大以来，以习近平同志为核心的党中央多次强调话语体系建设问题。2013 年 11 月，中共十八届三中全会通过的《中共中央关于全面深化改革若干重大问题的决定》提出，要“加强国际传播能力和对外话语体系建设，推动中华文化走向世界”。2013 年 12 月 30 日，习近平同志在十八届中央政治局第十二次集体学习时发表讲话强调：要建设社会主义文化强国，着力提高国家文化软实力。他明确指出：“提高国家文化软实力，要努力提高国际话语权。要加强国际传播能力建设，精心构建对外话语体系，发挥好新兴媒体作用，增强对外话语的创造力、感召力、公信力，讲好中国故事，传播好中国声音，阐释好中国特色。”①

2016 年 5 月，习近平同志在哲学社会科学工作座谈会上发表讲话指出：“发挥我国哲学社会科学作用，要注意加强话语体系建设。在解读中国实践、构建中国理论上，我们应该最有发言权，但实际上我国哲学社会科学在国际上的声音还比较小，还处于有理说不出、说了传不开的境地。要善于提炼标识性概念，打造易于为国际社会所理解和接受的新概念、新范畴、新表述，引导国际学术界展开研究和讨论。这项工作要从学科建设做起，每个学科都要构建成体系的学科理论和概念。”②

从中央领导同志讲话和时代发展对繁荣发展哲学社会科学的要求来看，构建中国特色的学术话语体系是当代中国知识分子的一项重要任务，也是当代中国知识分子必须认真思考的问题。我们认为，打造中国特色的学术话语体系，必须以马克思主义为指导，了解当今世界和当代中国学术话语体系的现状，分析其中存在的问题，找到解决问题的出路与方法。中国学术界必须增强理论自觉和理论自信，自觉承担起这一历史责任。

一、正确认识改革开放以来我国哲学社会科学发展取得的成就

中国长达 30 多年的改革开放，有一条非常重要的经验，就是“摸着石

① 习近平．习近平谈治国理政．北京：外文出版社，2014：162．

② 习近平．在哲学社会科学工作座谈会上的讲话．人民日报，2016-05-19．

头过河”，大胆地试、大胆地闯。这种“摸着石头过河”，突出了实践经验的积累，突出了探索试验的作用。但“摸着石头过河”绝不是盲目的。在这一过程中，我们至少以三个标杆为参照系进行了理论创新，或者说我们至少在摸着三块石头过河：一是原苏联东欧国家社会主义改革发展的经验教训；二是新中国成立以来中国社会主义建设的历史经验和“文化大革命”的惨痛教训；三是西方国家现代化建设的文明成果和经验教训。改革开放初期，邓小平曾明确指出：“从许多方面来说，现在我们还是把毛泽东同志已经提出、但是没有做的事情做起来，把他反对错了的改正过来，把他没有做好的事情做好。今后相当长的时期，还是做这件事。当然，我们也有发展，而且还要继续发展。”① 所以，改革一开始，我们党就一再告诫自己，不能再犯苏联东欧国家犯过的错误，不能再犯毛泽东犯的错误，更不能犯“文化大革命”类似的错误，也不能重走西方国家走过的老路，但必须吸收借鉴人类一切文明成果。为了保证改革开放沿着正确的方向前进，邓小平提出了“四项基本原则”，其中第一条就是坚持马克思列宁主义、毛泽东思想。同时，邓小平还强调，我们要坚持的马克思主义，必须是切合中国实际的马克思主义，我们要搞的社会主义，必须是中国特色的社会主义。为此，邓小平提出，要科学把握马克思主义的精髓，准确把握毛泽东思想的科学体系，要立足于马克思主义与当代中国实际的结合。正是由于我们对马克思主义有了正确的理解，对人民群众在改革开放中创造的成功经验有了科学认识，所以我们党在把马克思主义与中国具体实际相结合的过程中，创立了中国特色社会主义理论体系，开辟了马克思主义在中国发展的新境界。现在，有很多同志认为，改革开放以来，我们党一直在“摸着石头过河”，没有理论创新，这很显然是不对的。如果没有理论创新，就不可能有中国特色社会主义理论体系。

在中国特色社会主义理论体系形成和发展的过程中，哲学社会科学工作者做出了重要贡献。中国特色社会主义理论体系包含了一系列独创性成果，进一步深化了对共产党执政规律、社会主义建设规律和人类社会发展

---

① 邓小平文选：第2卷．北京：人民出版社，1994：300．

规律的认识。这一理论体系在党的思想路线、社会主义的根本任务、社会主义的发展阶段和发展战略、发展动力、根本目的、经济建设、政治建设、文化建设、社会建设、国防和军队建设、祖国统一、外交和国际战略、领导核心和依靠力量等方面丰富和发展了马克思主义。而在这一系列独创性的理论创新背后，都凝结着广大哲学社会科学工作者的智慧和探索。所以，在我们今天强调要加强理论创新，建构中国特色的学术话语体系时，不能忽视广大哲学社会科学工作的贡献。

党的十六大以来，我们党把发展繁荣哲学社会科学放在了十分重要的位置。2004 年，中共中央出台《中共中央关于进一步繁荣发展哲学社会科学的意见》，强调了繁荣发展哲学社会科学的重要性，提出了繁荣发展哲学社会科学的总体目标，即“努力建设面向现代化、面向世界、面向未来，具有中国特色的哲学社会科学”，并组织实施了马克思主义理论研究和建设工程。这项工程自实施以来，已经在基础理论研究、马克思主义理论学科建设、人才培养等方面取得明显的成就。2007 年，党的十七大报告明确提出，“繁荣发展哲学社会科学，推进学科体系、学术观点、科研方法创新，鼓励哲学社会科学界为党和人民事业发挥思想库作用”①。2011 年，党的十七届六中全会通过的《中共中央关于深化文化体制改革推动社会主义文化大发展大繁荣若干重大问题的决定》，特别提到了繁荣发展哲学社会科学的问题，强调“建设具有中国特色、中国风格、中国气派的哲学社会科学”。2012 年党的十八大明确提出了“建设哲学社会科学创新体系”的任务②。十八大以来，习近平同志在多个场合反复强调了繁荣发展哲学社会科学的重要性，尤其是在 2016 年召开的哲学社会科学工作座谈会上，习近平同志对新形势下繁荣发展哲学社会科学做了具体部署。这一切说明，我们党对繁荣发展哲学社会科学是十分重视的。

---

① 胡锦涛．高举中国特色社会主义伟大旗帜　为夺取全面建设小康社会新胜利而奋斗：在中国共产党第十七次全国代表大会上的报告．北京：人民出版社，2007：34.

② 胡锦涛．坚定不移沿着中国特色社会主义道路前进　为全面建成小康社会而奋斗：在中国共产党第十八次全国代表大会上的报告．北京：人民出版社，2012：31.

二、理性看待当前我国哲学社会科学学术话语体系存在的问题

尽管改革开放以来，中国的哲学社会科学发展取得了较大成就，但不可否认的是，与马克思主义理论创新的步伐相比，与时代发展的要求相比，与中国经济社会发展的实践要求相比，我国学术话语体系还存在诸多的问题。对此，习近平同志做了明确表述："面对新形势新要求，我国哲学社会科学领域还存在一些亟待解决的问题。比如，哲学社会科学发展战略还不十分明确，学科体系、学术体系、话语体系建设水平总体不高，学术原创能力还不强；哲学社会科学训练培养教育体系不健全，学术评价体系不够科学，管理体制和运行机制还不完善；人才队伍总体素质亟待提高，学风方面问题还比较突出，等等。总的看，我国哲学社会科学还处于有数量缺质量、有专家缺大师的状况，作用没有充分发挥出来。"①

第一，改革开放以来的中国哲学社会科学学术话语体系基本上是西方理论的翻译、解释和运用。改革开放后，随着中国对外学术交流的进一步扩大，中国再次大规模学习西方理论。西方学术话语体系成为中国哲学社会科学的主导理论，引进西方学术话语体系并用西方学术话语体系解释中国问题成为时髦。一时间，西方学术话语体系和研究方法成为学术正统。在这种情况下，不但马克思主义的思想、观点和方法受到一定程度的削弱，而且中国本土思想和学术话语也渐渐被人忽略。结果，我们不仅没有能够产生具有世界影响的学术大师和思想大师，而且也缺乏能够与20世纪上半叶诸多学术大师相媲美的学术大师，以至于我们今天不得不把培养中国学术大师当作繁荣发展哲学社会科学的一项重要任务。

第二，中国在国际学术领域的话语权趋弱。由于我们大量引进西方学术话语体系，失去了中国学术的独立精神和特有风格，因此，在国际学术界，中国哲学社会科学的国际学术地位不高，中国的学术话语权甚至还不如20世纪下半期。20世纪50年代毛泽东发表《论十大关系》，西方报纸

① 习近平. 在哲学社会科学工作座谈会上的讲话. 人民日报，2016-05-19.

曾争相转载；60 年代的“文化大革命”虽然错了，却对西方国家的新社会运动产生了重要影响；70 年代毛泽东提出“三个世界理论”，更是引起世界各国的关注，至今还有相当大的影响。可今天，我们的经济实力强了，国际影响大了，但话语权却下降了。中国有 5 000 年文明史，但中国文化的影响趋弱；中国的经济总量跃居全球第二，但综合国力并未达到世界第二；中国的哲学社会科学在国家文化软实力中所占份额甚少，并未对世界产生太大的影响。

第三，中国的对外宣传处于盲目无序状态。一是我们把宣传重点搞错了。比如说，有所作为和韬光养晦是新时期我国外交的重要方针。有所作为是战略而不是策略，韬光养晦则是策略而不是战略。战略是可以公开的，策略必须是隐秘的；战略是全局的，而策略是局部的；战略是长期的，而策略是短期的、短暂的。但我们在宣传中正好搞反了。我们到处宣传韬光养晦，这本来是中国人的一个策略，具有隐蔽性，没有必要对外宣传。结果我们反复讲，造成了不少误会。海外流行的各种“威胁论”，虽然是由于许多误解造成的，但这种误解的产生与我们的对外宣传有一定的关系。二是我们内外宣传存在两个话语体系，在国内我们大讲特讲马克思主义、中国特色社会主义，但在国外我们却刻意回避马克思主义和社会主义，只讲中国传统文化和中国改革开放。我们担心国外对我们进行意识形态渗透，也害怕别人以为我们在搞意识形态渗透，结果意识形态的安全受到极大的挑战。

第四，我们的学术话语中有些概念范畴外国人无法理解，国内普通百姓也无法理解。如在我们的理论宣传过程中，“本质”“核心”“灵魂”“精髓”“关键”等概念经常出现，如果直译成外文，外国人根本看不懂。如果意译，内容似乎又很相似，外国人更看不懂。国内普通百姓也经常纳闷：这些概念的区别到底在哪里？比如说，我们现在讨论的“中国特色”“中国风格”“中国气派”，当外国人让我们解释时，我们自己也很难说清楚。结果，我们的意识形态话语出现了“概念漂浮”或“话语空转”，既不能向外扩散，又不能向基层传播。

为什么会出现这种情况？原因是多方面的，主要有以下几个：一是西方话语长期主导着国际学术话语权。这种状况在很大程度上导致了中国的学术话语出不去、走不远，中国的形象被歪曲、遭丑化，中国在国际上面临有理无处说、有理说不出去的局面。二是改革开放以来，中国的学术话语体系以引进西方话语体系为主，缺乏独立自主的创新精神，没有着力探索中国特色的学术话语体系。三是中国当代的学术体制严重制约了学术的创新和发展，如高校和科研机构存在比较严重的行政化管理，重数量轻质量的现象比较普遍。四是当下许多学者急功近利，把学术当作了职业，甚至当作了副业，并未当作事业，因而缺乏创新的动力。五是全社会还没有真正形成尊重知识、尊重人才的风气，知识分子多依附于资本或权力，缺乏独立的人格。在这样一种学术生态环境中，无法建构中国当代学术话语体系。

三、科学判断当前建立哲学社会科学学术话语体系的形势

当前，建立中国特色的哲学社会科学学术话语体系，既面临着严峻的挑战，也面临着良好的机遇。

从不利条件看，主要表现在两个方面：一是西方的学术话语仍然在国际学术话语体系中占据主导地位。在经济全球化的背景之下，西方国家的资本在流向全世界的同时，其理论研究的方法与范式也流向世界，西方的学术话语体系也往往引领全球话语的潮流，这种状况不利于广大发展中国家建立自己的学术话语体系。二是我国学术界还缺乏高度的理论自觉和理论自信，缺乏学术话语体系创新的意识，对学术话语体系的构建研究不够深入，研究成果也不多，基础不够扎实。可以说，在中国综合实力日益增长、各国之间的竞争越来越表现为软实力竞争的今天，能否打破西方学术话语霸权、通过建立自身的话语体系提升中国的国际话语权，直接关系到中国的和平崛起和中华民族的伟大复兴，已成为当代中国政府面临的重大而迫切的问题。

但我们也必须承认，创建中国特色的学术话语体系，也面临着不少有利条件，面临着难得的机遇：

第一，长期主导国际学术话语体系的西方话语体系正遭遇严峻挑战。在经济全球化和信息网络化的条件下，世界各国优秀文明成果传播速度加快，世界范围内各种思想文化交流交融交锋更加频繁，国际思想文化领域的斗争依然深刻而复杂，由西方发达国家主导国际舆论的格局没有根本改变。2008年爆发的国际金融危机，动摇和打破了世人对西方学术话语体系的迷信，西方学者也开始对西方学术话语体系进行反思。危机之中，美国等西方国家综合国力和国际影响力明显下降，西方的发展模式和价值观念遭到前所未有的质疑和挑战。这无疑为中国建构自己的学术话语体系创造了良好的外部环境。

第二，中国特色社会主义伟大实践为理论工作开辟了新的广阔天地、提供了不可多得的宝贵资源，也使得哲学社会科学具备了创建自身话语体系的土壤和条件。中国30多年的改革开放取得举世瞩目的伟大成就，创造了世界发展史上的伟大奇迹，对世界产生了日益重大的影响。世界正以前所未有的目光聚焦中国、正视中国、关注中国，国际社会更加希望倾听中国的声音，各国对中国的借重和合作正在不断增加。与以往任何时候相比，与其他任何国家相比，当代中国都更有条件、更有可能不断产生新的理论创造。胡锦涛总书记指出："中国特色社会主义道路必将在党和人民的创造性实践中不断拓展，中国特色社会主义制度必将在深化改革、扩大开放中不断完善。这一过程必将为理论创新开辟广阔前景。"①

第三，中国道路的成功经验蕴含着许多深刻道理，为构建中国特色学术话语体系奠定了坚实基础。中国特色社会主义发展道路具有世界意义，为人类共同面临的问题提供了可供选择的方案。在目前西方为世界提供的全球化模式和国家建设模式出现困境的背景下，中国的国家建设经验与和平发展道路，实际上为大部分发展中国家的国家建设和对外关系提供了一种有力的选择。这一选择过程本身，就为国际社会科学学术话语体系的中国转向提供了巨大的可能性和机会。

第四，我们已经形成了中国特色社会主义理论体系，具备了构建中国

① 胡锦涛．在庆祝中国共产党成立90周年大会上的讲话．北京：人民出版社，2011：11.

特色话语体系的基本条件。一种独立的学术话语体系必须建立在相对成熟的理论体系之上，必须具有特定的话语表达方式。中国特色社会主义发展道路积累了丰富的、可以转化为学术议程和话题的实践资源，使得冷战结束以来国际学术界围绕中国发展中的“谜题”产生了许多辩论话题。改革开放新时期逐步形成和发展起来的中国特色社会主义理论体系，为建立中国特色学术话语体系奠定了理论基础。此外，中国的国际学术界话语权虽然不大，但中国是世界上少数拥有初步独立的社会科学体系的国家之一，奠定了构建中国特色学术话语体系的重要学科基础。

四、积极探索创立中国特色哲学社会科学学术话语体系的思路

创新和发展中国特色学术话语体系，是提升中国在国际学术领域的话语权、主导权的前提，是当代中国学术界的重大责任。探索建立中国特色的学术话语体系，是一项十分严肃的学术工作，也是学术界一项长期的历史任务，需要中国学人的长期努力和不懈探索。习近平同志强调：“要按照立足中国、借鉴国外，挖掘历史、把握当代，关怀人类、面向未来的思路，着力构建中国特色哲学社会科学，在指导思想、学科体系、学术体系、话语体系等方面充分体现中国特色、中国风格、中国气派。”① 贯彻习近平同志讲话精神，构建中国特色社会主义哲学社会科学学术话语体系，我们应着力做好以下工作：

第一，要有高度的理论自觉和理论自信，不断加强对中国当代学术话语体系的理论探讨和研究。理论自觉和理论自信是构建中国特色学术话语体系的前提。中国作为一个具有独特历史文化的发展中大国，作为一个爱好和平的大国，必须具有自身的话语体系，否则会因为“失语”而“挨骂”。许多发展中国家知识分子普遍用西方学术话语体系来解构本土价值和知识，结果失去了国家价值认同。因此，中国学者必须具有高度的理论自觉。中国是世界上唯一历经几千年文明没有中断的文明古国，也是唯一

① 习近平．在哲学社会科学工作座谈会上的讲话．人民日报，2016-05-19．

一个在短短几十年内创造了现代化奇迹的国家。中国的革命、建设、改革走的是一条世界上独一无二的道路，借用西方学术话语解释不了中国发展道路，只有依靠中国学者自身的努力。因此，中国学者必须有高度的理论自信。构建学术话语体系本身就是一个严肃的学术问题，需要加强理论研究和探索，而作为从事哲学研究和社会科学理论研究的学者应当承担起这方面的重任。

第二，要有崇高的社会责任感，加强对中国特色社会主义理论体系的研究。成熟的理论体系是构建独具特色的学术话语体系的必备条件。广大理论工作者要敏锐把握时代的要求和实践的呼唤，紧紧立足中国实际，从历史与现实、理论与实践、国际与国内以及不同学科的结合中，对中国特色社会主义进行深入透彻的研究和阐述，对科学发展观等重大战略思想进行深入阐释，对中国改革开放和现代化建设的成功经验做出深刻揭示，对国际社会广泛关注的中国道路做出科学解释，对克服前进道路上面临的风险和挑战进行深入的理论探讨，不断丰富我国哲学社会科学的学术思想和理论体系，把中国发展模式的优势转化为学术话语的优势，为中国特色社会主义事业发展提供坚实的理论支撑，不断增强中国特色社会主义道路的感召力、吸引力和凝聚力。

第三，要努力概括出理论联系实际的、科学的、开放融通的新概念、新范畴、新表述。独立的学术话语体系是由核心概念铸造起来的。核心概念的确立，一是通过对已有的概念给予新解释，例如流行的民主、自由、平等、公正、人权、正义、法治等。二是对未被重视的概念进行深挖掘，例如政治哲学中的公私关系、国际关系中的亚洲体系等。三是在历史和实践中提出新概念，例如和谐社会、和谐世界、节约型社会等。四是注意学术话语语境的转换。要具有国际视野和时代眼光，充分关注经济全球化、科技信息化这种国际背景和时代背景，注意传统学术话语的现代阐释。五是实现学术话语内容的转换。注意学术语言向群众语言的转换（大众化）、向少数民族语言的转换（本土化）、向世界语言的转换（国际化）。

第四，要实现学术思想的创新，把话语创新建立在思想创新的基础上。回顾人类历史上学术思想发展的历程，我们会发现，没有哪一种学术话语可以脱离思想而存在。今天广为流传的许多学术话语，背后都承载着深刻的思想。习近平同志在哲学社会科学工作座谈会上提到的西方思想史上 30 多位思想家，都曾在思想创新的基础上概括提炼过许多著名的概念和范畴。同样，习近平同志在座谈会上提到的 20 多位中国思想家，也都是思想创新和话语创新的典范。今天流行的许多概念范畴的背后都蕴含着深刻的思想，如哈贝马斯的交往理论、亨廷顿的“文明的冲突”、福山的“历史的终结”、约瑟夫·奈的“文化软实力”、奈斯比特的“大趋势”，等等。在中国，邓小平的“四项基本原则”“三步走”“一个中心、两个基本点”“三个有利于”等，江泽民的“三个代表”，胡锦涛的科学发展观，以及十八大以来的“四个全面”“新发展理念”等背后都有深厚的思想内涵。因此，在哲学社会科学工作座谈会上，习近平同志强调：“只有以我国实际为研究起点，提出具有主体性、原创性的理论观点，构建具有自身特质的学科体系、学术体系、话语体系，我国哲学社会科学才能形成自己的特色和优势。”[①] 这一段话也明显指出了我们理论创新、思想创新的不足，也指出了中国哲学社会科学未来努力的方向。下一阶段中国的哲学社会科学工作者必须顺应时代发展要求，立足中国，面向思想，大胆进行思想创新，发展当代中国的马克思主义。

第五，要实现西方学术话语的中国化。在西方话语仍然主宰国际话语体系的大背景之下，建立中国特色的哲学社会科学话语体系，必须注重与世界话语体系的对接，必须充分借鉴世界各国和国际社会一切进步的思想和经验，并在此基础上根据中国的实际加以创造性的转化和发展。为此，我们必须加强对国外学术前沿问题的了解，在实现马克思主义中国化的同时，实现西方学术话语体系的中国化。一味地照搬西方学术话语肯定是不对的，但完全离开西方话语体系自主创新也是片面的。因此，我们既要避免“非意识形态化”，脱离政治，一味强调所谓的中立，不加分析地强调所谓的“普世价值”，盲目套用当下流行的西方学术话语，一定要掌握马克思主义在意识形态领域的话语权；又要避免“泛意识形态化”，把一切

① 习近平. 在哲学社会科学工作座谈会上的讲话. 人民日报，2016-05-19.

都贴上意识形态的标签，这样做，无法与西方话语体系进行对话和交流。因此，中国学者要具有“中国立场”，要善于“世界表达”。

第六，要掌握构建中国特色学术话语体系的方法。建构当代中国学术话语体系，根本目的在于总结中国历史经验，解决中国现实问题，服务中国未来发展，扩大中国国际影响。因此，构建中国特色学术话语体系，一要认真汲取中国优秀历史文化中的合理元素，剔除其糟粕成分，挖掘和阐释其中符合时代精神、具有普遍意义的思想精华，使之成为创新和发展中国特色话语体系的重要源流；二要立足于当代，着眼于解决中国现实问题，致力于时代精神的中国表达；三要面向未来，着力探索影响中国经济社会发展的战略性、全局性、前瞻性问题，取得学术原创性和开拓性的成果；四是面向世界，广纳世界学术成果，让中国学术走向世界，让世界倾听中国的声音，让中华文明巍然屹立于世界文明之林。

此外，为了建构中国特色的学术话语体系，我们还应该积极探索有利于建构中国学术话语体系的体制机制，建立中国自己的社会科学独立评价体系，营造有利于学术创新的良好氛围。

最后，我们用习近平同志的一段话作为本书的结束语：“社会大变革的时代，一定是哲学社会科学大发展的时代。当代中国正经历着我国历史上最为广泛而深刻的社会变革，也正在进行着人类历史上最为宏大而独特的实践创新。这种前无古人的伟大实践，必将给理论创造、学术繁荣提供强大动力和广阔空间。这是一个需要理论而且一定能够产生理论的时代，这是一个需要思想而且一定能够产生思想的时代。我们不能辜负了这个时代。自古以来，我国知识分子就有‘为天地立心，为生民立命，为往圣继绝学，为万世开太平’的志向和传统。一切有理想、有抱负的哲学社会科学工作者都应该立时代之潮头、通古今之变化、发思想之先声，积极为党和人民述学立论、建言献策，担负起历史赋予的光荣使命。”①

① 习近平. 在哲学社会科学工作座谈会上的讲话. 人民日报，2016-05-19.

图书在版编目（CIP）数据

分化与整合：社会转型期的思想政治教育研究/秦宣著. —北京：中国人民大学出版社，2017.6
（高校马克思主义理论教学与研究文库）
ISBN 978-7-300-24458-7

Ⅰ.①分… Ⅱ.①秦… Ⅲ.①高等学校-思想政治教育-研究-中国 Ⅳ.①G641

中国版本图书馆CIP数据核字（2017）第116068号

国家出版基金项目
高校马克思主义理论教学与研究文库
分化与整合：社会转型期的思想政治教育研究
秦 宣 著

出版发行	中国人民大学出版社		
社　　址	北京中关村大街31号	**邮政编码**	100080
电　　话	010－62511242（总编室）		010－62511770（质管部）
	010－82501766（邮购部）		010－62514148（门市部）
	010－62515195（发行公司）		010－62515275（盗版举报）
网　　址	http://www.crup.com.cn		
	http://www.ttrnet.com(人大教研网)		
经　　销	新华书店		
印　　刷	北京昌联印刷有限公司		
规　　格	165 mm×230 mm　16开本	**版　　次**	2017年6月第1版
印　　张	17.25 插页1	**印　　次**	2017年6月第1次印刷
字　　数	253 000	**定　　价**	68.00元